Marie Nadeau
Carole Fisher

LA GRAMMAIRE NOUVELLE

La comprendre et l'enseigner

gaëtan morin éditeur

éditeur

CHENELIÈRE ÉDUCATION

La grammaire nouvelle
La comprendre et l'enseigner

Marie Nadeau et Carole Fisher

© 2006 Les Éditions de la Chenelière inc.

Édition : Luc Tousignant
Coordination : Frédérique Grambin
Révision linguistique : Anne-Marie Trudel
Correction d'épreuves : Anne-Marie Théorêt
Conception graphique et infographie : Pomme Z

**Catalogage avant publication
de Bibliothèque et Archives Canada**

Nadeau, Marie, 1958-

   La grammaire nouvelle : la comprendre et l'enseigner

   Comprend des réf. bibliogr.

   ISBN 2-89105-918-2

   1. Français (Langue) – Grammaire.   2. Français (Langue) –
Grammaire – Étude et enseignement.   3. Apprentissage.
4. Français (Langue) – Grammaire historique.   I. Fisher, Carole,
1948-   .   II. Titre.

PC2105.N32 2005   448.2   C2005-942191-6

**gaëtan morin
éditeur**

CHENELIÈRE ÉDUCATION

5800, rue Saint-Denis, bureau 900
Montréal (Québec) H2S 3L5 Canada
Téléphone : 514 273-1066
Télécopieur : 514 276-0324 ou 1 888 460-3834
info@cheneliere.ca

ISBN 2-89105-918-2

Dépôt légal : 1er trimestre 2006
Bibliothèque nationale du Québec
Bibliothèque et Archives Canada

Imprimé au Canada

5   6   7   8   9   ITG   16   15   14   13   12

Nous reconnaissons l'aide financière du gouvernement du
Canada par l'entremise du Fonds du livre du Canada (FLC)
pour nos activités d'édition.

Chenelière Éducation remercie le gouvernement du Québec de
l'aide financière qu'il lui a accordée pour l'édition de cet ouvrage
par l'intermédiaire du Programme de crédit d'impôt pour l'édition de
livres (SODEC).

Dans cet ouvrage, le masculin est utilisé comme représentant des
deux sexes, sans discrimination à l'égard des hommes et des
femmes et dans le seul but d'alléger le texte.

Tableau de la couverture :
Le jardin aux moutons
Œuvre de **Marie-Ève Cournoyer**

Marie-Ève Cournoyer a toujours fait de la pein-
ture. Depuis plusieurs années, elle parcourt le
Québec de symposium en symposium. Au cours
de ces évènements, elle a remporté plusieurs
prix accordés à la relève artistique, notamment
le troisième prix au symposium de Frelighsburg
en 2000 et le deuxième prix à Saint-Basile en
2002.

En 2004, elle termine un baccalauréat en arts
visuels à l'Université du Québec à Montréal. Elle
a également suivi des ateliers de perfection-
nement. Sa jeunesse et sa passion sont les
gages d'une production artistique prometteuse.

Ses tableaux sont disponibles à la galerie ARTIS
à Boucherville.

L e but du présent ouvrage est d'offrir aux enseignants et aux futurs enseignants un ensemble d'informations qui leur permettront de mieux comprendre *en quoi*, *pourquoi* et *comment* la grammaire nouvelle constitue un cadre plus approprié que les grammaires précédentes pour permettre aux élèves de construire progressivement une véritable maitrise[1] de la langue écrite.

Une nouvelle grammaire a été implantée au Québec à partir de 1995 dans l'enseignement secondaire, avec l'arrivée d'un nouveau programme de français. Au primaire, son «entrée» est passée presque inaperçue dans la grande mouvance de la réforme de 2001 qui affectait profondément de nombreux aspects de la pratique enseignante. Depuis, des formations en grammaire nouvelle ont été offertes dans le milieu scolaire ainsi que des cours dans les programmes de formation des maitres. Toutefois, il apparait clairement que les besoins des enseignants, actuels ou futurs, sont loin d'être comblés. Jusqu'ici, ces formations (souvent courtes ou facultatives) ont été fortement centrées sur le *quoi*, sans beaucoup d'égards accordés au *pourquoi*. Or, lorsqu'on ne se préoccupe pas des conceptions préalables, comme pour tout apprentissage, les nouvelles connaissances s'empilent sans remplacer les anciennes. La grammaire nouvelle est donc devenue pour plusieurs un ensemble de trucs ou de «stratégies» supplémentaires qui cohabitent avec la grammaire dite traditionnelle. Pourtant, sans une véritable compréhension de ce virage fondamental sur le plan de la théorie grammaticale, il est difficile pour l'enseignant d'adopter de nouvelles pratiques.

La première partie de cet ouvrage cherche à répondre à ce besoin de comprendre l'utilité et l'intérêt de la grammaire nouvelle pour l'apprentissage de la langue écrite. Tout d'abord, en examinant les origines de la grammaire, le lecteur pourra mieux comprendre son caractère nécessairement évolutif. Ensuite, nous présenterons les caractéristiques fondamentales de la grammaire traditionnelle de manière à en faire ressortir les limites. Mais comme l'enseignement grammatical durant les années 1980 et 1990 au Québec ne relevait ni de la grammaire traditionnelle «pure et dure» ni de la nouvelle, nous traiterons également des lacunes de cette grammaire que nous appellerons fonctionnelle (ou encore «traditionnelle simplifiée») et que nos lecteurs auront connue, soit en l'enseignant eux-mêmes, soit en recevant cet enseignement. Enfin, nous aborderons les fondements de la grammaire nouvelle en cherchant à clarifier ce qu'elle *est* autant que ce qu'elle *n'est pas*.

---

1. Nous appliquons dans cet ouvrage les rectifications orthographiques de 1990 (*voir* l'annexe, p. 233).

Toutefois, changer de grammaire ne suffit pas pour rehausser le niveau de compétence des élèves à l'écrit si les pratiques ne se transforment pas elles aussi. Pour arriver à ce changement, il est certes nécessaire que l'enseignant maitrise les contenus de la grammaire nouvelle ; mais il doit, de plus, être en mesure d'associer ces contenus à des démarches qui tiennent mieux compte des principes de l'apprentissage en général et, plus spécifiquement, du processus par lequel les élèves s'approprient la langue écrite.

La deuxième partie de l'ouvrage vise précisément à établir ce pont. On y présente une synthèse de ce qu'on sait de l'apprentissage, de la mise en mémoire des connaissances, de leur transfert, des sources de motivation, ainsi que des conceptions et procédures que développent les élèves ; tout cela, avec le souci constant d'en extraire *les conséquences* pour l'enseignement de la grammaire et l'apprentissage de l'écrit. En somme, cette deuxième partie explique *pourquoi* et *comment* changer *la manière d'enseigner* la grammaire à la lumière des recherches récentes dans les domaines de la psychologie cognitive et de la didactique du français.

La troisième et dernière partie concrétise encore davantage les pistes d'intervention définies dans les parties précédentes de l'ouvrage. On y rassemble des exemples d'activités de grammaire pour divers niveaux scolaires : d'abord des activités pour l'enseignement de notions de grammaire nouvelle par des méthodes qui rendent les élèves actifs sur le plan cognitif, puis une variété d'activités pour assurer le suivi des apprentissages jusqu'au transfert en production de texte. On examine alors diverses formes d'exercices et de dictées ; on propose des activités qui stimulent les discussions autour de la grammaire ; on explique comment faire évoluer les traces de révision et les codes de correction afin de favoriser l'autonomie de l'élève dans ses productions.

Au terme de ce parcours, l'enseignant ou l'étudiant en formation sera beaucoup mieux outillé pour passer à l'action et *vivre* réellement la grammaire nouvelle dans sa classe, au plus grand profit des élèves. C'est du moins notre souhait et le pari de ce livre.

Marie Nadeau
Carole Fisher

TABLE DES MATIÈRES

grammatikè
personne
règles
sujet
commun
gramma
propre
nom
verbe
teknè grammatikè
mot
grammatikè
personne
règles
sujet
commun
gramma
propre
nom
verbe
teknè grammatikè
mot

PARTIE 1

QU'EST-CE QUE LA GRAMMAIRE ?

Depuis 2001 au niveau primaire et 1995 au niveau secondaire, la grammaire traditionnelle ne fait plus partie des programmes officiels du ministère de l'Éducation du Québec (MEQ). Le passage de la grammaire traditionnelle à la grammaire nouvelle à l'école représente tout un virage sur le plan de la théorie grammaticale. La première partie de cet ouvrage vise à faire comprendre les raisons de ce changement. Dans les quatre chapitres de cette partie, on traite de contenus et de phénomènes grammaticaux, mais il ne s'agit pas d'un cours de grammaire à proprement parler.

Le survol de l'histoire de la grammaire présenté au chapitre 1 permettra au lecteur de prendre un certain recul par rapport à la grammaire scolaire et de la concevoir dans une perspective évolutive. Le chapitre 2 définit ce qu'est la grammaire scolaire traditionnelle et aborde les limites de ce cadre de description de la langue pour la maitrise du français écrit. Au chapitre 3, les enseignants en formation découvriront que la grammaire enseignée au Québec de 1980 jusqu'à l'implantation de la nouvelle grammaire en est une de transition : pas tout à fait traditionnelle, sans être nouvelle, elle reflète à des degrés divers l'illusion qu'on peut améliorer l'apprentissage de l'écrit en réduisant et en simplifiant les contenus grammaticaux. Cette grammaire de transition est d'ailleurs encore présente dans certaines salles de classe. Enfin, le chapitre 4 vise à montrer l'intérêt que présente pour l'école la nouvelle grammaire, du fait qu'elle constitue une description plus rigoureuse et plus complète des phénomènes grammaticaux.

Puisque cet ouvrage traite avant tout des apprentissages de base en grammaire de la phrase, les principes fondamentaux de la grammaire nouvelle sont exposés à partir de quelques notions clés dans ce domaine : la rigueur des définitions avec le recours aux manipulations syntaxiques, l'importance des groupes de mots, l'utilité de la phrase de base. En somme, on y explique ce qui n'est généralement pas enseigné dans un cours de grammaire, mais qu'un enseignant doit savoir.

CHAPITRE 1

LA GRAMMAIRE PEUT-ELLE CHANGER ?

*La grammaire française, depuis le Moyen Âge, subit
le formidable poids de l'histoire et des théories du passé.*

Chevalier, 1994, p. 3.

L'idée que la grammaire puisse évoluer et se transformer apparait difficile à admettre pour la majorité des gens. Les mots *grammaire* et *changement* ne semblent pas aller de pair, et les associer a généralement pour effet de soulever l'inquiétude et l'opposition non seulement des spécialistes de la langue et des enseignants (en particulier de français !), mais aussi du public en général qui semble alors craindre de perdre un bien précieux.

Voyons par exemple comment des journalistes réagissaient à l'annonce des changements introduits par le programme de français de 1995 :

Ce nouveau programme [...] utilise de nouvelles stratégies d'enseignement et une grammaire renouvelée. L'introduction d'une nouvelle grammaire inquiète d'ailleurs les enseignants qui éprouvent déjà beaucoup de difficultés à inculquer l'abc de l'orthographe et de la syntaxe à leurs élèves.

(M. Ouimet, *La Presse*, 95-12-2, A1)

Les faux savoirs [...] ils sont là, dans ce garrochage de concepts creux, dans ce baratin inspiré de la « psychologie cognitive », dans ces « habiletés langagières », ces « troncations », ces « manipulations linguistiques » (addition, soustraction, déplacement, effacement... mettez-en !). Comme si on enseignait le français comme les mathématiques !

(G. Rheault, *Le Soleil*, 96-11-9)

Le ton serait-il aussi sévère, aussi persifflant, s'il s'agissait de transformations touchant l'enseignement des mathématiques ou des sciences ? Pourquoi est-on aussi réticent à accepter le changement quand il s'agit de la grammaire ? Deux raisons expliquent principalement cette attitude.

La première tient à la manière dont la grammaire scolaire a toujours été présentée, c'est-à-dire comme un ensemble de savoirs absolus et hors du temps. Que lit-on en ouvrant une grammaire ? Une suite d'énoncés qui ont l'apparence de vérités indiscutables bâties sur le roc : « Le nom est un mot qui désigne une personne, un animal ou une chose... » Quand trouve-t-on l'historique d'une notion dans une grammaire ? Quand voit-on, dans une grammaire scolaire, l'énoncé d'un doute, la mise en parallèle de deux explications également envisageables ou une discussion faisant appel à l'analyse d'un autre grammairien ? La chose est rarissime, voire inexistante.

La grammaire dans sa facture la plus courante, scolaire ou destinée au grand public, semble ainsi sortie de nulle part. Puisque son contenu prend le plus souvent la forme d'un discours qui ne fait voir ni son histoire, ni ses doutes, ni les tâtonnements de son parcours, il est bien compréhensible que nous l'abordions comme un ensemble de règles à suivre et d'exceptions à retenir sans trop remettre en question leur valeur. Si certaines affirmations nous paraissent à l'occasion plus ou moins satisfaisantes, nous avons tendance à les négliger plutôt que d'imaginer que les choses pourraient être envisagées autrement, d'une manière plus rationnelle.

La seconde raison pour laquelle nous avons bien du mal à admettre que la grammaire change tient au fait que nous n'avons pas directement accès à la réalité de la langue. Nous parlons et nous sommes conscients de le faire, mais cela ne nous donne pas pour autant accès à la connaissance du fonctionnement de la langue. Si nous nous en tenons à la langue parlée, il n'est guère nécessaire d'aller plus loin. C'est avant tout au moment de l'apprentissage de l'écrit – et justement par l'intermédiaire de la grammaire – que nous devons prendre conscience des unités de la langue (les sons, les mots, les phrases) et des différents aspects de son organisation afin de nous initier aux règles et conventions du « savoir écrire ». Pas étonnant alors que nous ayons tendance à voir dans la grammaire, qui nous fournit une image de la langue (cette réalité invisible), la langue elle-même. Nous nous rabattons alors sur la représentation que les grammaires peuvent nous en donner, en négligeant le fait, justement, qu'il s'agit d'une *représentation*, résultat d'une construction théorique. C'est un peu comme si l'on confondait un traité de médecine et le corps humain !

Aborder la grammaire et son enseignement nécessite donc une première démarche, soit de remplacer cette conception spontanée qui nous fait prendre la grammaire pour le miroir de la langue par une conception plus appropriée que l'on pourrait résumer ainsi : la grammaire est un ensemble d'hypothèses formulées pour décrire et expliquer le fonctionnement d'une langue.

On comprend dès lors que *grammaire* et *changement* ne sont pas en opposition. Si la grammaire est une entreprise scientifique, elle ne peut qu'évoluer avec le temps. Elle doit, d'abord, tenir compte de l'évolution même de la langue, plutôt que de vouloir imposer l'image d'un état de langue passé ou propre à une autre langue. Mais de façon plus générale, le caractère évolutif de la grammaire correspond au fait qu'on devrait, à mesure que l'on étudie la langue, parvenir à mieux comprendre son fonctionnement. Encore faut-il que la grammaire se fonde sur une méthode rigoureuse. Or, avant d'en arriver là, elle a parcouru bien des chemins. Nous allons examiner ce parcours dans les pages qui suivent.

1.1 LES ORIGINES DE NOTRE GRAMMAIRE

Notre tradition grammaticale plonge ses racines dans le monde grec. C'est en effet dans la Grèce antique qu'on voit surgir les premières traces d'une réflexion grammaticale. Qu'est-ce qui a fait naitre cet intérêt ? On pourrait penser que le contact avec d'autres langues ou la nécessité de les apprendre a joué un rôle important dans l'éveil de l'activité grammaticale. En réalité, il n'en est rien. Les historiens de la grammaire sont clairs : les deux grandes traditions grammaticales, celle de l'Inde et celle de la Grèce, se sont construites sur des bases monolingues. Sylvain Auroux (1989, p. 25) nous explique que : « […] la première analyse grammaticale n'est pas née de la nécessité de parler une langue quelconque, mais de celle de comprendre un texte. »

Dès le départ, la grammaire est ainsi étroitement liée à l'écrit. Les Grecs sont les premiers à se doter d'une écriture alphabétique complète qui leur permet de noter à la fois les consonnes et les voyelles. Un système d'écriture suppose bien entendu sa transmission. Selon Auroux (1989, p. 26), la première *teknè grammatikè*, qui signifie « l'art de tracer et d'arranger les lettres sur une surface » (Germain et Séguin, 1995, p. 4), au tournant du Ve et du IVe siècle avant notre ère, constitue avant tout un apprentissage élémentaire de la lecture et de l'écriture. Le terme *grammatikè*, qui sera plus tard synonyme de « culture » et « d'érudition » est formé de la racine *gramma* qui signifie « lettre, caractère d'écriture ».

1.1.1 La réflexion grammaticale chez les Grecs

Très tôt, les considérations sur le langage se mêlent aux réflexions des philosophes grecs. On doit à Platon le premier pas dans la découverte des parties du discours, lorsqu'il distingue deux grandes classes de mots : *onoma* (nom-sujet ou nom) et *rhema* (nom-prédicat ou verbe). Son disciple Aristote, qui vécut au IVe siècle av. J.-C., analyse la phrase en deux pôles, le sujet et le prédicat, et poursuit l'étude des catégories du discours. Il remarque que les verbes se distinguent aussi des noms par le fait qu'ils expriment le temps et il ajoute la conjonction et l'article à ces deux parties du discours. Tout en faisant œuvre de philosophes, les stoïciens, à partir du IIIe siècle avant notre ère, approfondissent et systématisent cette réflexion. Ils distinguent quatre parties du discours (les noms, les verbes, les conjonctions et, dans la même catégorie, les pronoms et les articles) ; ils divisent les noms en *communs* et *propres*, et ils établissent d'autres catégories grammaticales : le nombre, le genre, la voix (passive, active), le mode, le temps, le cas (accusatif, nominatif, datif, etc., selon la fonction du nom).

Il faut toutefois attendre les derniers siècles de la civilisation grecque pour voir naitre une véritable grammaire. L'écriture, en fixant le langage, rend sensible l'évolution de la langue. Rien d'étonnant alors à ce que cette grammaire apparaisse à Alexandrie, là où les Grecs conservaient des documents anciens, entre autres les œuvres de l'époque classique comme l'*Illiade* et l'*Odyssée*, écrites par Homère plusieurs siècles auparavant. Au fil du temps, il se révélait très ardu de comprendre ces écrits, de la même manière que l'est pour nous un texte écrit en ancien français (*voir* l'encadré 1.1).

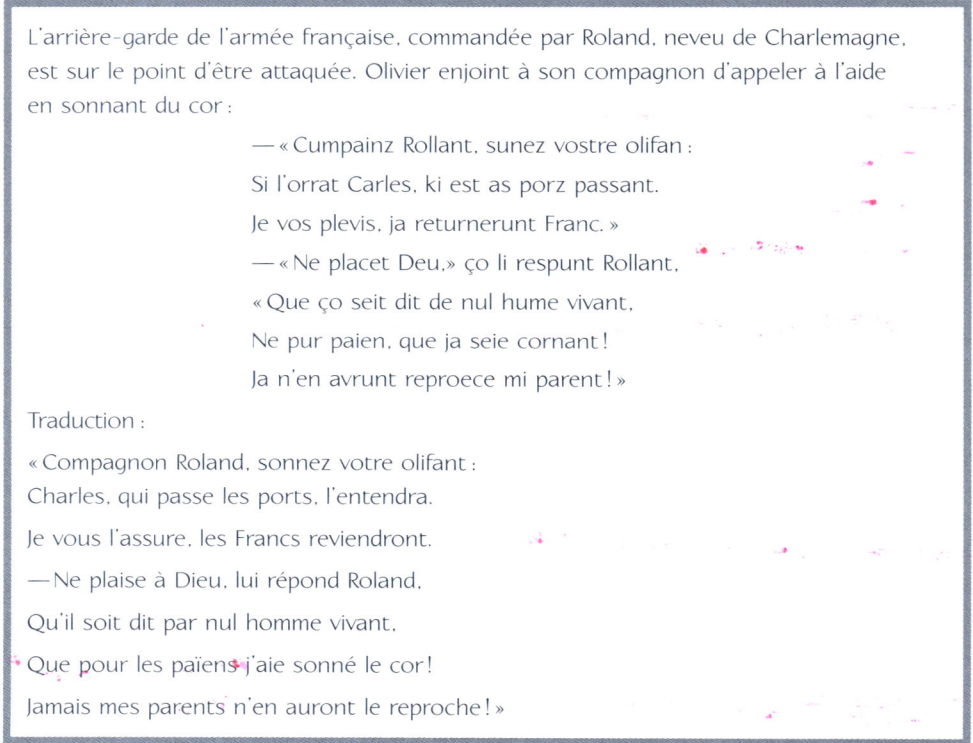

Encadré 1.1 Un extrait de *La Chanson de Roland* (début du XIIe siècle)

L'arrière-garde de l'armée française, commandée par Roland, neveu de Charlemagne, est sur le point d'être attaquée. Olivier enjoint à son compagnon d'appeler à l'aide en sonnant du cor :

— « Cumpainz Rollant, sunez vostre olifan :
Si l'orrat Carles, ki est as porz passant.
Je vos plevis, ja returnerunt Franc. »
— « Ne placet Deu, » ço li respunt Rollant,
« Que ço seit dit de nul hume vivant,
Ne pur paien, que ja seie cornant !
Ja n'en avrunt reproece mi parent ! »

Traduction :

« Compagnon Roland, sonnez votre olifant :
Charles, qui passe les ports, l'entendra.
Je vous l'assure, les Francs reviendront.
— Ne plaise à Dieu, lui répond Roland,
Qu'il soit dit par nul homme vivant,
Que pour les païens j'aie sonné le cor !
Jamais mes parents n'en auront le reproche ! »

Sources : Mortier, 1940, p. 62 ; traduction adaptée de Moignet, 1970, p. 59.

L'entreprise des Alexandrins visait donc avant tout à expliquer et à conserver une langue littéraire ancienne. L'un d'entre eux, Denys de Thrace (IIe siècle av. J.-C.), distingue le pronom et l'article (défini et démonstratif) et ajoute aux parties du discours déjà établies par Platon et Aristote (nom, verbe, conjonction) celles du participe, de l'adverbe et de la préposition, portant ainsi leur nombre à huit. Comme le notent Germain et Séguin (1995), après 3 siècles de réflexion et de discussion, on trouve là, à peu de choses près, les catégories qui continuent à structurer nos grammaires 21 siècles plus tard. On pourrait en dire autant de certains modes de raisonnement, comme le montre l'exemple qui suit (*voir* l'encadré 1.2). C'est ce qui contribue sans doute à l'effet d'immuabilité qui se dégage de la grammaire.

Encadré 1.2 Un exemple de l'héritage des Grecs

Denys de Thrace (IIᵉ siècle av. J.-C.) présentait les huit parties du discours dans un certain ordre :

nom, verbe, participe, article, pronom, préposition, adverbe, conjonction.

Au IIᵉ siècle de notre ère, Appolonius Dyscole, autre grammairien grec, s'emploie à justifier cet ordre en s'appuyant sur les propriétés de chacune des parties. Par exemple, le nom précède le verbe parce que l'existence précède l'action ; l'article « s'articule » aux catégories qui le précèdent, mais pas à celles qui le suivent, d'où sa position, etc. L'explication de Dyscole fait donc appel à des critères variés :

- de sens : le nom exprime l'existence, le verbe exprime l'action ;
- logiques : l'existence précède l'action ;
- de rôle dans la phrase : l'article accompagne ; le pronom remplace ;
- de forme : le participe est une transformation du verbe.

Cette manière de raisonner imprègnera toute la grammaire qui va suivre ; encore à notre époque, l'une des principales caractéristiques de la grammaire traditionnelle est de proposer des définitions fondées sur des critères hétérogènes (*voir* le chapitre 2).

Source : Adapté de Germain et Séguin, 1995, p. 8-9.

1.1.2 Les grammairiens romains

Héritiers du savoir grammatical des Grecs, les grammairiens latins vont avant tout s'appliquer à traduire les acquis de ces derniers et à chercher dans le latin les catégories de la langue grecque, considérée comme un modèle. Le grec et le latin étaient des langues apparentées qui présentaient des similitudes ; ainsi, elles possédaient toutes deux des cas, des déclinaisons (variations dans la terminaison des mots servant à indiquer leur fonction), ce qui facilitait ces transferts. Toutefois, le parti pris des grammairiens latins aura pour effet d'introduire de nombreuses distorsions dans la description de leur langue. Par exemple, comme il n'y a pas d'article en latin, on ajoutera l'interjection aux parties du discours afin de conserver leur nombre à huit !

Néanmoins, les grammairiens romains sont, selon le linguiste Georges Mounin (1967, p. 94), « la base de tout notre enseignement traditionnel ». Ainsi, Varron (Iᵉʳ siècle avant notre ère) appuie sa pratique sur des principes qui demeurent au cœur de la grammaire traditionnelle : ce qu'il appelle la nature de la langue, les règles de la grammaire, l'usage et l'exemple des bons auteurs (Mounin, 1967, p. 95). Plus tard, Priscien (VIᵉ siècle) montre que la compréhension du discours repose non seulement sur le sens des mots, mais également sur les relations qui s'établissent entre eux à l'intérieur de la phrase. Les grammairiens du Moyen Âge se serviront de ses travaux comme d'un modèle. Précisons toutefois que, pour les grammairiens latins, la syntaxe se rattache avant tout au mot ; elle concerne l'emploi et l'arrangement des mots dans la phrase, selon une conception qui va de la partie au tout. Il faudra attendre la fin du XIXᵉ siècle pour que la syntaxe soit vue comme la «loi d'organisation de la structure de la phrase, allant ainsi du tout à la partie, contrairement au mouvement antérieur» (Germain et Séguin, 1995, p. 12).

La réflexion grammaticale a donc progressé lentement au fil des siècles et le poids de son héritage commence très tôt à s'exercer. Nombre de distinctions faites par les Grecs se sont ainsi transmises jusqu'à notre époque sans que l'on remette en question leur pertinence pour les langues auxquelles on les appliquait.

1.2 LA GRAMMAIRE FRANÇAISE

1.2.1 Les premières descriptions du français

Il faut attendre le XVᵉ siècle pour voir apparaitre les premières grammaires du français. Jusque-là, seul le latin est considéré comme une langue digne de ce nom ; il est d'abord la langue du conquérant romain qui a envahi la Gaule 50 ans avant notre ère. Cinq siècles plus tard, après l'anéantissement de l'Empire romain, les anciennes provinces, comme celles de la Gaule, se replient et évoluent indépendamment les unes des autres. Le latin parlé, qui présentait des variétés selon les régions, se mêle aux langues locales et de nombreux dialectes se développent peu à peu, parmi lesquels figure le français. Grâce à l'Église, le latin va toutefois demeurer la langue de la religion, de la diplomatie, de la science et des arts pendant plusieurs siècles. Seule langue enseignée, elle sert à diffuser les connaissances et permet une compréhension entre les savants et les lettrés de l'Europe. Picoche et Marchello-Nizia (1991, p. 26) décrivent ainsi l'enseignement au Moyen Âge : «Entrer dans une école monastique et, plus tard, dans une université, signifie apprendre à lire, écrire, parler, suivre des cours et prendre part à des "disputations" en latin.» D'ailleurs, la Sorbonne continuera de donner des cours en latin jusqu'au milieu du XIXᵉ siècle ! D'où le nom de quartier latin pour désigner le secteur de la ville où se trouvait l'université et où se regroupaient les étudiants.

Pendant tout le Moyen Âge, les grammaires latines servent à enseigner la langue et suivent les modèles développés par les grammairiens romains. Le terme *grammatica* devient d'ailleurs synonyme de «latin», d'«ouvrage en latin». L'apprentissage du latin se fait en mémorisant des mots, des expressions, des proverbes, des dialogues, des psaumes. La grammaire, quant à elle, est utilisée pour apprendre les parties du discours, les mots selon leur genre, les conjugaisons et les déclinaisons, toutes choses que les apprentis récitent par cœur.

Au fil du temps, le français prend du galon. Entre le xie et le xiie siècle, la langue se stabilise, et une littérature prend naissance. Dans l'Administration, le français remplace le latin. À la fin du Moyen Âge, l'intérêt pour les langues nationales qui s'est développé auparavant conduit à l'élaboration de grammaires qui rendent compte des spécificités de ces langues (Kristéva, 1981, p. 141). C'est dans ce contexte que les premières descriptions du français font leur apparition.

À partir du xvie siècle, l'attention portée au français suit deux tendances bien différentes. La première est illustrée par l'Anglais Palsgrave ; en 1530, il publie un ouvrage visant à aider le voyageur qui circule en terre française. Rédigée en anglais, cette grammaire consiste avant tout en une liste d'emplois en contexte accompagnés d'analyses rigoureuses qui ne font aucunement référence au latin. Au contraire, la seconde tendance, qui aura beaucoup plus d'influence, lie étroitement l'étude du français au latin. Le travail de Dubois, dit Sylvius (1531) est une initiation à l'étude du latin qui met l'accent sur la parenté entre les deux langues. C'est une manière de faire valoir la dignité du français, mais au détriment du respect des faits. Ainsi, Sylvius continue de parler de déclinaison pour le français, tout en reconnaissant le rôle de la préposition et de l'article comme agents de ce système, ce qui est pour le moins contradictoire (Kristéva, 1981, p. 146). Dans l'évolution du latin au français, en effet, ce ne sont plus les variations dans la terminaison du mot qui servent à indiquer sa fonction, mais bien sa position dans la phrase (ex. : Pierre félicite Paul) et l'emploi des prépositions (ex. : Pierre parle l'anglais ; Pierre parle *de* l'anglais). Comparons les deux systèmes à partir d'une déclinaison modèle pour le masculin singulier (*voir* le tableau 1.1).

Tableau 1.1 La comparaison du système des fonctions en latin et en français

Cas du latin	Équivalent des fonctions	Latin	Français
Nominatif	sujet – attribut du sujet	domin**us**	le maitre
Accusatif	compl. d'objet direct	domin**um**	le maitre
Datif	compl. d'objet indirect	domin**o**	au maitre
Génitif	compl. du nom (possession)	domin**i**	du maitre
Ablatif	compl. circonstanciel	domin**o**	à propos du maitre
Vocatif	(apostrophe)	domin**e**	maitre !

Des grammairiens alignaient donc, sur le modèle latin, les « formes » du datif, par exemple : à maitre, au maitre, à un maitre. Cette façon de soumettre la description du français aux cadres de la grammaire latine marquera la grammaire jusqu'à nos jours (*voir* le chapitre 2).

Des considérations pédagogiques constituent une autre raison de recourir au français pour enseigner le latin. Il s'agit de faciliter aux enfants l'accès à une langue pratiquement morte, qui n'existe plus que dans l'écrit. À partir de là, les objectifs de l'enseignement du latin changent : on n'apprend plus à parler une langue, mais on étudie le latin pour former son esprit. La grammaire commence ainsi à revêtir une fonction de formation intellectuelle, d'entrainement au raisonnement, que l'on retrouvera plus tard dans l'enseignement du français.

L'étude du français proprement dit progresse néanmoins avec des grammairiens qui, à l'exemple de Palsgrave, se distinguent dans l'observation des faits et la rigueur des analyses produites. L'*usage* devient central pour ces grammairiens humanistes qui se mettent à l'écoute de la langue écrite et parlée. C'est particulièrement le cas de Meigret, auteur du *Tretté de la Grammere Françoeze*, qui parait en 1550. Le grammairien se fait observateur, collectionneur de faits ; il est convaincu que c'est en combinant le raisonnement et l'observation de la langue telle qu'elle est employée qu'il pourra parvenir à dégager les principes qui la gouvernent et à en dévoiler la richesse. Comme le note Chevalier (1994, p. 22), pour ces savants : « L'usage dévoile la rationalité d'une langue qui vaut bien le latin, une langue moderne, le français. » Ramus, le dernier représentant de cette lignée, célèbre le caractère spécifique du français et propose des analyses audacieuses dans lesquelles il s'efforce d'organiser les faits autour de principes généraux. L'activité grammaticale est donc, au cours de cette période, étroitement liée au statut du français qui étend graduellement sa légitimité et son prestige.

1.2.2 Le tournant du XVIIe siècle

Véritable début de l'histoire de la grammaire française, ce siècle représente une étape cruciale avec le développement d'une grammaire générale et d'une grammaire normative. La première s'inscrit dans la continuité du courant qui consiste à réfléchir sur la langue pour tenter d'en comprendre les fondements ; la seconde vise avant tout la codification de la langue et l'établissement d'une norme. Ces deux tendances vont curieusement cohabiter sans s'opposer, la grammaire générale puisant volontiers dans le matériel que les grammairiens du *bel usage* présentent, et sans s'offusquer que cet usage soit celui d'une minorité : la Cour.

Publiée en 1660, la *Grammaire générale et raisonnée* d'Arnauld et Lancelot se présente comme *contenant les fondements de l'art de parler, expliqués d'une manière claire et naturelle ; les raisons de ce qui est commun à toutes langues et des principales différences qui s'y rencontrent.* À partir de considérations sur le latin et le français surtout, les auteurs développent une théorie selon laquelle le langage est vu comme l'expression de la pensée : les mots ont été inventés pour faire connaitre nos pensées. Par conséquent, pour « comprendre les diverses sortes de significations qui sont enfermées dans les mots », il faut auparavant comprendre ce qui se passe dans nos pensées (p. 23). S'appuyant sur ce que les philosophes de l'époque considèrent comme les principales opérations de l'esprit (concevoir et juger), Arnauld et Lancelot distinguent deux sortes de signes : ceux qui désignent « les objets » de nos pensées (substantifs et adjectifs) et ceux qui signifient « la manière » des pensées (verbes, conjonctions, interjections).

C'est une première originalité de ce que l'on appelle la grammaire de Port-Royal[1] : les parties du discours, envisagées jusque-là comme une série d'éléments, se trouvent intégrées à une opération : parler, c'est « concevoir », se représenter des « objets » ou leurs « accidents » (ex. : la terre, le fait d'être rond) et « juger », c'est-à-dire établir un lien entre ces objets (*la terre* est *ronde*). Par le fait même, la proposition devient le centre de l'analyse grammaticale, et le verbe en est l'axe majeur. Autre nouveauté, le verbe devient « ce qui affirme » et non plus, comme c'était le cas depuis les Grecs, ce qui marque le temps ou la durée. Ainsi, tout verbe porte en lui l'idée d'*être : Pierre mange* est analysé comme *Pierre est mangeant.* On verra plus loin comment la grammaire scolaire abusera de ce genre d'analyse. Le grand intérêt de la grammaire de Port-Royal est qu'avec elle le langage n'est plus « un ensemble formel de termes, mais un système dont le noyau principal est la proposition sous-tendue par l'affirmation d'un jugement » (Kristéva, 1981, p. 166).

La grammaire de Port-Royal jette ainsi les fondements d'un travail qui vise à rechercher les principes généraux du langage à travers l'étude de langues particulières. Cette entreprise rejoint l'esprit du siècle suivant, celui des encyclopédistes, de la raison et du culte de la nature, et y trouvera des prolongements. Plus près de nous, Chomsky lui-même, père de la grammaire générative transformationnelle et instigateur de recherches sur les universaux du langage, ne manquera pas d'évoquer les considérations de la grammaire de Port-Royal qui introduit, entre autres, l'idée de la « créativité » au sein du langage (*voir* l'encadré 1.3).

---

1. Port-Royal était un monastère féminin, à l'extérieur de Paris, près duquel vivaient, dans l'austérité, des hommes qu'on appelait les Messieurs de Port-Royal. Parmi ceux-ci : Antoine Arnauld, frère de l'abbesse, et Claude Lancelot, qui enseignait dans les Petites Écoles qu'on y avait établies en 1638. Port-Royal fut un foyer d'activité intellectuelle à l'origine de nombreux ouvrages, dont la *Grammaire* et la *Logique* (par Arnauld et Nicole).

Encadré 1.3 Le caractère « créateur » du langage, de Port-Royal à Chomsky

« Il nous reste à examiner ce qu'elle [la parole] a de spirituel, qui fait l'un des plus grands avantages de l'homme au-dessus de tous les autres animaux, et qui est une des plus grandes preuves de la raison : c'est l'usage que nous en faisons pour signifier nos pensées, et cette invention merveilleuse de composer de vingt-cinq ou trente sons cette infinie variété de mots, qui, n'ayant rien de semblable en eux-mêmes à ce qui se passe dans notre esprit, ne laissent pas d'en découvrir aux autres tout le secret, et de faire entendre à ceux qui n'y peuvent pénétrer, tout ce que nous concevons, et tous les divers mouvements de notre âme. »

Source : Arnauld et Lancelot, 1660, p. 22.

« [...] ce que nous pouvons désigner comme *l'aspect créateur de l'utilisation du langage*, la faculté spécifiquement humaine d'exprimer des pensées nouvelles et de comprendre des expressions de pensée nouvelles dans le cadre d'un *langage institué* [...]. »

« [...] le locuteur fait un usage infini de moyens finis. Sa grammaire doit donc contenir un système fini de règles qui engendre une infinité de structures profondes et superficielles liées de façon appropriée. Elle doit aussi contenir des règles qui relient ces structures abstraites à certaines représentations du son et du sens [...]. »

Source : Chomsky, 1970, p. 19 et 33.

Mais revenons au XVIIᵉ siècle. À mesure qu'une langue étend son influence et diversifie ses usages, un besoin d'uniformisation se fait sentir. Le français n'y échappe pas ; c'est d'abord l'orthographe qui est interpelée, car jusqu'à la Renaissance, une grande liberté régnait dans ce domaine. De plus, l'engouement pour l'Antiquité avait conduit à réintroduire dans l'orthographe française de nombreuses lettres étymologiques et à modifier d'autres graphies pour les rapprocher de formes grecques ou latines. Par exemple, on passa de *doit* à *doigt* (de *digitu*), de *ni* à *nid* (de *nidu*), de *set* à *sept* (de *septus*). Les avis étant partagés, on assiste bientôt à d'âpres querelles à propos de l'orthographe. Certains, comme Louis Meigret, proposent des rectifications visant à rapprocher l'orthographe de la prononciation qui, écrit-il, est « le vif et le refrein de nostre escriture ». D'autres, au contraire, privilégient les graphies étymologiques. Des imprimeurs, comme Robert Estienne, prennent part à ces débats, car ils souhaitent vivement une uniformisation des graphies. En 1635, Richelieu fonde l'Académie française, société savante qui devra s'employer à « donner des règles certaines à notre langue et à la rendre pure, éloquente et capable de traiter les arts et les sciences » (dans Brissaud et Bessonnat, 2001, p. 24).

Voici quelques exemples d'ouvrages qui paraissent à cette époque et dont la simple lecture des titres est éloquente (d'après Brissaud et Bessonnat, 2001) :

Traicté de la grammaire françoise – 1557, Robert Estienne

Thresor de la Langue Francoyse tant Ancienne que Moderne – 1606, J. Nicot

Alfabet nouveau de la vrée et pure ortografe fransoise – 1609, Poisson

La vraye et ancienne orthographe françoise restaurée – 1609, Simon

Les Véritables régles de l'ortografe francèze, ou

l'Art d'apprandre an peu de tams à écrire côrectement – 1668, L. Lesclache

De l'intérêt pour l'*usage* que l'on évoquait avec Meigret, on passe à la recherche du *bon usage*. L'art de bien parler alimente autant les discussions de salon que les ouvrages d'auteurs comme Vaugelas ou Bouhours, car « filtrer son langage jusqu'à la minutie [est] un signe de distinction », écrit Chevalier (1994, p. 40). On recherche la bonne façon de s'exprimer, la plus claire, la plus conforme au génie de la langue. Comme l'écrivent Genouvrier et Peytard (1970, p. 84) : « Il s'agit simultanément de légiférer et de briller : la grammaire devient à la fois un catalogue de fautes et un agréable divertissement de société. » Bien entendu, c'est l'aristocratie parisienne, et plus précisément la Cour, qui donne le ton aussi bien en matière d'étiquette que de beau langage.

Vaugelas est le plus illustre représentant de cette tendance. Membre de l'Académie, traducteur, précepteur et mondain, il rédige ses « Remarques » (un genre de l'époque) qu'il lit à l'Académie, fait circuler dans les salons et publie en 1647 sous le titre *Remarques sur la langue Françoise utiles à tous ceux qui veulent bien parler et bien escrire*. Il y présente le *bon usage*, qu'il définit comme « la façon de parler de la plus saine partie de la cour conformément à la façon d'écrire de la plus saine partie des auteurs du temps » (p. 10). Pour justifier ses choix, Vaugelas fait surtout appel à l'analogie, à l'euphonie ou, simplement, à des considérations esthétiques (*voir* l'encadré 1.4). Ce type d'activité, qui soupèse des manières de dire ou d'écrire pour déterminer la meilleure, paralyse la véritable réflexion. La grammaire de Port-Royal restera ainsi la seule œuvre marquante de ce siècle. Mais la double orientation, logique et normative, va imprégner toute la tradition grammaticale qui suit.

Encadré 1.4 Quelques « Remarques » de Vaugelas

—Faut-il écrire « je vous prends à témoin » ou « à témoins » ?

Vaugelas use de l'analogie : on dirait « je vous prends à partie » et non « à parties » : il faut donc écrire « à témoin » sans « s » (p. 17).

—Pourquoi *je puis* et non *je peux* (comme *tu peux, il peut*) ? Il écrit : « [...] *je puis* est beaucoup mieux dit et plus en usage. [...] Il est de la beauté et de la richesse des langues d'avoir ces diversités, quoique nous ayons beaucoup de verbes où la première et la seconde personne du présent de l'indicatif sont semblables [...] » (p. 75).

1.2.3 La grammaire générale

Le XVIIIᵉ siècle marque la fin du classicisme et le retour à une intense activité grammaticale. Elle commence avec la publication de la grammaire de l'Académie en 1706, résultat d'un demi-siècle de travail. Mais il s'agit véritablement d'une grammaire « académique » qui conserve le cadre latin et un plan traditionnel : alphabet, orthographe et parties du discours.

Les ouvrages de cette époque révèlent un foisonnement d'analyses ponctuées de brillantes observations mais qui, globalement, demeurent sous l'emprise des catégories héritées du latin. Citons quelques exemples tirés de Chevalier (1970) concernant les déterminants, qui montrent tantôt des progrès, tantôt une stagnation dans les cadres précédents.

■ On avait tendance à confondre l'article et la préposition en raison de la supposée déclinaison que nous avons évoquée plus haut. Du Marsais les distingue clairement. Cela lui permet de décomposer « au » et « du » et de montrer que « des » ne s'analyse pas de la même manière dans *à des hommes* (des = art.) que dans *le Sauveur des hommes* (des = prép. + art.), équivalant à *de les* (p. 71-73).

■ La tendance était de n'admettre comme articles que *le-la-les.* Du Marsais fait valoir, avec justesse, que c'est la différence « du service ou emplois des mots, et non la différence matérielle du son, qui les fait placer en différentes classes » (p. 73). Donnant ainsi la primauté à la fonction, il suggère de mettre *le-la-les* au rang de ce qu'il appelle des « prénoms ou adjectifs métaphysiques » qui comprennent des mots comme *tout, chaque, nul, mon, un, deux* (p. 72). Cette proposition, qui repose sur une manipulation implicite de remplacement, est sans doute trop novatrice et elle ne sera pas retenue. Il faudra attendre la linguistique structurale pour retrouver ce découpage de la classe des déterminants.

■ Régnier-Desmarais, auteur de la grammaire de l'Académie, refuse, de son côté, d'admettre *un-une-des* au rang des articles parce qu'il aperçoit bien qu'à ce compte il lui faudrait aussi admettre *tout, quelque, certain* et même tous les « noms de nombres », ce qui lui parait impensable. Il maintient donc l'analyse de Port-Royal.

■ Par contre, Régnier-Desmarais, tout comme Du Marsais, remet en question l'appellation d'*indéfini* pour *un-une-des.* Il écrit : « [...] comment *un* peut-il estre pris pour un terme indéfini, puisqu'il n'y a rien de moins indéfini & de plus déterminé que ce qui désigne unité » (p. 69). Cette appellation se rendra pourtant jusqu'à nous.

Dans cet âge d'or de la raison et de la géométrie qu'est le XVIIIᵉ siècle, il n'y a rien d'étonnant à ce que les grammairiens s'intéressent particulièrement à l'organisation du discours et de la phrase, en relation avec l'organisation de la pensée.

Poursuivant l'entreprise de Port-Royal, la grammaire générale cherche à établir les principes communs aux langues tout en rendant compte des particularités de chacune. On distingue les langues qui se conforment à l'ordre analytique de la pensée et celles qui le transposent. Bien entendu, le français fait partie des premières, il reflète l'ordre de la pensée que l'on suppose « naturel » et que l'abbé Girard décrit ainsi : « Le sujet agissant y marche le premier, ensuite l'action accompagnée de ses modifications, après cela ce qui en fait l'objet et le terme. » (dans Kristéva, 1981, p. 184).

Un nouveau pan de la grammaire émerge avec l'analyse de la proposition qui consiste à relier l'art d'arranger les mots et celui d'arranger les pensées. Cette étude conduit à de multiples distinctions et au développement d'un métalangage reflétant des considérations logiques et sémantiques. Par exemple :

- Du Marsais distingue des propositions directement affirmatives ou négatives, qui énoncent des jugements (*La terre est ronde*) et d'autres qui énoncent « des vues de l'esprit », c'est-à-dire « commandement, condition, souhait, dépendance, etc. » (Chevalier, 1994, p. 82).

- Dans ses *Vrais principes de la langue françoise*, l'abbé Girard intègre plusieurs distinctions. Ainsi, du point de vue du nombre de fonctions que comporte la phrase, il distingue : phrases *incomplète, complète, intégrale* (qui les contient toutes). Du point de vue des « personnes », la phrase peut être *expositive, impérative ou interrogative* (Chevalier, 1994, p. 78).

- C'est aussi l'abbé Girard qui trace le portrait des sept fonctions « qui peuvent être admises dans la structure de la phrase pour en faire le tableau de la pensée » (dans Kristéva, 1981, p. 184). Il y a d'abord un *sujet* et une *attribution* (un verbe), deux parties essentielles, car « sans cela on ne dit rien ». Il voit ensuite que l'attribution peut avoir *un objet, un terme, une circonstance modificative, une liaison avec une autre* et, finalement, un *accompagnement étranger* « pour servir d'appui à quelqu'une de ces choses » (Chevalier, 1994, p. 77). C'est à lui qu'on doit l'introduction des termes de *circonstant* et de *circonstanciel*, mais ce n'est qu'au milieu du XIXe siècle que la notion apparaitra dans la grammaire scolaire, comme nous le verrons à la section suivante.

Du Marsais introduit une distinction importante entre construction et syntaxe. La manière d'arranger les mots dans la phrase relève de la construction (ex. : *longue est l'attente* versus *l'attente est longue)*, alors que la syntaxe concerne les rapports des mots entre eux et ce qui fait le sens de la proposition. Le grammairien est donc amené à analyser les constructions pour y retrouver l'ordre de la syntaxe et, par delà, l'ordre de la pensée. Il y arrive en faisant appel au sous-entendu (l'ellipse), à la paraphrase, à la substitution, au rétablissement de l'ordre. Une nouvelle pratique se développe, celle de l'analyse ; elle va trouver des applications pédagogiques, d'autant plus qu'elle rappelle un exercice ancien qui consistait à dire la nature et la fonction de tous les mots d'un texte avant de le traduire. Du Marsais différencie, en outre, l'analyse grammaticale, qui s'intéresse uniquement aux rapports réciproques entre les mots, et l'analyse logique, qui concerne le sens global de l'assemblage des mots (Chevalier, 1979a). L'encadré 1.5 présente un exemple de ces formes d'analyse.

Encadré 1.5 Un exemple d'analyse

Voici l'analyse que Du Marsais fait de la phrase :

Celui qui me suit, dit J.-C., ne marche point dans les ténèbres.

Analyse logique : une proposition dite complète qui a pour sujet *Celui qui me suit* et comme attribut *ne marche point dans les ténèbres.*

Analyse grammaticale : trois propositions :

- une principale : *Celui ne marche point dans les ténèbres*
- une incidente : *qui me suit*
- une incise : *dit J.-C.*

Chacune est analysable mot par mot : *celui*, sujet, est un nominatif. L'attribut comprend un verbe à la 3e personne, une négation, une modification de l'action (*dans les ténèbres*), etc.

Source : Adapté de Chevalier, 1979a, p. 27.

De son côté, Restaut, grammairien pédagogue, pousse plus loin la définition sémantique des notions de *sujet* et d'*objet* et invente les questions destinées à déterminer le *régime* (complément) du verbe : « Pour trouver le régime d'un verbe actif, on met *quoi* ou *qui* en interrogation après le verbe ou la préposition. » Pour les objets indirects, il s'agit de mettre « en interrogation *de quoi* ou *de qui*, *à quoi* ou *à qui* » (dans Kristéva, 1981, p. 183). Voilà une invention dont l'avenir est assuré !

Il est significatif que les ouvrages des grammairiens philosophes portent souvent le titre de Principes, alors que les Remarques[2] avaient été le genre du siècle précédent. À la recherche d'une systématisation, les grammairiens du XVIIIe siècle ont fait progresser la réflexion grammaticale, mais sans pouvoir assumer jusqu'au bout la portée de leurs intuitions et sans parvenir à les intégrer dans un ensemble cohérent. Dans l'enseignement, cette grammaire, qui exigeait réflexion et abstraction, menait assez bien une élite à l'apprentissage du latin. Elle était par contre peu adaptée à ce que la Révolution allait apporter : la généralisation de l'enseignement du français à toutes les couches de la société.

---

2. Ce n'est pas sans raison que *Le bon usage* de Maurice Grevisse porte comme sous-titre : *Grammaire française avec des remarques sur la langue française d'aujourd'hui.* Le lien avec la grammaire normative du XVIIe est clair.

1.3 LA GRAMMAIRE SCOLAIRE

André Chervel (1977) a retracé dans *... et il fallut apprendre à écrire à tous les petits Français* la naissance et l'histoire de la grammaire scolaire, qu'on peut considérer comme l'*aïeule* de notre grammaire traditionnelle. Le titre de son ouvrage étant un parfait résumé, nous le prendrons comme fil conducteur, après quoi nous présenterons brièvement les deux grandes étapes du développement de cette grammaire.

1.3.1 Les origines de la grammaire scolaire

1.3.1.1 *« ... et » : le contexte*

Le XVIIIe siècle se termine dans la tourmente de la Révolution française (1789). Jusque-là, l'instruction se trouvait réservée à une élite (aristocratie et bonne bourgeoisie) et à certains corps de métier. La Révolution veut renverser cette situation ; parmi les premières mesures prises pour l'enseignement secondaire, sont instaurées les Écoles centrales qui remplacent les collèges dirigés par des religieux. Ces écoles sont animées de l'idéal des Encyclopédistes[3]. La grammaire générale y prend la place de la philosophie et est associée aux mathématiques pour « ouvr[ir] l'intelligence aux sciences de la nature et aux sciences sociales » (Chevalier, 1994, p. 94). En 1802, toutefois, Napoléon étant devenu empereur, les Écoles centrales sont transformées en lycées impériaux. Napoléon se méfie des Idéologues (mouvement rattaché aux Encyclopédistes), et la grammaire générale y est interdite. C'est un brusque retour au modèle des collèges, avec la discipline et la réintroduction en force du latin.

Du côté de l'enseignement primaire, la scolarisation ne cesse de progresser, même si l'enseignement obligatoire et gratuit n'est voté définitivement qu'en 1880. Quelques années après la Révolution, un ouvrage datant de 1780 est choisi comme base de l'enseignement du français : *Élémens de la grammaire françoise* de Lhomond. Nous allons y revenir.

1.3.1.2 *« il fallut apprendre [...] à tous les petits Français » : la nécessité*

La situation linguistique de la France à la fin du XVIIIe siècle ne ressemble pas à l'image que l'on s'en fait, à savoir une société francophone de part en part. En 1794, l'abbé Grégoire, curé de Lorraine et député à l'Assemblée nationale, publie le rapport d'une enquête qu'il a réalisée quatre ans plus tôt afin de dresser le bilan linguistique de la nation. Il estime que six millions de citoyens ignorent

---

3. L'*Encyclopédie ou dictionnaire raisonné des sciences, des arts et des métiers* est un immense ouvrage de vulgarisation comptant 17 tomes d'articles et 11 tomes de planches qui seront publiés entre 1751 et 1772. L'*Encyclopédie* se veut le « Tableau général des efforts de l'esprit humain dans tous les genres » et elle reflète la pensée philosophique de l'époque. Dirigée par Diderot et d'Alembert, la rédaction des articles mobilisera de nombreux collaborateurs, les Encyclopédistes.

le français, que six autres millions le parlent imparfaitement et que trois millions seulement sont capables de le parler «purement», parmi lesquels un bon nombre ne l'écrivent pas.

Le pouvoir politique, soucieux d'unité, impose rapidement le français comme langue nationale et entreprend d'éradiquer les dialectes, tels le breton ou l'occitan, ainsi que les patois, bien vivants dans les campagnes. Toujours en 1794, un décret établit qu'aucun acte officiel, public ou privé, ne peut être écrit dans une autre langue que le français, sous peine d'emprisonnement. L'usage du français devient ainsi une nécessité, et il faut enseigner à tous à parler et à écrire la langue nationale.

1.3.1.3 *« apprendre à écrire » : apprendre l'orthographe*

La promotion du français comme langue de la République signe irrémédiablement le recul du latin. Au primaire, où il s'agit d'assurer les rudiments de la lecture, de l'écriture et du calcul en vue de former de bons citoyens, il n'en est plus question. On le réintroduit au secondaire, dont l'accès demeure réservé aux classes plus favorisées, mais le français prédomine désormais. Or, l'enseignement de l'écriture dans ce nouveau contexte pose de grandes difficultés.

La première est liée au fait d'enseigner à des élèves qui ignorent le latin. En effet, cette connaissance aidait à fixer l'orthographe de nombreux mots français grâce au lien qui pouvait être établi entre les deux langues (ex. : *temps* et *tempus*). Par ailleurs, en latin, la déclinaison de l'adjectif était parallèle à celle du nom, dans les déclinaisons dominantes, ce qui facilitait l'apprentissage de l'accord en français. Par exemple :

(nominatif) *Grammatica latina* (Grammaire latine)

(génitif) *Rudimenta grammaticae latinae* (Rudiments de grammaire latine)

La deuxième difficulté provient de l'écart entre la langue orale et écrite. Au début du XVIIIe siècle, selon Chervel (1977, p. 35), l'orthographe reflétait davantage la prononciation en usage dans les couches supérieures de la société. Ainsi, au sein de l'aristocratie et de la bonne bourgeoisie, se maintenait l'opposition entre les voyelles brèves (comme le *è* de *trompette*) et les voyelles longues (comme le *è* de *tempête*). C'était particulièrement le cas pour les mots au pluriel où la prononciation d'une voyelle longue était requise ; on entendait donc une différence entre «un ami» – [ami] – et «des amis» – [ami:]. Pour les enfants nés dans ces milieux, cette opposition phonétique facilitait l'apprentissage des graphies du pluriel et celles de certains mots comme *tempête* qui se prononçaient avec une voyelle longue. Mais ce n'était pas le cas pour la majorité de la population.

Voilà donc le contexte politique, linguistique et pédagogique dans lequel va naitre la grammaire scolaire. Elle prend d'abord la forme de l'ouvrage de Lhomond (un enseignant, auteur d'éléments de latin), adopté en 1795 comme manuel pour les écoles primaires. Il s'agit d'un petit ouvrage de 89 pages, comprenant 10 chapitres, chacun portant sur une partie du discours (Chervel, 1977, p. 55). C'est un abrégé de grammaire, comme il en existait bien d'autres à l'époque, mais simple, loin des théories, l'auteur affirmant que «la Métaphysique ne convient pas aux enfants». Ce qu'il propose, c'est de «connaître l'Usage», mais sans aller jusqu'à en «connaître la raison» (dans Chevalier, 1979b, p. 154).

Lhomond réoriente la grammaire en fonction d'une préoccupation dominante: l'orthographe. Il introduit une distinction récente: celle du substantif et de l'adjectif qui, jusque-là, se voyaient rangés dans la même catégorie: on parlait du nom substantif et du nom adjectif. Cette innovation vient en quelque sorte répondre à la difficulté évoquée plus haut: si l'accord du nom se fait par référence à l'univers (on parle d'une fleur ou de plusieurs), l'adjectif, lui, doit être mis en relation avec le nom pour être bien orthographié (de jolies fleurs). En plaçant le nom et l'adjectif dans deux classes distinctes, on peut enseigner que «tout adjectif doit être du même genre et du même nombre que le nom auquel il se rapporte» (dans Chervel, 1977, p. 60).

Lhomond accorde ainsi d'emblée toute la place aux parties du discours et il les décrit en faisant un tri dans les distinctions que présentaient les grammaires précédentes. Pour le nom, on trouvait dans Régnier-Desmarais, dont il s'inspire, plusieurs distinctions sémantiques et morphologiques: substantifs abstraits (*humanité*), collectifs (*forêt, peuple*), noms simples, composés (*bonheur*), noms absolus (*homme, oiseau*) et relatifs (*père, fils*), augmentatifs et diminutifs (Chervel, 1977, p. 59). Mais Lhomond ne retient de ces classes que celles qui ont une incidence graphique, comme les noms collectifs et les composés, et il en retouche le contenu «pour en faire les supports d'une règle orthographique précise».

Consciemment ou non, Lhomond propose, selon les termes de Chervel (1977, p. 62), «une méthode d'apprentissage de l'écriture française». C'est avec lui que la grammaire scolaire prend son départ: «Le cadre est tracé, l'appareil conceptuel énoncé, un style a été trouvé, simple, clair et bref.» Et le meilleur est à venir…

1.3.2 L'évolution de la première grammaire scolaire

Après la mort de Lhomond, d'autres auteurs reprennent sa grammaire et en produisent des éditions revues et augmentées. Cela donne lieu à une innovation importante: des exercices, mis en annexe ou publiés à part. Ainsi, Letellier propose l'exercice de cacographie (*voir* l'encadré 1.6), puis un exercice qu'il appelle «faire les parties du discours» consistant à identifier la nature de chaque mot «en rendant compte de la manière dont il est écrit» (dans Chervel, 1977, p. 100). L'analyse grammaticale entre ainsi dans l'école, bientôt suivie par un autre exercice: l'analyse logique.

Encadré 1.6 La cacographie pour enseigner l'orthographe

Au début du XIXᵉ siècle, on voit apparaitre l'exercice de cacographie qui consiste à faire corriger aux élèves des textes remplis de fautes. Chervel (1977, p. 100) en donne un exemple :

« Eqoute moa, tê seur me déplêze, qar èle se qonporte peu désaman. »

Des pédagogues vont assez rapidement condamner ce procédé qui a, dit-on, « le funeste inconvénient de gâter la mémoire des yeux [...] » (dans Chervel, 1977, p. 145). À partir de 1830, ce genre d'exercice disparaitra au profit de l'analyse.

Du côté du secondaire, la grammaire générale ayant sombré avec les Écoles centrales, il faut trouver une autre solution pour l'enseignement du français. À partir de 1823, c'est l'ouvrage de Noël et Chapsal qui s'impose grâce à la situation prestigieuse de Noël, inspecteur général de l'Instruction Publique. Le véritable maitre d'œuvre de l'entreprise est Chapsal, qui a flairé dans la grammaire un bon moyen de s'enrichir (80 éditions en 70 ans le rendront en effet millionnaire[4]). Il adapte certains principes de la grammaire générale et présente une théorie qui justifie les trois accords fondamentaux : verbe – attribut – participe passé.

Dans la grammaire générale, la considération des fonctions était essentiellement logique : le sujet, l'attribut et les compléments reflétaient la structure sousjacente de la proposition en tant qu'expression d'un jugement. Ainsi, dans l'énoncé « Les philosophes anciens sont dignes d'être connus », on voyait un sujet, « Les philosophes anciens » (parce que c'est bien en tant qu'*anciens* qu'ils *sont dignes...*), et un attribut, « sont dignes d'être connus ».

L'innovation de la grammaire de Chapsal et de ses contemporains consiste à faire passer les *fonctions* du plan logique au plan grammatical et, à partir des notions ainsi obtenues, à rendre compte des principaux accords orthographiques dans la phrase. Ainsi, l'exemple précédent devient analysable en sujet – verbe – attribut, et cet attribut est associé à un seul mot : « dignes ».

Dans le cas du participe passé, il y avait hésitation dans la grammaire générale au sujet de l'existence des verbes auxiliaires : fallait-il voir dans « J'ai reçu votre lettre » l'équivalent de « J'ai (verbe avoir) votre lettre reçue (adjectif) » ou y voir le verbe « recevoir » accompagné d'un auxiliaire ? La grammaire scolaire choisit cette seconde analyse et fait ainsi du participe une partie du discours distincte,

---

4. Aux environs de 1830, la grammaire devient un produit commercial. La scolarisation obligatoire et la lutte à l'analphabétisme créent une demande importante, pour le public scolaire, mais aussi pour les « gens du peuple, petits fonctionnaires ou petits boutiquiers, provinciaux désireux de s'instruire » (Chervel, 1977, p. 94). Certains manuels destinés aux écoles dépasseront 50 éditions, d'autres atteindront les 12 millions d'exemplaires. Chervel recense pas moins de 1 400 titres parus entre 1800 et 1914. Une grande part de cette production provient d'instituteurs et n'offre aucune surprise : le modèle est le même, et les auteurs se copient mutuellement.

ce qui, encore là, lui permet de formuler les règles d'accord du participe passé (Chervel, 1977, p. 115).

À part le sujet et l'attribut, le système des fonctions de cette première grammaire est réduit aux compléments d'objet direct et indirect. On ne cherchait pas nécessairement à tout analyser dans la phrase. Pour rendre compte de nombreuses constructions, Noël et Chapsal vont avoir recours à l'ellipse, à l'inversion et à certaines autres figures issues de la rhétorique (*voir* l'encadré 1.7).

Encadré 1.7 Des exemples d'analyse chapsalienne

■ Le recours à l'ellipse (problème du complément direct)

J'ai cueilli des fleurs

est analysé comme : *J'ai cueilli* **une portion** *des fleurs.*

Explication : le problème est que « des fleurs » répond à la question « quoi », mais qu'on voit encore une préposition dans *des*. L'ajout (*une portion*) rétablit le statut de complément direct.

■ Toujours l'ellipse (problème des compléments de *être*)

La maison est en cendres.

Il est à Paris.

Ces phrases sont analysées comme :

La maison est **réduite** *en cendres.*

Il est **demeurant** *à Paris.*

Explication : tous les verbes sont ramenés à *être* + attribut (je dors = je suis dormant), et *être* n'a pas de complément. Pour rendre compte des phrases qui précèdent, on dit donc qu'elles contiennent un attribut sous-entendu.

■ Les abus du procédé

– Selon le principe qu'il y a autant de propositions que de verbes, la proposition *C'est à vous que je m'adresse* s'analyse en :

Cela est existant que je suis adressant me à vous.

– Une phrase impersonnelle comme : *Il faut un grand courage*

s'analyse en : *Il (ceci), un grand courage, est fallant.*

Source : Adapté de Chervel, 1977, p. 120-140.

Dans les classes, les exercices d'analyse, qui exploitent ces procédés, deviennent très en vogue et supplantent tous les autres. Ils constituent à la fois un moyen de faire régner l'ordre en occupant les élèves et de faire assimiler la doctrine grammaticale. Cela entraine un changement dans le statut même de la grammaire :

On consultait la grammaire pour apprendre, ou comprendre, la langue. On va désormais se livrer à des exercices pour apprendre la grammaire.

(Chervel, 1977, p. 102)

Mais, comme on peut facilement l'imaginer, la grammaire devient, au fil de ces pratiques et de ces «raisonnements» douteux, une matière de plus en plus rebutante, qui ennuie et dégoute. Les témoignages en ce sens ne manquent pas; en voici deux parmi ceux qui ont été rassemblés par Chervel (1977, p. 285-288).

Et pourtant la grammaire excite un dégoût universel; elle est le supplice de l'enfance.

(Beaudry, 1873)

Qu'il me soit permis de m'étonner qu'il faille faire des exercices si douloureux pour apprendre une langue qu'on nomme maternelle, et que ma mère m'apprenait fort bien, seulement en causant avec moi.

(Anatole France, 1885)

C'est ce qui entrainera la mise à l'écart de la grammaire chapsalienne.

1.3.3 Vers la deuxième grammaire scolaire

Aucun nom précis ne s'attache à la deuxième grammaire scolaire dont Chervel situe l'achèvement vers 1920. Elle est en germe à partir du milieu du XIXe siècle, à travers une série de changements modestes mais continuels, qui finissent par transformer complètement le cadre précédent. Cette deuxième grammaire est donc tout entière issue de la première et, sur le plan théorique, elle ne représente, selon Chervel (1977, p. 96), «qu'un bric-à-brac informe, né de mille pulsions qui ont fini par converger».

Cette grammaire nait du besoin même de l'école. Elle constitue une adaptation à un contexte social et pédagogique qui a évolué. Les grands changements qu'elle introduit sont de trois ordres: la fin des explications byzantines recourant aux sous-entendus, le développement d'un système des fonctions qui permet une analyse de la phrase au complet et le déplacement de l'analyse vers les phrases subordonnées, auxquelles on avait jusque-là accordé peu d'intérêt.

Nous avons vu que la grammaticalisation des anciennes fonctions logiques s'amorce avec la première grammaire scolaire. Mais, comme Chervel (1977, p. 171) l'a montré, c'est le fait de reconnaitre un statut grammatical au complément circonstanciel, entre 1845 et 1860, qui marque la naissance de la deuxième grammaire: «Dans la brèche ouverte par le circonstanciel, c'est toute une nouvelle théorie syntaxique qui allait s'engouffrer, au cours des années.»

En abandonnant le recours à l'ellipse, il devenait difficile de distinguer des propositions comme «J'ai voyagé la nuit» et «J'ai reçu ta lettre» et surtout de justifier l'accord du participe passé ; fallait-il écrire « C'est la nuit que j'ai voyagé (e) » ? Dans la grammaire générale, le complément circonstanciel était associé à l'adverbe. Mais la notion qui prend forme avec la grammaire scolaire est bien différente, et ce complément va avant tout s'opposer au complément direct. Alors que ce dernier répond à la question « quoi », le complément circonstanciel sera celui qui répond à une des « quatre questions » (quand, où, comment, pourquoi). Le circonstanciel va ainsi englober non seulement des constructions directes, comme dans l'exemple précédent, mais aussi une partie des constructions indirectes (ex. : *Il est allé à Paris*). On passe ainsi d'un classement distributionnel – présence ou non d'une préposition introduisant le complément – à un classement sémantique. Le complément circonstanciel mettra quelque temps à s'imposer. Une fois intégré, par contre, il sera bien difficile à contenir dans les limites des quatre questions, et la liste des circonstanciels ne cessera de s'allonger (*voir* le chapitre 2).

La deuxième grammaire scolaire se développe ainsi en dégageant de proche en proche de nouveaux compléments (*voir* le tableau 1.2) et de nouvelles fonctions, ce qui entraine, bien entendu, un accroissement de la terminologie. Par exemple, puisque l'adjectif peut remplir la fonction attribut, il devient nécessaire d'identifier sa fonction dans la phrase quand il n'est pas attribut. On crée alors la fonction *épithète*.

Tableau 1.2   Le développement du système des compléments dans la grammaire scolaire

Grammaire scolaire		Distinction des compléments				
La première (1820)		direct	indirect			
La deuxième (1920)	I	direct	indirect			circonstanciel (1850)
	II	direct d'objet (1910)	indirect d'objet (1900)	du verbe passif (1900)		circonstanciel 1) lieu 2) temps 3) manière 4) cause
	III	d'objet direct (1920)	d'objet indirect (1920)	d'agent (1930)	d'attribution (1920)	circonstanciel • lieu • temps • manière • cause • moyen • prix • etc.

Source : Adapté de Chervel, 1977, p. 184.

Même les parties du discours sont remodelées dans cette deuxième grammaire. La classe des adverbes s'élargit pour accueillir ce que la grammaire ancienne considérait comme des particules (*oui, non*) ou des prépositions (*voici, voilà*); on aura tendance à y loger tout mot «invariable» qui n'est pas une préposition ou une conjonction. Le participe passé perd son statut de partie distincte et devient un mode du verbe. Par ailleurs, on n'hésite pas à placer un même mot dans deux classes ou plus (ex.: *un* est tantôt article, tantôt adjectif numéral; *quand* peut être conjonction ou pronom interrogatif, etc.).

Cette grammaire tente d'articuler l'axe de la nature des mots et celui de leur rôle dans la phrase. L'objectif est de pouvoir situer chaque terme d'une phrase selon ce double repérage, nature/fonction, afin de bien appliquer les règles d'accord, elles-mêmes formulées à partir de cette grille d'analyse. Car, ainsi que Chervel (1977, p. 27) l'affirme avec force, la raison d'être de la grammaire scolaire est de justifier l'orthographe:

> *Il fallut donc apprendre l'orthographe à tous les petits Français… Pour cette tâche on créa l'institution scolaire. Pour cette tâche, l'institution scolaire se dota d'un instrument théorique, d'une conception globale de la langue qu'elle présenta arbitrairement comme la justification de l'orthographe.*

Finalement, avec la deuxième grammaire scolaire, se développe la syntaxe de la phrase complexe. On s'aperçoit que les subordonnées peuvent aussi entrer dans la grille des fonctions. Alors que la grammaire précédente ne retenait pratiquement que la distinction entre principale et incidente (nos relatives), celle qui émerge au début du xxe siècle présente un classement détaillé des subordonnées relatives, complétives et circonstancielles. Le cadre de la «proposition» tel que l'avait conçu Port-Royal est bel et bien dépassé: «[…] l'unité, c'est maintenant la phrase. Elle est structurée hiérarchiquement comme l'armée ou la fonction publique. Il y a des subordonnées et même des subordonnées de subordonnées» (Chervel, 1977, p. 233).

Constituée en 1920, cette grammaire scolaire correspond à quelques différences près à ce que l'on désigne comme la «grammaire traditionnelle». C'est dans cet état qu'elle se fige et se rend jusqu'à nous. Cet état continue d'être regardé par certains comme s'il s'agissait d'une limite indépassable, alors que la grammaire scolaire s'est élaborée par étapes successives (*voir* l'encadré 1.8), en poursuivant un unique objectif: la connaissance de l'orthographe.

Encadré 1.8 Les jalons du développement de la grammaire scolaire

---

I ■ 1820
- La distinction de l'adjectif
- La règle d'accord de l'adjectif
- L'explicitation des accords de base (verbe, attribut, participe passé)

■ 1823
- Les EXERCICES (« pour apprendre la grammaire »)
- L'ANALYSE grammaticale et logique
Dans l'analyse : le recours à l'ellipse
Ex. : *Il demeure à Paris.* = *Il est demeurant à Paris.*

■ Fin du XIXe siècle
- L'ennui et le dégoût devant la grammaire

II ■ ...-1920
- L'abandon de l'ellipse
- La grammaire des fonctions (nature/fonction)
- (1850) Le complément CIRCONSTANCIEL
- La distinction des subordonnées
- L'analyse telle qu'on la connait

CONCLUSION

Ce survol historique a permis de montrer qu'il importe de considérer la grammaire pour ce qu'elle est, c'est-à-dire un ensemble d'hypothèses proposées en vue de rendre compte du fonctionnement de la langue ou de certains de ses aspects. Comme toute théorie scientifique, la grammaire est appelée à évoluer, à se transformer. Le visage qu'elle prend dépend aussi de son objectif premier. La grammaire a évolué dans le temps parce qu'elle s'est mise tour à tour au service de la philosophie, de l'étude des textes, d'une science de l'homme puis, dans le cas de la grammaire scolaire, de l'enseignement de la langue écrite. Elle se distingue ainsi des sciences du langage dont l'objet est le langage ou, dans les termes de Saussure, « la langue en elle-même et pour elle-même ».

Par ailleurs, il ressort de cet aperçu que le développement de la grammaire scolaire prend son départ au lendemain de la Révolution française et se réalise totalement en marge des sciences du langage, et ce, jusqu'aux années 1960. Les apports de la linguistique ne seront intégrés à la grammaire de l'école que tranquillement et pas toujours de la meilleure manière. Mais, comme nous le verrons, l'ouverture sur une *grammaire nouvelle* est aujourd'hui possible et plus nécessaire que jamais.

CHAPITRE 2

LA GRAMMAIRE TRADITIONNELLE ET SES LIMITES

Quelle grammaire vous a-t-on enseignée? La grammaire nouvelle a fait son entrée officielle dans les programmes d'études du ministère de l'Éducation du Québec (MEQ) en 1995. Toutefois, les grammaires scolaires utilisées aujourd'hui n'appartiennent pas toutes à ce nouveau courant. Des grammaires traditionnelles et des grammaires dans lesquelles coexistent à divers degrés ces deux courants se trouvent encore dans certaines salles de classe. Ces ouvrages reflètent une période de transition qui a débuté bien avant les programmes de 1995 et qui se poursuit toujours, comme l'ont constaté Lebrun et Boyer (2004) qui ont examiné les grammaires scolaires des 40 dernières années.

Ainsi, la grammaire qu'on vous a enseignée au primaire et au secondaire peut avoir été traditionnelle, nouvelle ou composée d'un mélange plus ou moins heureux des deux. Il convient de clarifier ce qu'on entend par grammaire traditionnelle, car son contenu n'a pas toujours été aussi figé qu'on l'imagine, comme nous l'avons vu au chapitre précédent.

Nous tenterons, dans la première partie de ce chapitre, de mieux cerner cette grammaire dite « traditionnelle » qui s'est constituée vers 1920, en fournissant quelques critères pour la reconnaitre dans les ouvrages qui relèvent encore de ce courant grammatical, notamment la place accordée à la syntaxe et le métalangage[1] utilisé.

Dans la deuxième partie du chapitre, nous montrerons que les fondements sémantiques qui servent à définir les notions présentent d'importantes limites. Toutefois, ce livre n'étant pas un ouvrage *de* grammaire, mais un livre *sur* la grammaire et son enseignement, nous nous pencherons seulement sur quelques notions clés : d'abord, la « nature[2] » des mots, en considérant les catégories du nom, du verbe et de l'adjectif « qualificatif » ; ensuite, les fonctions sujet et complément « d'objet » direct, dont les définitions en grammaire traditionnelle sont toujours suivies de procédures qui, elles aussi, sont d'une efficacité limitée.

En somme, nous exposerons les raisons qui ont mené à l'adoption d'une nouvelle grammaire scolaire. Ces raisons semblent très mal connues des enseignants

---

1. On appelle *méta*langage le langage utilisé pour parler de la langue. Il s'agit donc du vocabulaire spécialisé du domaine de la grammaire : verbe, nom, sujet, subordonnée, phrase, etc.

2. Dans ce chapitre, nous utiliserons la terminologie propre à la grammaire traditionnelle, mais en plaçant entre guillemets la terminologie qui n'est plus en usage dans le cadre de la grammaire nouvelle. Les explications concernant les changements dans la terminologie sont présentées au chapitre 4.

en exercice dont la formation dans le domaine – pour ceux qui en ont reçu une – a porté uniquement sur la grammaire nouvelle, comme si on leur disait un beau matin : « Voilà ce qu'il faut maintenant enseigner. » Pour les enseignants en formation, dont plusieurs ont sans doute côtoyé, comme élève, une grammaire traditionnelle ou de transition, il importe de connaitre ces raisons pour faire contrepoids à la force des « bons vieux modèles qui ont fait leurs preuves », comme on a souvent tendance à le croire. Or, les résultats scolaires autant que les recherches montrent plutôt l'inverse. Bien que la grammaire traditionnelle ait aussi sa tradition de critiques et que ce genre d'exposé se trouve dans des textes qui remontent aux années 1970, nous espérons que, dans quelques années, la lecture de ce chapitre ne sera plus nécessaire.

Encadré 2.1   Un changement souhaité depuis longtemps

L'affirmation suivante sert souvent d'argument à l'apparente efficacité de la grammaire traditionnelle : « Si j'ai appris de cette manière, tous peuvent le faire. »

En 1979, Roland Éluerd s'exprimait contre cette idée fausse, mais répandue :

Que cette grammaire ait été utilisée pendant très longtemps et qu'après tout, les auteurs de ce livre n'en aient jamais appris une autre à l'école, n'infirme pas notre opinion. Dans cette école, les « bons élèves » apprenaient la grammaire très certainement en faisant implicitement la part des choses et peut-être moins à l'aide d'une démarche qu'en dépit de la démarche. Les élèves moins chanceux n'avaient d'autres ressources que de mémoriser l'ensemble clos de connaissances défini par l'épreuve dictée-questions du Certificat d'Études Primaires. L'école aujourd'hui ne peut se résigner à ne pas essayer d'apprendre à réfléchir au plus grand nombre possible d'enfants et puisqu'elle peut choisir entre diverses démarches grammaticales, pourquoi ne choisirait-elle pas la mieux adaptée au but qu'elle poursuit ?

Source : Éluerd, 1979, p. 102.

2.1 À QUOI RECONNAIT-ON UNE GRAMMAIRE TRADITIONNELLE ?

Lorsqu'on parle de *grammaire traditionnelle*, on se réfère à la grammaire scolaire qui s'est implantée au début du XXe siècle et qu'on trouve encore aujourd'hui dans certains ouvrages. Cette grammaire scolaire traditionnelle est bien représentée par le *Précis de grammaire française* de Maurice Grevisse dont la 1re édition a plus de 60 ans et qui, en 1993, en était à sa 29e édition. Il faut noter que cet ouvrage, au moment de publier ces pages, se trouve encore sur la liste des grammaires approuvées par le MEQ, mais avec la note suivante : « Ce matériel est partiellement conforme au contenu du programme d'études. » Pourtant, en 1989, Maurice Grevisse lui-même a renouvelé quelque peu son approche en publiant la *Nouvelle grammaire française*, en collaboration avec André Goosse. Malgré tout, c'est le *Précis* qui est réédité !

Pour l'enseignement primaire, *Le petit guide grammatical au primaire* de Rita Breton (1987) présente un contenu grammatical traditionnel, tout comme *Le petit code : code syntaxique et orthographique* de Suzanne Martin et Jean-Pierre Issenhuth (1986) au secondaire[3]. Nous verrons toutefois au chapitre 3 que ces deux derniers ouvrages relèvent plus précisément d'un courant d'enseignement « utilitaire » de la grammaire ayant conduit à ce que nous appellerons les « grammaires traditionnelles simplifiées ». Ces deux grammaires scolaires reflètent bien une période de transition qui a prévalu au Québec à la fin des années 1980 jusqu'à l'implantation de la nouvelle grammaire. Nous mentionnons ces ouvrages comme exemples de grammaires traditionnelles pour les définitions et les concepts qu'on y trouve et qui demeurent fortement traditionnels.

Puisque les grammaires des 20 dernières années peuvent appartenir à divers courants grammaticaux, voici quelques pistes pour reconnaitre si l'on a affaire à une grammaire traditionnelle, présentée parfois sous des apparences de grammaire rénovée.

La consultation de la table des matières renseigne sur le métalangage utilisé et la place que la syntaxe occupe dans l'ensemble du manuel. En effet, la partie la plus volumineuse de l'ouvrage concerne les catégories de mots, avec des expressions comme « espèces » de mots, « nature » des mots ou encore, comme dans Grevisse, « parties du discours ». Ainsi, l'information sur les règles d'accord, avec leurs lots de terminaisons et d'exceptions (ce qui relève de la morphologie), se trouve présentée dans cette partie de l'ouvrage, une catégorie à la fois. Les exceptions y prennent d'ailleurs souvent plus de place que les régularités. Ce découpage

---

3. Mentionnons que l'ouvrage de Martin et Issenhuth fournit, à côté des termes traditionnels, la terminologie de la nouvelle grammaire. L'ouvrage demeure toutefois largement traditionnel. Par exemple, on y qualifie d'équivalents le complément circonstanciel et le complément de phrase, alors que ces deux notions ne se recoupent pas tout à fait (*voir* le chapitre 4).

n'aide pas à concevoir la langue comme un système, tant les notions y sont présentées de façon morcelée, voire isolée les unes des autres.

La construction des phrases (qui relève de la syntaxe), surtout celle de la phrase simple, occupe peu de place parmi les autres parties d'une grammaire traditionnelle. La portion sur la syntaxe concerne avant tout les subordonnées, la phrase « complexe ». À titre d'exemple, la proportion de pages consacrées aux catégories de mots dans le *Précis* de Grevisse (1993) constitue 69 % de l'ouvrage contre 22 % pour la syntaxe (phrases simples et subordonnées). On observe des proportions semblables dans *Le petit guide grammatical* de Breton (1987) : 71,5 % des pages de l'ouvrage sont consacrées aux catégories de mots[4] et 20 % à la syntaxe de la phrase simple (les subordonnées n'étant pas traitées au primaire). En grammaire nouvelle, nous verrons que les contenus sont répartis différemment (*voir* le chapitre 4).

Une autre caractéristique des grammaires traditionnelles facilement repérable est l'absence de préoccupation pour la construction des groupes de mots. Ainsi, on occulte toute hiérarchie dans la construction des phrases. Les différentes catégories (le nom, l'« article », l'adjectif, le pronom, le verbe, etc.) y sont présentées en détail, puis on passe directement à l'analyse de la phrase, comme s'il n'y avait rien entre les deux. Or, nous verrons au chapitre 5 à quel point il est important pour l'apprenant de construire des connaissances organisées, hiérarchisées. Par ailleurs, ce qu'on appelle aujourd'hui la grammaire du texte, par exemple les relations entre les phrases par l'utilisation des pronoms ou des connecteurs, n'en fait pas partie. La grammaire traditionnelle ne dépasse pas l'analyse de la phrase.

En ce qui concerne le métalangage, d'autres particularités apparaissent à la consultation d'une grammaire traditionnelle. Parmi les catégories de mots traitées, nulle trace des déterminants[5] ; on y trouve les « articles » et les adjectifs, ces derniers se subdivisant en « adjectifs numéraux », « adjectifs possessifs », « adjectifs démonstratifs », « adjectifs indéfinis », etc., en plus des « adjectifs qualificatifs ». Une telle grammaire traite des « compléments circonstanciels », mais non des compléments de phrase ni de la phrase de base.

Enfin, ces concepts grammaticaux sont définis sur la base de considérations sémantiques plutôt que syntaxiques. C'est là l'une des principales caractéristiques de la grammaire traditionnelle que nous approfondissons au point suivant. C'est aussi l'une des principales différences entre la grammaire traditionnelle et la grammaire nouvelle.

---

4. Cette partie inclut une section sur les homophones située après la conjugaison des verbes et avant les mots invariables. Nous verrons au chapitre 3 que cette façon de traiter les homophones a amené de nombreux élèves à concevoir ces mots comme faisant partie d'une même catégorie, au même titre que les noms, les verbes et les autres classes de mots.

5. Dans *Le petit guide grammatical* (Breton, 1987), une page est toutefois consacrée à la notion de *Déterminant* pour ensuite détailler les sortes d'articles et d'adjectifs (possessifs, démonstratifs, etc.).

2.2 LA BASE SÉMANTIQUE DU RAISONNEMENT GRAMMATICAL ET SES LIMITES

Nous avons vu au chapitre précédent que la grammaire traditionnelle du français puise ses sources dans la grammaire des philosophes de l'Antiquité dont la réflexion sur la langue pouvait se confondre en quelque sorte avec celle sur le réel. Ainsi, les notions grammaticales ont été définies à partir de considérations logiques ou sémantiques, ces critères entretenant une confusion entre les catégories de la langue et le découpage (ou la perception) du monde réel (*voir* l'encadré 2.2).

À partir des définitions de quelques catégories de mots, puis de quelques fonctions, nous montrerons les limites de ces définitions basées sur le sens. Enfin, nous nous attarderons aux traditionnelles questions qui permettent de déterminer les fonctions, ces procédures présentant aussi leurs limites.

Encadré 2.2 Les considérations sémantiques de la grammaire traditionnelle

Par ses définitions sémantiques, la grammaire traditionnelle entretient la confusion entre des catégories dans le monde réel et les catégories de mots dans la langue, ce que les linguistes dénoncent depuis longtemps.

En 1964, Guiraud écrivait à ce sujet :

Le réel tel qu'il se présente à nous est fait de notions (êtres, choses, qualités, actions) et de relations entre ces notions (l'être effectue l'action, la qualité est un attribut de l'être, etc. (p. 26)

Les parties du discours [...] sont des catégories formelles ; un substantif [c'est-à-dire un nom] est un signe susceptible d'entrer dans certaines relations avec d'autres espèces de signes.

Cependant, dès les origines mêmes de la grammaire les parties du discours ont été définies d'après leur contenu de sens, ou plutôt le contenu de sens qu'on leur prête.

On a assimilé le sens à la forme et on s'est enfermé dans une terminologie abusive : ainsi le substantif *désignerait des substances (êtres, objets),* l'adjectif qualificatif *des qualités,* le verbe *des procès.*

Or cette définition est fausse ; elle ne correspond pas à la réalité, ou n'y correspond qu'en général et approximativement (p. 45).

2.2.1 Les catégories de mots

Commençons par rappeler les définitions de quelques classes de mots dans les grammaires scolaires traditionnelles. L'encadré 2.3 présente les catégories du nom, du verbe et de l'adjectif.

Encadré 2.3 Des définitions sémantiques de quelques classes de mots en grammaire traditionnelle

LE NOM

Le nom *est un mot qui sert à désigner les personnes, les animaux ou les choses.*
(*Le petit guide grammatical*, Breton, 1987, p. 34)

Le nom *est un mot qui sert à nommer les êtres, les objets, les actions, les sentiments, les qualités, les phénomènes, etc.*

Remarque : Souvent, le nom peut être précédé d'un article.
(*Le petit code*, Martin et Issenhuth, 1986, p. 85)

LE VERBE

Il y a deux sortes de **verbes** *: les verbes d'action et les verbes d'état. Un verbe d'action exprime une action, un mouvement. Un verbe d'état exprime un état, une façon d'être.*
(*Le petit guide grammatical*, Breton, 1987, p. 14)

Le verbe *est un mot qui exprime, soit l'action faite ou subie par le sujet, soit l'existence ou l'état du sujet, soit l'union de l'attribut au sujet.*
(*Précis de grammaire française*, Grevisse, 1993, p. 134)

L'ADJECTIF « QUALIFICATIF »

L'adjectif qualificatif *est un mot qui indique comment sont les êtres ou les objets ; il les qualifie. L'adjectif qualificatif se place avant ou après le nom.*
(*Le petit guide grammatical*, Breton, 1987, p. 72)

Les adjectifs qualificatifs *sont des mots qui disent comment est quelqu'un ou quelque chose.*
(*Le petit code*, Martin et Issenhuth, 1986, p. 14)

Vous êtes-vous déjà attardé aux définitions de la grammaire traditionnelle ? L'omission délibérée, dans l'encadré 2.3, des exemples qui accompagnent toujours ces définitions fait ressortir leur rôle essentiel dans l'apprentissage de cette grammaire, plus que les définitions elles-mêmes. En effet, comme l'a montré Lahire (1993), de nombreux élèves procèdent à l'analyse par analogie avec les exemples donnés ! D'ailleurs, quel enseignant n'a pas déjà constaté le désarroi de certains élèves dès que la phrase présentée différait un peu trop de l'exemple du livre ?

Malgré la présence occasionnelle de remarques touchant la position des mots (le nom précédé d'un « article », l'adjectif placé avant ou après le nom), les définitions ci-dessus s'appuient avant tout sur un critère de sens. Ainsi, les noms auraient comme caractéristique commune de désigner une personne, un animal ou une chose ; les verbes, celle d'exprimer une action. De tels critères sémantiques induisent l'idée qu'une classe de mots reflète une sorte de découpage de la pensée, voire du monde réel. Il faut dire que les critères sémantiques reflètent en effet une certaine réalité de la langue :

- les noms *Sophie, coiffeur, cheval, chaise, lune* désignent en effet une personne, un animal ou une chose ;
- les verbes *sauter, creuser, sortir, plonger* représentent bien des actions ;
- les adjectifs *adorable, grand, propre* expriment bel et bien des qualités.

Toutefois, nous verrons que l'utilisation de ces seuls critères sémantiques conduit à de nombreuses confusions. La tâche de classer les mots ou d'identifier leur « nature », à l'aide de telles définitions basées sur le sens, s'avère rapidement ardue, voire insoluble : s'agit-il d'une action, d'un état, d'une chose, d'une qualité ? La grammaire traditionnelle ne fournit pas d'autres moyens d'établir la classe d'un mot.

Encadré 2.4   Nom, verbe ou adjectif ?

À partir des définitions de la grammaire traditionnelle à l'encadré 2.3, dans quelles catégories classez-vous les mots suivants ?

Course, regret, pleuvoir, orage, courir, temps, regretter, beau, laid, beauté, sagesse, municipal, promettre, souhaiter, malade.

L'exercice ci-dessus montre bien que la seule utilisation des critères sémantiques ne permet pas un classement adéquat : même en donnant un sens abstrait aux « choses » (*temps, sagesse*), aux « qualités » (*laid, malade*) et aux « actions » (*promettre, souhaiter*), de nombreuses questions demeurent. Comment distinguer les noms *course* et *regret* des verbes *courir* et *regretter* ? Comment distinguer l'adjectif *beau* du nom *beauté* ? Pourquoi *malade* n'est-il pas un verbe d'état ? Pourquoi *pleuvoir* est-il un verbe et *orage*, un nom ? En quoi l'adjectif *municipal* est-il une « qualité » ? Il semble clair que les définitions des grammaires traditionnelles posent problème lorsqu'on les prend au pied de la lettre. Quant aux quelques informations d'ordre syntaxique, elles ne sont guère présentées pour qu'on les utilise, elles semblent reléguées au second plan. À quoi servent donc ces définitions alors ?

Si vous avez réussi à classer correctement les mots dans l'encadré précédent malgré les définitions traditionnelles, c'est parce que vous savez recourir, peut-être inconsciemment, à des critères qui ne sont pas sémantiques, mais justement morphologiques ou syntaxiques. En effet, la présence de suffixes comme *té* ou *esse* est l'indice d'un nom formé à partir d'un adjectif (*beau*, adjectif ; *beauté*, nom). La possibilité de conjuguer un mot permet de distinguer les verbes *regretter* et *courir* des noms *regret* et *course* ; cette caractéristique permet aussi de s'assurer qu'*orage* et *malade* ne sont pas des verbes puisqu'ils ne peuvent pas être conjugués. Ce sont là des critères morphologiques puisqu'ils font appel à des connaissances sur la formation des mots ou sur les différentes formes que peut prendre un même mot.

La possibilité d'utiliser *malade* et *orage* avec un déterminant à leur gauche (ex. : Le médecin a encore *un malade* à examiner. Il y a eu *un orage* hier soir.) mène à classer ces mots parmi les noms. De plus, une deuxième catégorie s'impose pour le mot *malade*, celle des adjectifs, à cause de sa position possible immédiatement à droite d'un nom, pour en préciser le sens (ex. : Il faut penser aux enfants *malades*). Lorsqu'on fait appel à des connaissances sur la position des mots les uns par rapport aux autres, à leurs possibilités d'agencement dans une phrase ou un groupe, il s'agit alors de caractéristiques syntaxiques.

Les critères morphologiques et syntaxiques permettent de mieux comprendre le fait qu'un même mot (la même « forme » pour être plus précis) puisse appartenir à plusieurs catégories selon son contexte d'utilisation, c'est-à-dire selon sa position dans la phrase ou le groupe de mots auquel il appartient[6]. Voyons quelques exemples.

- Le mot *fort* est un adjectif dans la phrase :
  Il faut un homme fort pour déplacer un piano.

  Mais *fort* est un adverbe dans la phrase :
  Ces personnes parlent fort.

- Le mot *chasse* est un nom dans la phrase :
  Marc n'aime pas la chasse.

  Mais *chasse* est un verbe dans la phrase :
  Cet enfant chasse les papillons.

Ainsi, la « nature » d'un mot ne lui est pas intrinsèque ; un mot n'est pas attaché à une seule « nature », contrairement à ce que croyaient les grammairiens du XVIIIe siècle (*voir* le chapitre 1). C'est ce qui explique l'adoption du terme plus neutre de « classe de mots » remplaçant, dans la grammaire nouvelle, celui de « nature », afin d'éviter un tel sous-entendu.

Les définitions sémantiques de la grammaire traditionnelle laissent croire que l'analyse de la langue se situe sur le terrain de la logique, plus que sur celui du fonctionnement linguistique. Ainsi, de nombreux phénomènes syntaxiques se trouvent masqués par de telles définitions. Illustrons ces propos à partir de la définition traditionnelle de « verbe », telle qu'elle est présentée dans l'encadré 2.3.

---

6. Ces mots pouvant appartenir à plus d'une catégorie sont beaucoup moins rares qu'on pourrait le croire (*lutte – rêve – illustre – veille – murmure*, etc.). Toutefois, plusieurs d'entre eux sont employés plus fréquemment dans une catégorie que dans l'autre. Par exemple, les mots suivants sont souvent des verbes, mais parfois des noms : *lance – garde – cache* ; à l'inverse, ces mots sont plus souvent des noms que des verbes : *livre – seconde – boucle*.

Les grammaires scolaires ont toujours pris soin de fournir une petite liste de verbes d'état (être, paraitre, devenir, sembler…), suivie de points de suspensions pour indiquer que cette liste n'est pas exhaustive. Cela permettait aux auteurs de grammaires de contourner certaines difficultés.

Encadré 2.5 Verbe d'état ou verbe d'action ?

> Selon la définition de la grammaire traditionnelle, les verbes dans les phrases suivantes sont-ils des verbes d'état ou des verbes d'action ?
>
> Maxime *regrette* son geste.
> Ce ballon *coute* 10 dollars.
> Son geste *équivaut* à une insulte.

Vous croyez peut-être que, lorsqu'un verbe n'exprime pas une action, il s'agit d'un verbe d'état. Selon ce raisonnement tout à fait logique, vu les définitions données dans l'encadré 2.3, les verbes *regretter, couter* et *équivaloir* feraient partie des verbes «d'état». Or, il n'en est rien, car la notion de verbe d'état est plutôt une notion syntaxique : c'est un verbe qui peut être complété par un attribut (une fonction différente des autres sortes de compléments du verbe). Par exemple, dans la phrase suivante, *jeunes* est l'attribut du sujet *Ces chats* :

Ces chats paraissent jeunes.

Les attributs du sujet sont généralement mieux connus que les attributs du complément «d'objet» direct ou «COD». Dans l'exemple suivant, *adorables* est l'attribut du pronom *les* («COD» qui remplace *trois chats*), et le verbe *trouver* est ici un verbe d'état.

Roxanne a trois chats. Elle les trouve adorables.

Par ailleurs, le verbe *regretter* ne peut jamais être complété par un attribut. Ce verbe n'est pas un verbe d'état. Ainsi, les phrases ci-dessous, précédées d'un astérisque[7], sont mal construites :

*Roxanne regrette jeune.
Roxanne a trois chats. *Elle les regrette jeunes.

Ce verbe est «transitif», il doit avoir un complément «d'objet» direct comme dans les phrases suivantes, bien construites :

Louis regrette sa jeunesse.
Louis a pris une décision. Maintenant, il la regrette.

---

7. L'astérisque qui précède une phrase est un symbole qui signifie que la phrase est mal construite. Il s'agit d'une convention qui s'est répandue à partir des travaux des linguistes et qu'on trouve maintenant dans les grammaires scolaires du secondaire. Au primaire, il nous semble que ce symbole n'est pas assez explicite et qu'il serait préférable de faire une croix sur une phrase incorrecte.

Alors que l'application de la définition sémantique induisait une grande partie des individus en erreur, les critères syntaxiques permettent de rendre compte de manière plus juste de la distinction entre verbes « d'action » et verbes « d'état[8] ». Il en est de même pour les autres catégories de mots et pour les fonctions, comme nous le verrons dans la section suivante.

2.2.2 Les fonctions

Dans la grammaire traditionnelle, les fonctions sont aussi définies sur une base sémantique, bien qu'elles soient systématiquement suivies de procédures permettant de les identifier dans la phrase, ce qui n'était pas le cas pour les classes de mots. Avant de nous pencher sur ces procédures, qui se présentent toujours sous forme de questions, examinons brièvement les définitions sémantiques des fonctions de sujet et de complément « d'objet » direct (ou complément direct) présentées dans les grammaires traditionnelles.

Encadré 2.6   Des définitions sémantiques de quelques fonctions en grammaire traditionnelle

LA FONCTION SUJET

Le sujet du verbe désigne l'être ou l'objet dont on exprime l'action ou l'état.
(*Le petit guide grammatical*, Breton, 1987, p. 13)

Le sujet est le point de départ de l'énoncé : c'est l'élément qui désigne l'être ou l'objet dont on dit ce qu'il fait ou subit, ce qu'il est, etc.
(*Précis de grammaire française*, Grevisse, 1993, p. 29)

Le sujet, point de départ de l'énoncé, est le mot ou groupe de mots désignant l'être ou la chose dont on exprime l'action ou l'état.
(*Précis de grammaire française*, Grevisse, 1993, p. 31)

LA FONCTION COMPLÉMENT DIRECT OU COMPLÉMENT « D'OBJET » DIRECT

Le complément direct complète le verbe. Il indique la chose, la personne ou l'animal qui subit l'action du verbe.
(*Le code vert*, Carrier et Marcoux, 1994, p. 87)

Le complément d'objet direct est le mot ou groupe de mots qui se joint au verbe sans préposition pour en compléter le sens en marquant sur qui ou sur quoi passe l'action ; il désigne la personne ou la chose auxquels [sic] aboutit, comme en ligne droite, l'action du sujet.
(*Précis de grammaire française*, Grevisse, 1993, p. 34)

---

8. En grammaire nouvelle, les verbes « d'état » sont appelés verbes attributifs, puisqu'ils introduisent un groupe ayant la fonction d'attribut.

Les définitions sémantiques du sujet et du complément «d'objet» direct présentées dans cet encadré sont certainement fort abstraites pour des élèves du primaire et même du secondaire. Elles correspondent pourtant à une certaine réalité qu'ils arrivent à comprendre dans des phrases comme *Le pompier arrose le feu*. Ici, le sujet est un être animé, l'action est visible, et le «COD» représente une chose concrète sur laquelle porte l'action.

Par contre, dans la phrase *Les enfants apprennent la grammaire*, il est déjà plus difficile de concevoir que *la grammaire* «subit l'action» d'apprendre, selon l'explication qu'on trouve dans une grammaire du primaire (*voir* l'encadré 2.6). Un élève sera plutôt porté à croire que ce sont *les enfants* qui subissent la grammaire… et son apprentissage!

De telles définitions des fonctions sujet et «objet» peuvent prêter à confusion (*voir* l'encadré 2.7). Même ceux à qui on a enseigné la grammaire traditionnelle n'ont probablement jamais analysé une phrase sur cette base.

Encadré 2.7 Le sujet et l'«objet» : qui fait quoi ?

À partir des définitions sémantiques de la grammaire traditionnelle présentées à l'encadré 2.6. repérez les sujets et les compléments «d'objet» direct des verbes soulignés dans les phrases suivantes.

Le toit coule.

Aline veut voyager en Afrique. Ce projet inquiète sa mère.

L'idée de Julien enchante ses amis.

Quels sont les sujets qui font l'action ?

Quels sont ceux qui la subissent ? Comment les distinguer alors des compléments «d'objet» sur lesquels porte l'action ?

La définition du complément «d'objet» direct de Grevisse (1993, p. 34) contient de plus une précieuse information syntaxique : il «se joint au verbe sans préposition». À l'inverse, le complément «d'objet» indirect «se joint au verbe par une préposition pour en compléter le sens en marquant, comme par bifurcation, sur qui ou sur quoi passe l'action ; parfois, il indique l'être à l'avantage ou au désavantage de qui l'action se fait» (p. 36).

Cette information syntaxique du *Précis* de Grevisse, jointe à la définition sémantique, pourrait paraître suffisante pour l'analyse des «COD» et des «COI», mais une remarque précise qu'«il convient d'interpréter dans un sens large la notion d'objet et d'y inclure tout ce qui n'est pas circonstance ou agent» (p. 35). Dans cette grammaire, on procède comme si la notion de complément «circonstanciel» était très claire et qu'il suffisait de définir les compléments «d'objet», direct ou indirect, par défaut. Il est permis d'en douter (*voir* l'encadré 2.8). En réalité, la présence de cette remarque de Grevisse témoigne de la difficulté à définir les fonctions sur une base sémantique. La liste des compléments « circonstanciels » semble interminable, voire aberrante ; par exemple, comment expliquer que, dans *il parle d'une affaire*, le groupe *d'une affaire* soit un complément « circonstanciel » de propos ?

Encadré 2.8   Les compléments « circonstanciels » et leurs « circonstances »

On trouve dans le *Précis* de Grevisse (1993, p. 38-39) une liste des « principales circonstances marquées par le complément circonstanciel ».

En plus de la cause, du temps, du lieu, de la manière et du but, Grevisse y mentionne :

- l'instrument (Il le transperça *de son épée.*) ;
- la distance (Elle se tenait *à deux pas* du meurtrier.) ;
- le prix (Cette bague coute *1000 dollars.*) ;
- le poids (Cette valise pèse *huit kilos.*) ;
- la mesure (Il agrandit son potager *de dix mètres carrés.*) ;
- la partie (Il prend le taureau *par les cornes.*) ;
- l'accompagnement (Luc voyage *avec ses enfants.*) ;
- la matière (Il finit les murs *en crépi.*) ;
- l'opposition (Il t'a vu *malgré l'épais brouillard.*) ;
- le point de vue (Son travail égale le tien *en qualité.*) ;
- le propos (Il parle *d'une affaire.*) ;
- le résultat (On transforme le lait *en fromage.*).

Certains détails semblent tout aussi absurdes ; par exemple, le verbe *couter* se trouve généralement complété d'un « complément circonstanciel de prix », mais peut l'être aussi d'un « complément d'objet direct » lorsqu'il a le sens de « causer, occasionner », comme le mentionne Grevisse (1993, p. 201). Cette nuance de sens lui permet d'expliquer que le participe passé *couté* est invariable dans *Les trois mille francs que ce meuble m'a coûté* ; mais qu'il s'accorde dans *Les efforts que ce travail m'a coûtés...*

On se demande où peuvent s'arrêter ces justifications sémantiques dans l'analyse : doit-on prendre en considération le sens du verbe ou le sens abstrait ou concret du complément ? En réalité, il s'agissait de trouver une sorte de « circonstance » pour tout complément répondant mal aux questions traditionnelles permettant de trouver les compléments « d'objet » directs ou indirects. Dans

Ce meuble m'a coûté trois mille francs, le complément du verbe répond à la question *Ce meuble m'a coûté combien ?* – ce qui en fait un complément « circonstanciel » ; alors que *Les efforts* ne répond pas à la question *combien ?* mais plutôt à la question *quoi ?* (*Ce travail m'a coûté quoi ? … des efforts*) – ce qui en fait un complément « d'objet » direct du verbe qui s'accorde avec le participe passé s'il se trouve devant le verbe avoir !

Ce jeu de questions et de réponses, typiques de la grammaire traditionnelle, s'avère souvent d'application délicate. Les définitions sémantiques des fonctions deviennent vite peu efficaces, comme c'était le cas pour les catégories de mots, à un tel point que de nombreuses grammaires scolaires traditionnelles ne les utilisent même pas et fournissent directement les questions permettant de repérer le sujet, les compléments « d'objet » direct ou indirect et les compléments « circonstanciels ». En fait, ces questions deviennent des procédures pour trouver une fonction dans une phrase. L'encadré 2.9 en présente quelques exemples.

Encadré 2.9   Des procédures pour identifier quelques fonctions en grammaire traditionnelle

---

PROCÉDURE POUR LA FONCTION SUJET

Le sujet *est généralement un nom, un groupe du nom ou un pronom. Pour trouver le sujet, pose la question* qui ? *ou* qu'est-ce qui ? *devant le verbe.*
(*Le code vert*, Carrier et Marcoux, 1994, p. 30)

Dans une phrase, *le sujet du verbe* *est le mot ou le groupe de mots qui répond à la question* qui est-ce qui ? *ou* qu'est-ce qui ?, *posée devant le verbe.*
(*Le petit code*, Martin et Issenhuth, 1986, p. 155)

PROCÉDURE POUR LA FONCTION COMPLÉMENT DIRECT OU COMPLÉMENT « D'OBJET » DIRECT

Le complément direct *est rattaché directement au verbe. On le trouve en posant la question* qui ? *ou la question* quoi ? *après le verbe.*
(*Le petit guide grammatical*, Breton, 1987, p. 16)

Le complément direct ou complément d'objet direct *est un complément du verbe. On le trouve en posant la question* qui ? *ou* quoi ? *après le verbe.*
(*Le petit code*, Martin et Issenhuth, 1986, p. 41)

Ces procédures donnent l'apparence d'un dialogue question-réponse quasi naturel, se situant encore sur le terrain du sens, voire de la communication. En réalité, si elles permettent de trouver les sujets et les compléments « d'objet » plus facilement que les définitions sémantiques, c'est parce qu'elles amènent aussi le scripteur sur le terrain de la syntaxe. Elles renvoient en quelque sorte à l'ordre des constituants dans la phrase de base! En effet, dans ces procédures, la position du mot interrogatif est de première importance : puisque, dans la phrase de base, le groupe sujet se trouve à la gauche du verbe et le groupe complément (direct ou indirect) immédiatement à droite de celui-ci, la position des mots interrogatifs est cruciale. C'est pourquoi la plupart des grammaires mentionnent, peut-être sans insister suffisamment, la nécessité de poser la question AVANT le verbe pour trouver le sujet et APRÈS le verbe pour trouver le complément (il est même parfois spécifié : *après le sujet et le verbe*). Cette position du mot interrogatif par rapport au verbe est si importante qu'il faut la respecter quel que soit l'ordre des mots dans la phrase. Ainsi, même si le sujet est inversé, le mot interrogatif doit se placer avant le verbe pour trouver le sujet. Par exemple :

Prends soin de toi !, disait toujours son père.

Qui est-ce qui disait ? *son père* (sujet).

Ces procédures par question-réponse fonctionnent assez bien lorsqu'il n'y a pas de conflit entre l'oral et l'écrit. Lorsqu'un verbe se dit de la même façon au singulier ou au pluriel, la question semble naturelle :

Renaud et Joliane étudient leurs examens.

Qui est-ce qui étudie (étudient) ? *Renaud et Joliane* (sujet).

Toutefois, cette façon de procéder pose régulièrement des problèmes. En voici un : la question pour trouver le sujet devient artificielle et même mal construite dès que des différences orales sont perceptibles. Voyons des exemples :

- *Renaud et Joliane viennent à la fête.*
  *Qui est-ce qui viennent ?
- *Renaud et moi venons à la fête.*
  *Qui est-ce qui venons ?

La question naturelle, dans une véritable communication, serait : *Qui est-ce qui vient ?* Et que dire de cette question pour identifier le sujet lorsque le verbe est conjugué au subjonctif (*C'est formidable que tous les jeunes puissent venir…* **Qui est-ce qui puissent ?*) ou au passé simple (*Cet enfant marcha très jeune…* **Qui est-ce qui marcha ?*)! Des questions non naturelles à l'oral laissent certains élèves perplexes et les bloquent complètement dans leur raisonnement grammatical. Or la grammaire traditionnelle ne leur fournit pas d'autres moyens d'analyse. D'ailleurs, plusieurs adultes éprouvent encore des difficultés dans l'application de ces procédures de la grammaire traditionnelle.

Un autre problème découlant du jeu des questions-réponses est le risque de nombreuses confusions. En effet, il n'est pas toujours facile de trancher entre le sujet et le «COD», surtout si l'on pose une seule question, de manière isolée, sans chercher la structure générale de la phrase, ce que la grammaire traditionnelle n'incitait d'ailleurs pas à faire.

Dans la phrase suivante, la question pour trouver le sujet, posée comme il se doit devant le verbe, conduit à repérer ce qui est en réalité le «COD» :

Le vent a cassé la branche.

Qu'est-ce qui a cassé ? *la branche*, donc sujet (!) du verbe *casser*.

Pour trouver le sujet par la question traditionnelle, il faut préalablement repérer tout le groupe du verbe et donc placer l'expression interrogative devant l'ensemble verbe + complément :

Qu'est-ce qui a cassé la branche ? *le vent* (sujet du verbe *casser*).

Par ailleurs, dans la phrase suivante, la question pour trouver le «COD», posée comme il se doit après le verbe, conduit à trouver un groupe de mots qui est en réalité le sujet :

Quand venait le moment de partir, il devenait plus bavard.

Quand venait *quoi* ? *le moment...*, donc COD (!) de *venir* [9].

La question traditionnelle pour trouver le «COD» peut aussi mener à un groupe qui est en réalité attribut du sujet :

▪ *Martin deviendra plombier.*

Martin deviendra *quoi* ? *plombier*, donc COD[10] (!).

Ces divers exemples montrent bien la nécessité de maitriser des connaissances grammaticales qui dépassent le cadre de ces questions-réponses, toujours posées une à une, pour arriver à une analyse juste. Le problème des procédures traditionnelles est qu'elles ne fournissent pas une vision générale de la construction de phrases ; elles n'aident donc pas à concevoir la langue comme un système organisé. Il revient à l'élève seul de développer une telle conception.

Enfin, nous ne traiterons pas, dans ce chapitre, des élèves qui appliquent les procédures traditionnelles en les réduisant aux questions *qui* ? et *quoi* ? sans égard à la position par rapport au verbe, ce qui donne lieu à des analyses pour le moins aberrantes (ex. : dans *Je mange. Je quoi ? Je mange*, donc *mange* est complément direct !). Ces difficultés seront abordées au chapitre 6 sur les représentations et procédures que développent les élèves.

Le traitement des fonctions par ce jeu de question-réponse constitue un autre critère permettant de débusquer facilement les grammaires traditionnelles, même celles qui revêtent des aspects de grammaire nouvelle. Au primaire, *Le code vert* de Carrier et Marcoux (1994) en constitue un bon exemple. Bien que la table des matières y présente une section sur le groupe du nom et le groupe du verbe,

---

9. Le recours à la phrase de base, en nouvelle grammaire, évite cette confusion : *Le moment de partir venait...* Le sujet reprend ainsi sa position à gauche du verbe.

10. Dans cet exemple, il faut avoir trouvé préalablement le verbe «d'état» et savoir qu'un tel verbe est suivi d'un attribut pour éviter le piège de la question *quoi ?*, ce qui revient à savoir reconnaitre les diverses constructions d'un groupe du verbe en grammaire nouvelle.

on traite du complément de phrase à l'intérieur de la section sur le groupe du verbe, le sous-titre de cette leçon étant «le complément circonstanciel». À la suite de ce sous-titre, ce n'est que le terme «complément circonstanciel» qui est employé, même dans la définition. La procédure pour trouver ce «complément circonstanciel» passe par les questions traditionnelles: «[…] on pose la question … *où? … quand? … comment? … pourquoi?* après le verbe» (Carrier et Marcoux, 1994, p. 89). La leçon qui précède aborde le complément indirect du verbe toujours par la procédure traditionnelle, soit les questions «*à qui? à quoi? de qui? de quoi?* après le verbe» (p. 88). Ainsi, cet ouvrage typique de la période de transition, comme nous le verrons au chapitre 3, puise largement dans la grammaire traditionnelle.

CONCLUSION

Nous avons vu dans ce chapitre que la grammaire traditionnelle est encore présente dans les salles de classe. On la reconnaît grâce à quelques critères seulement. La syntaxe, ou construction de phrase, y occupe peu de place par rapport à la partie de l'ouvrage qui traite des catégories de mots, l'une à la suite de l'autre. La construction des groupes de mots ou celle de la *phrase de base* et de ses *constituants* n'y sont pas abordées. De plus, les procédures pour trouver les fonctions se présentent sous forme de questions (*qui est-ce qui?* avant le verbe; *qui?* ou *quoi?* après le verbe, etc.).

Toutefois, la principale caractéristique et limite de la grammaire traditionnelle réside dans le fait que les notions grammaticales y sont définies sur une base sémantique. Les caractéristiques sémantiques des notions grammaticales (le nom désigne une personne, un animal ou une chose; le sujet fait ou subit l'action) s'avèrent incomplètes et ne permettent pas de bien distinguer l'étude de la langue de celle du réel, ce qui mène parfois à des erreurs d'analyse.

Par ailleurs, les procédures, fournies pour les fonctions seulement et non pour les catégories de mots, ont également leurs limites. La grammaire traditionnelle présentait une procédure unique pour chaque fonction alors qu'aucune n'est infaillible pour réussir une analyse. Les notions sont présentées une à une, et sans lien avec la syntaxe. Une telle présentation mène à concevoir la grammaire comme une série interminable de règles avec autant d'exceptions.

Comme ces critiques de la grammaire traditionnelle remontent aux années 1970, la nécessité d'adopter un modèle plus rigoureux pour l'école s'est peu à peu imposée. Avant d'aborder la grammaire nouvelle, nous montrerons, au chapitre suivant, que les 20 dernières années ont été, pour l'enseignement de la grammaire, une période de transition.

CHAPITRE 3

L'ÉVOLUTION DE LA GRAMMAIRE AU QUÉBEC

*Connaissances simplifiées
donc inutilisables… donc inutiles.*
Astolfi et Giordan, 1978, p. 39.

Nous abordons dans ce chapitre l'évolution de la grammaire au Québec, entre la période qui sépare l'enseignement de la grammaire traditionnelle, sous sa forme «intensive», et l'avènement de la grammaire nouvelle. Au cours de cette période, qui va de 1980 à 1995 environ, se développe une grammaire «fonctionnelle» basée sur les besoins du scripteur.

En quoi cette rétrospective est-elle utile? Nous la pensons importante pour comprendre le contexte dans lequel la grammaire nouvelle est apparue et pour mieux distinguer les divers courants qui continuent aujourd'hui de s'entremêler dans l'enseignement de la grammaire. Ce regard en arrière est aussi l'occasion de situer des pratiques qui peuvent sembler incontournables dans la classe de français (par exemple, l'apprentissage des «trucs» ou des homophones) et d'en mesurer les inconvénients. En effet, on a souvent tendance en enseignement à répéter ce que l'on a connu, en voulant bien faire, et à adopter de nouvelles pratiques sans réellement se détacher des anciennes. Or, pour travailler efficacement dans un cadre de grammaire nouvelle, il importe de clarifier ses objectifs et les moyens à mettre en œuvre.

L'enseignement grammatical au Québec a donné lieu à bien des débats et tendances depuis 30 ans; il a aussi vu naitre plusieurs tentatives destinées à le transformer. On a prétendu mettre cet enseignement au placard, mais il a repris de la vigueur 10 ans plus tard. En même temps, périodiquement, des observateurs ont affirmé, sondages à l'appui, que les pratiques dans les classes n'avaient pas évolué, que les enseignants n'avaient jamais cessé de faire de la grammaire, de donner des dictées et de recourir aux exercices. Nous verrons toutefois qu'en dépit de cette continuité apparente un courant de grammaire utilitaire a progressivement remplacé le modèle traditionnel strict et qu'il a profondément transformé la manière d'aborder la langue et de l'enseigner.

En somme, ce chapitre nous permettra de voir que la grammaire nouvelle ne se définit pas seulement par rapport à la grammaire traditionnelle, mais qu'elle doit aussi être située en regard de toute cette zone relativement récente de grammaire «simplifiée» qui a profondément influencé l'enseignement du français au Québec.

Nous rappellerons d'abord le contexte de cette période (orientation des programmes et manuels), puis nous verrons comment l'enseignement de la grammaire était considéré à la fin des années 1970 et de quelle façon s'est imposé le modèle fonctionnel. Après avoir évoqué le retour des ouvrages de grammaire après quelques années de relative absence, nous examinerons les caractéristiques des grammaires simplifiées qui feront les beaux jours de l'édition scolaire à partir de 1986.

3.1 DU MODÈLE TRADITIONNEL AU MODÈLE FONCTIONNEL

3.1.1 L'orientation des programmes de 1969 à 1980

À partir des années 1960, sous l'influence de la linguistique et des progrès dans l'enseignement des langues étrangères, on prend conscience que l'enseignement du français est trop tourné vers l'acquisition de connaissances sur la langue au détriment de la capacité à l'utiliser. On souhaite donc que l'habileté à communiquer devienne l'objectif de l'enseignement, à l'écrit comme à l'oral. C'est la direction prise par le *Programme-cadre de français* de 1969[1] qui formule ainsi son objectif général : « Faire de la langue de l'élève un instrument de plus en plus perfectionné au service de la communication et de la pensée » (p. 6). On est à l'ère de l'expression, de la libération de la parole, et l'école s'ouvre à la variété des textes et des moyens de communication (presse, télévision, affiche, etc.), ce qui apporte une nouvelle couleur à la classe de français. De plus, la pédagogie de l'époque insiste sur le rôle de la motivation dans l'apprentissage, sur la nécessité de rejoindre les champs d'intérêt de l'apprenant et d'adopter une pédagogie active. Tous ces facteurs ne sont guère propices au maintien de l'enseignement grammatical traditionnel, lequel se trouve par ailleurs sérieusement remis en question outre-Atlantique (Court, 1968 ; Legrand, 1970 ; Rouchette, 1969).

Le Programme-cadre, comme son nom l'indique, se limitait à fournir des orientations générales que le milieu était appelé à actualiser. On peut toutefois y lire ceci (p. 13) :

> *Le perfectionnement de la langue et de la pensée dépend plus du souci permanent de la communication de qualité que de l'enseignement théorique ou des exercices scolaires. Aussi, les éléments qui apparaissent dans les parties intitulées* La langue *et* La pensée *[du présent programme] ne doivent-ils pas nécessairement faire l'objet de cours ou d'exercices.*

Se situant nettement du côté d'une pédagogie de la « langue-fonction » (par opposition à la « langue-objet »), le Programme rend plus difficile la justification

---

1. Ce programme, qui tenait en 16 pages, énonçait des orientations générales, en remettant aux institutions scolaires régionales et locales la responsabilité de se donner des outils plus précis. Il en résulta des interprétations assez différentes et des actualisations inégales selon les milieux.

du cours de grammaire expliquée (Marchand-Cliche, 1977, p. 4). Cela n'entraine pas pour autant un renouvèlement des pratiques. Si les enseignants se distancient de la grammaire, et si certains n'en font à peu près plus, la plupart continuent de s'appuyer sur leurs pratiques habituelles. C'est ce que suggère, du moins pour le primaire, une enquête menée en 1977 auprès de 10 000 enseignants d'élèves âgés de 5 à 8 ans. On y constate que la dictée figure parmi les activités les plus populaires pour le volet écriture, et l'auteur de l'analyse, Yvon Patrice (1978, p. 52), conclut «que les pratiques utilisées à l'école en vue d'apprendre à lire et à écrire aux jeunes enfants ont fort peu évolué au cours des dix ou vingt dernières années [...]». En 1979 pour le primaire et en 1980 pour le secondaire, on adopte de nouveaux programmes par objectifs, beaucoup plus précis que le programme précédent. Ils renforcent l'orientation communicative: la langue étant considérée comme «un instrument de communication personnelle et sociale», «le rôle de la classe de français, tant au Primaire qu'au Secondaire, est de développer chez les élèves l'habileté à utiliser efficacement cet instrument» (MEQ, 1980, p. 9).

Les changements apportés par ces nouveaux programmes s'inscrivaient dans un mouvement général de rénovation de l'enseignement du français qui, avant le Québec, avait touché la France, la Suisse et la Belgique au cours des années 1970. Ce mouvement découlait avant tout de l'insatisfaction ressentie à l'égard de l'enseignement du français qui ne semblait pas parvenir à doter les élèves d'une véritable maitrise de la langue. La volonté de renouveau trouvait par ailleurs dans la linguistique, science humaine très influente à l'époque, des vues nouvelles et des espoirs de solutions. Ainsi, avec le concept de «compétence», Chomsky montrait que tout locuteur a intériorisé les règles de sa langue sans pourtant n'avoir jamais été exposé à un enseignement formel (le mot «grammaire» avait d'ailleurs acquis ce nouveau sens de «compétence du locuteur»). Ne pouvait-on pas compter davantage sur un apprentissage par imprégnation quand il s'agissait de la langue écrite, plutôt que sur la mémorisation et les exercices? Et ne fallait-il pas enseigner le français comme une langue vivante, en faisant appel à des situations de communication signifiantes pour les apprenants? À cet égard, l'exemple de l'enseignement des langues secondes remettait en question une présentation des contenus d'enseignement fondé sur le découpage des unités de la langue et une progression allant des unités simples, comme le mot, aux unités plus complexes.

Ces éléments favorisaient une perspective «fonctionnelle» pour l'enseignement du français, c'est-à-dire au service des besoins d'expression des apprenants. Comparativement aux autres contrées francophones, cette orientation sera poussée particulièrement loin au Québec[2].

---

2. Claude Simard (1987, p. 68) notait à propos du programme de 1980: «Nulle part ailleurs dans la francophonie on n'a poussé si loin l'approche instrumentale.»

3.1.2 Ce que nous apprennent les manuels avant 1980

Jusqu'au Programme-cadre de 1969, les manuels de français intégraient le vocabulaire, la grammaire et l'écriture à la compréhension de texte[3]. Les contenus de grammaire relevaient, bien entendu, de la grammaire traditionnelle. Au secondaire, les élèves disposaient d'une grammaire distincte. Il pouvait s'agir du *Précis de grammaire française* de Maurice Grevisse, d'adaptations pour le Canada d'ouvrages parus en Belgique ou en France ou, plus rarement, d'ouvrages produits au Québec, telle *Grammaire française* de Jean-Marie Laurence[4]. Tous ces ouvrages suivaient un plan et présentaient un contenu de grammaire traditionnelle.

Au cours des années 1970, à la faveur du Programme-cadre qui laissait une grande autonomie aux écoles, on assiste à certaines tentatives pour moderniser l'enseignement de la grammaire. Le mouvement était déjà bien enclenché dans les pays francophones d'Europe[5]. Ici, cela donne lieu à des adaptations, pour le primaire, des ouvrages de Georges Galichet[6] qui s'appuie sur la linguistique structurale pour initier l'élève aux « rouages » de la phrase.

Pour le secondaire, on trouve *Itinéraire grammatical* (1975), une adaptation des ouvrages de Grunenwald et Mitterand, d'abord parus en Belgique. Il s'agit d'un bon exemple de grammaire qui s'efforce d'intégrer les acquis de la linguistique aux principes de la pédagogie active. Le plan traditionnel est remplacé par une démarche qui considère d'abord le phénomène de la communication, qui aborde ensuite les types de phrases, puis les groupes fonctionnels et, enfin, les fonctions. L'élève est invité à observer et à utiliser sa connaissance de la langue en faisant des manipulations et des transformations. On fait appel aux arbres pour représenter la phrase, et la terminologie est quelque peu simplifiée. L'information présentée est de grande qualité (*voir* l'encadré 3.1).

Dans une étude où elles ont examiné des grammaires scolaires publiées entre 1964 et 2000, Lebrun et Boyer (2004) observent, dans le lot des grammaires destinées au niveau secondaire avant 1972, que 9 sur 11 vont des mots à la phrase, et qu'aucune ne fait état de la phrase de base. Entre 1973 et 1981, par contre, quatre ouvrages sur sept adoptent un plan qui va de la phrase aux mots tout en référant à la phrase de base.

---

3. Ces manuels étaient produits par les communautés religieuses, comme les Frères du Sacré-Cœur (série *Mon livre de français*), les Frères Maristes (série *Langue française*), etc.

4. Laurence, J. M. 1957. *Grammaire française*, Montréal, Centre de Psychologie et de Pédagogie, 565 p. Cette grammaire était destinée aux élèves de la 8ᵉ à la 11ᵉ année. Elle sera rééditée jusqu'en 1976.

5. On pense, en particulier, à l'inlassable travail d'Émile Genouvrier ou du linguiste Jean Dubois.

6. Ainsi : Galichet, G. 1968. *Grammaire française expliquée*, Montréal, HMH ; 1970. *Grammaire des ensembles*, Montréal, Hurtubise-HMH ; 1969. *Je comprends la grammaire*, HMH.

16. LES DÉTERMINANTS DU NOM :
article indéfini et article partitif

I. L'accompagnement naturel du nom

Un client empressé

— *Pardon, Monsieur, je voudrais vous demander un <u>renseignement</u>. Pourriez-vous m'indiquer le <u>bureau de poste</u> le plus proche ?*

— *Tout droit devant vous, au coin de la deuxième rue.*

— *Excusez-moi, Mademoiselle, à combien dois-je timbrer cette <u>lettre</u> pour les États-Unis ?*

— *Pour les États-Unis, c'est dix <u>sous</u>, Monsieur.*

— *Vous êtes charmante Madame. Pourrais-je connaître votre <u>nom</u> ?*

— *Pardonnez-moi, Monsieur, mais le <u>règlement</u> ne prévoit pas que je doive répondre à cette <u>question</u>. Au <u>suivant</u> !*

a Relever les petits mots qui se trouvent immédiatement **à la gauche** des noms soulignés.

b Si vous supprimez ces mots, est-ce que le texte du dialogue est acceptable ? Qu'en concluez-vous ?

c Remplacez *renseignement* par *information*, *lettre* par *paquet*, *nom* par *adresse*, *règlement* par *loi*. Quelle est la conséquence de ces substitutions pour le mot précédent ?

d Essayez de trouver d'autres mots semblables, qui peuvent se substituer à *le*, *un*, *ce*, etc., et formez avec eux des groupes nominaux.

1. Lorsqu'on emploie le nom dans la phrase pour désigner un être ou un objet, il doit le plus souvent être précédé d'un petit mot. Celui-ci est **le déterminant du nom.**

2. Les déterminants apparaissent **en tête du groupe nominal.** C'est leur seule place possible.

3. Voici les déterminants les plus fréquents : *le*, *un*, *mon*, *ce*, *aucun*, *quel*, *chaque*, *plusieurs*.

4. Deux déterminants du nom ne peuvent apparaître en même temps devant le nom. Il est impossible de dire : * *le mon chapeau*.

5. La plupart des déterminants **varient en genre et en nombre.**

Source : Belleau, Grunenwald et Mitterand, 1975, p. 106.

Mais ces innovations vont demeurer limitées, et l'arrivée des programmes des années 1980 contribuera plutôt à les éteindre qu'à les activer. Comme l'expliquent Lebrun et Boyer (2004, p. 158) :

> *Après une apparition aussi soudaine que courte (1973-1981) dans les grammaires, la démarche descriptive de la langue allant de la phrase au mot, trop basée sur la linguistique et n'ayant pas fait l'objet d'un support pédagogique suffisant de la part du MEQ, va s'amoindrir durant la période subséquente [...].*

3.1.3 La grammaire au banc des punitions

À la fin des années 1970, les concepteurs des nouveaux programmes, qui sont pour la plupart des conseillers pédagogiques, considèrent que l'enseignement grammatical traditionnel est peu efficace. Une série d'articles parus dans *La Presse* en avril 1975, sous la plume de Lysiane Gagnon et intitulée *Le drame de l'enseignement du français*, trace un portrait sombre des performances des élèves à tous les niveaux de la scolarité. À quoi sert donc l'enseignement grammatical s'il ne donne pas de meilleurs résultats ? Cela conduit à remettre en question non pas tant le contenu de la grammaire enseignée, que le fait même de l'enseigner.

Ainsi, en 1976, l'Association québécoise des professeurs de français, en collaboration avec le ministère de l'Éducation, dépose un rapport sur « La place de la grammaire au 2ᵉ cycle de l'élémentaire », dont l'essentiel est publié dans la revue *Québec français* (octobre 1976, p. 39). On y lit ceci :

> *La plupart des auteurs sont actuellement d'accord pour condamner un enseignement de la grammaire axé sur l'étude des règles. On préconise au contraire de faire fonctionner la langue et de fonder davantage un enseignement de la grammaire sur les intuitions linguistiques des enfants.*

Il s'agit donc de favoriser l'apprentissage implicite des règles de l'écrit par la pratique. Les auteurs du rapport considèrent que « plaquer » un enseignement de la grammaire sur les activités de langage aurait un effet négligeable, voire négatif, sur l'amélioration de la langue écrite. Cette affirmation s'appuie sur des recherches américaines, mais on semble négliger une différence importante relative à l'orthographe grammaticale : en anglais, les accords sont les mêmes à l'oral comme à l'écrit. Par contre, les auteurs du rapport admettent l'utilité de la grammaire en regard de l'orthographe, en relevant les difficultés posées par les conjugaisons, les phénomènes d'accord et les confusions homonymiques : « Homonymes et homophones affectent particulièrement le français : ils sont une plaie pour celui qui apprend [...] » (p. 42). Par ailleurs, sans trancher sur la manière de procéder, les auteurs jugent « qu'il faut fournir aux élèves les méthodes et le métalangage nécessaires pour distinguer les différentes classes de mots et leurs règles d'organisation »; mais ils croient « qu'il faut débarrasser les programmes de grammaire de toutes les finalités et pratiques secondaires dont on les a chargés au cours des siècles » (p. 42). Entendons par là : la prétention de la grammaire à entrainer au raisonnement, l'édification morale à travers les textes choisis, la connaissance de la norme par l'exemple des bons auteurs.

Les programmes de 1980 vont privilégier la pratique et l'objectivation[7] de la pratique et y subordonner l'acquisition des connaissances, car il s'agit d'« amener l'élève à affirmer ses habiletés langagières et non à acquérir des connaissances en tant que telles » (MEQ, 1979, p. 51). La notion d'enseignement *occasionnel*, qui consiste à introduire les notions au fur et à mesure des besoins et à en faire voir ainsi l'usage, s'inscrira aisément dans ce modèle. Jean-Guy Milot, l'un des concepteurs du programme du secondaire, s'en fera le champion : l'enseignement doit partir des pratiques réelles et des problèmes que l'élève éprouve, c'est la condition de son efficacité (Milot, 1984, 1978). Le principe peut paraitre juste, mais il est difficile à appliquer dans une classe de 20 ou 30 élèves, en plus d'être très exigeant pour l'enseignant. Ainsi que l'écrivait André Mareuil (1979, p. 52) :

> *Si l'on décide d'opter pour une présentation « occasionnelle » des faits grammaticaux, il faut être soi-même en pleine possession non seulement de sa grammaire, mais des voies d'apprentissage de son code.*

Le milieu scolaire aura ainsi tôt fait d'interpréter l'enseignement *occasionnel* de la grammaire comme un enseignement traditionnel mené *occasionnellement*, c'est-à-dire de temps à autre.

3.1.4 La grammaire au service de l'écrit ou le modèle fonctionnel

Entre 1975 et 1985, on passe graduellement d'un modèle traditionnel d'enseignement de la grammaire à un modèle fonctionnel. Comme l'ont montré Paret et Chartrand (1990), ces deux modèles[8] diffèrent aussi bien du point de vue de leurs objectifs et démarches d'enseignement que du type de grammaire privilégié. Examinons ces trois aspects.

1) Du point de vue des objectifs

Le premier objectif du modèle traditionnel est *l'apprentissage de la grammaire*, dans la mesure où l'on considère que la compétence à l'écrit découle tout naturellement de la connaissance des règles de la langue. Autrement dit, la grammaire

---

7. Le néologisme est québécois. On entendait par objectivation « le processus par lequel l'écolier prend du recul vis-à-vis d'un discours pour analyser les facteurs qui en influencent la production ou la compréhension » (MEQ, 1979, p. 7).

8. Le terme « modèle » ne renvoie pas ici à l'idée d'un idéal, mais il désigne un ensemble de traits qui permettent de cerner une tendance.

dans ce modèle apparait comme *le moyen* privilégié et indispensable pour acquérir la maitrise de la langue écrite (et même orale).

Ce lien entre les connaissances grammaticales et l'habileté à écrire est contesté par les tenants de l'approche fonctionnelle, qui opposent les « connaissances *sur* la langue » à la « connaissance *de* la langue ». Le modèle fonctionnel se concentre donc sur l'objectif de *la maitrise de l'expression* (le savoir écrire) en privilégiant la pratique. L'étude du fonctionnement de la langue passe au second plan, devient même minimale.

2) Du point de vue de la démarche d'enseignement

Le modèle traditionnel repose sur l'enseignement systématique, de type magistral, qui fait appel à un mode d'apprentissage déductif : on va de la règle à ses applications, du général au particulier, de l'abstrait au concret. Après avoir présenté aux élèves l'énoncé d'une règle ou d'une définition, avec des exemples, on leur demande ensuite de l'appliquer dans des exercices. La dictée est l'un des moyens privilégiés pour vérifier les apprentissages.

L'approche fonctionnelle, de son côté, veut mettre la grammaire au service de l'expression. Comme nous l'avons vu, on y valorise un enseignement étroitement lié aux situations d'écriture et mené en réponse aux besoins des élèves. La « leçon » de grammaire tend donc à s'estomper au profit d'interventions plus ponctuelles (« enseignement occasionnel »). Les besoins des apprenants orientent la progression. Au départ, les promoteurs de ce modèle préconisaient un enseignement qui donne à l'élève un rôle actif et qui se fonde sur l'induction (Milot, 1978 ; Milot et Primeau, 1975). De plus, ils étaient convaincus que l'apprentissage de la langue écrite s'appuyait largement sur des connaissances implicites, tout comme l'apprentissage du langage oral chez l'enfant. Ils accordaient donc une grande place à l'imprégnation, surtout au début du primaire (*voir* l'encadré 3.2).

Encadré 3.2   Un enseignement par imprégnation

Primeau (1980, p. 25) présente une démarche d'enseignement de l'orthographe grammaticale où les élèves sont simplement exposés à la graphie des mots. Il explique le « procédé général » pour une règle que l'enseignant veut mettre en place :

Un certain nombre de cas où la règle s'applique sont appris un à un. quand ils se présentent. comme s'il s'agissait de cas d'orthographe d'usage. Cela vaut particulièrement pour la 1re et la 2e année. Par exemple. l'écolier apprend que des bateaux s'écrit tel quel, de même : Les enfants parlent. Ils sont contents. C'est le début d'une démarche inductive. longue pour les règles complexes. plus courte pour les règles simples.

Précisons que cette conception d'une démarche inductive, par simple exposition aux données de la langue, est bien loin de celle que nous présentons dans cet ouvrage (*voir* la troisième partie).

3) Du point de vue des contenus

Dans le modèle traditionnel, l'enseignement s'appuie sur une grammaire scolaire traditionnelle (*voir* le chapitre 2). Le modèle fonctionnel va entrainer la création d'un nouveau type de grammaire scolaire qui conserve un contenu traditionnel, mais sous une forme plus ou moins simplifiée et dans un but principalement utilitaire. Nous examinerons les caractéristiques de cette grammaire plus loin.

Ce passage d'un modèle d'enseignement de la grammaire à un autre ne s'est pas fait brusquement ni de manière absolue. Il s'agit plutôt de deux courants qui s'interpénètrent, le second ne remplaçant pas tout à fait le premier. D'une part, les propositions des promoteurs de l'approche fonctionnelle n'ont pas toutes été comprises ou mises en œuvre. C'est le cas, par exemple, de l'approche inductive préconisée par Milot (1975). D'autre part, les pratiques évoluent lentement, de sorte qu'il ne faudrait pas surestimer les changements que l'arrivée d'un nouveau programme entraine. Ainsi, se référant à une enquête menée à la demande du Conseil de la langue française, Chartrand et Paret (1989, p. 31) écrivent à propos des exercices de grammaire :

> *En 1985, 67 % des enseignants du primaire et 48 % de ceux du secondaire disent en faire de plusieurs fois par semaine à une fois par jour; seuls 22 % des enseignants du primaire et 28 % des enseignants du secondaire affirment en faire moins d'une fois par semaine.*

Nous verrons néanmoins dans ce qui suit que l'orientation du modèle fonctionnel a infléchi l'enseignement de la grammaire dans une certaine direction, ce qui ressort nettement des manuels qui seront produits durant cette période de transition.

3.2 DES GRAMMAIRES DE TRANSITION

3.2.1 Le retour des manuels de grammaire

Au cours des premières années qui suivent l'adoption des programmes de 1979-1980, le peu d'importance officiellement accordé à l'enseignement systématique de la grammaire, ajouté à la distance prise à l'égard des manuels[9] dans

---

9. La période du Programme-cadre marque un certain rejet des manuels. C'est l'époque des « feuilles volantes » préparées par chaque enseignant. Quant aux manuels de grammaire, Milot et Primeau (1975, p. 74) en disaient ceci : « Ils sont la somme des réflexions sur la langue, alors que les enfants ont besoin de faire eux-mêmes le cheminement qui aboutirait à une conception dynamique de la pratique de leur langue. »

la décennie précédente, a pour effet qu'on ne trouve pratiquement plus de manuels expressément retenus pour l'enseignement de la grammaire. Les contenus sont intégrés à des manuels de français, au primaire (ex.: séries *Mon nouveau programme de français au primaire, Piloé, Les mots endimanchés*) comme au secondaire (ex.: séries *Repères, Textes et contextes, Parcours*), affichant de grandes disparités autant dans la manière d'aborder l'information grammaticale que dans sa qualité linguistique (Chartrand, 1993). L'absence de manuels de grammaire est bientôt pointée du doigt comme en partie responsable des faiblesses des élèves en français écrit (puisque, en dépit des programmes, on se désole encore de leurs piètres performances). Après quelques années, sous la pression des parents et des enseignants, le Ministère décide que chaque élève doit avoir accès à un dictionnaire et à une grammaire.

À partir de 1985 apparaissent alors des ouvrages de grammaire produits par des auteurs d'ici. Parmi les premiers destinés au primaire, *Le petit guide grammatical* de Rita Breton, publié en 1987. Il sera suivi de nombreux ouvrages visant la clientèle du primaire ou du secondaire (*voir* l'encadré 3.3).

| **Encadré 3.3** | Une liste (non exhaustive) de manuels de grammaire produits au Québec entre 1986 et 1994 |

Pour le primaire

1987   Breton, *Le petit guide grammatical au primaire*, HRW

1990   Lemire et Darbelnet, *Ma première grammaire*, Guérin

1993   Mareuil, *Si la grammaire m'était contée...*, ERPI

1994   Boily, *La grammaire du primaire pour bien écrire*, CEC
         Carrier et Marcoux, *Le code vert, petite grammaire pour le primaire*, HRW

Pour le secondaire

1986   Martin et Issenhuth, *Le petit code : code syntaxique et orthographique*, HRW
         Gobbe et Tordoir, *Grammaire française*, Trécarré

1987   Therrien, *Aide-mémoire grammatical*, Vézina éditeur
         Langelier, *Ma nouvelle grammaire*, FM
         Bellemare, *Code 001*, Hurtubise-HMH

1988   Mareuil et Langlois-Choquette, *La grammaire par l'exemple*, Éditions françaises
         David, *Le code grammatical*, Éd. de l'Étoile polaire

1990   Hébert, *Le guide–grammaire pratique pour le secondaire*, CEC

1991   Hénault et Picard, *Grammaire française par l'observation*, Éditions FM

1994   Jacob et Laurin, *Ma grammaire*, Éditions françaises

Il est intéressant de souligner, comme on le voit dans ce qui précède, que ces ouvrages n'ont pas été conçus expressément pour répondre aux attentes d'un programme, comme c'est généralement le cas, mais plutôt pour combler un vide dans l'enseignement grammatical, en renouant avec la tradition. La raison d'être de ces grammaires de transition était autant de rassurer les parents et l'opinion publique (la grammaire a encore sa place à l'école!), que de fournir une aide aux enseignants qui trouvaient peu de précisions dans les programmes. Bien entendu, les auteurs de cette nouvelle génération de grammaires vont tenir compte de l'esprit des programmes, qui assignent avant tout à la grammaire une fonction instrumentale. Ils vont donc chercher à présenter aux élèves des informations utiles pour résoudre des problèmes d'écriture, essentiellement orthographiques et syntaxiques, en les présentant cas par cas.

Il s'agit en quelque sorte de faire la preuve que la grammaire peut être accessible et simple. On part de ce que l'on connait le mieux, la grammaire traditionnelle, en limitant les changements à ceux que suggère le programme, tel le traitement des homophones. Les grammaires issues de cette période présentent donc avant tout un contenu traditionnel, mais dans une forme adaptée à un enseignement de type fonctionnel. C'est pourquoi nous les qualifions de «grammaires traditionnelles simplifiées». Néanmoins, on verra aussi apparaitre quelques propositions pour le primaire allant dans le sens de la grammaire structurale (Lemire et Darbelnet, 1986) ou de la grammaire nouvelle (Mareuil, 1993). Au secondaire, la grammaire de Gobbe et Tordoir (une adaptation d'un ouvrage belge) aura une plus large audience, mais dans l'ensemble, ce sont les grammaires de filiation traditionnelle qui s'imposeront.

3.2.2 Les caractéristiques des grammaires simplifiées

Les grammaires scolaires en usage au cours des années 1960 étaient souvent volumineuses, présentaient un texte dense, presque suivi, et des explications supplémentaires en petits caractères. Au milieu des années 1980, pour s'adapter à un monde changeant, le matériel scolaire doit devenir plus attrayant. À ce titre, la grammaire de Rita Breton est un modèle : couleurs gaies, séparation des contenus dans des encadrés, illustrations amusantes d'animaux qui indiquent s'il faut observer (le hibou), retenir (l'éléphant) ou apprendre «un bon truc» (le renard). Le format, l'indication à chaque page du niveau concerné (1re à 6e année), la présence de contenus d'enrichissement, voilà autant d'aspects qui vont plaire aux enseignants, compte tenu du peu de précision qu'ils trouvaient dans le Programme sur les contenus grammaticaux à aborder. *Le petit guide grammatical* connaitra donc un succès immédiat et durable. Pendant quelques années, il n'affrontera aucun concurrent ou presque et sera largement adopté comme ouvrage obligatoire par les commissions scolaires dans toute la province.

Au secondaire, l'ouvrage le plus populaire, et un des premiers à paraitre, est *Le petit code* de Martin et Issenhuth. On y présente en ordre alphabétique à la fois la terminologie et les notions grammaticales. L'avant-propos (p. III) décrit ainsi l'ouvrage à l'élève (c'est nous qui soulignons):

> Le Petit Code *te donne une description complète de la langue écrite. À ce titre, il s'inscrit dans la lignée des grammaires renommées (par exemple Grevisse, Bescherelle, Dubois, De Bray, etc.).* Le Petit Code *se distingue cependant des grammaires traditionnelles par son souci de <u>mettre l'accent sur tout ce qui peut t'être immédiatement utile quand tu es en train d'écrire</u>.*

Orientation utilitaire, présentation abrégée et simple, voilà des choix qui se retrouvent dans la plupart des productions de cette période (1985-1995), et qui ne sont pas indépendants de la conception que l'on a de la langue et de son apprentissage. Les grammaires de cette période ne sont pas toutes équivalentes. Certaines offrent une information grammaticale plus rigoureuse et représentent des outils de référence utiles pour les apprenants. Néanmoins, en considérant la tendance générale et les caractéristiques des ouvrages les plus répandus, on constate que les grammaires simplifiées présentent plusieurs faiblesses. Outre le fait qu'elles s'appuient sur des définitions et des procédures de grammaire traditionnelle, avec les limites et les inconvénients que cela comporte, elles sont reconnaissables aux traits suivants: la présentation morcelée des notions; la simplification abusive des définitions et des règles; l'importance accordée aux homophones; la mise de l'avant des «trucs» au détriment de la réflexion.

3.2.2.1 Le morcèlement des notions

Dans une grammaire simplifiée, on trouve généralement une liste de notions juxtaposées, nullement intégrées à une figure d'ensemble qui leur donnerait un sens. Cela est clairement illustré dans *Le petit code* de Martin et Issenhuth, qui adopte un classement alphabétique et qui présente sur 200 pages des articles aussi disparates que *Accord, Astérisque, Cédille, Juxtaposition, Lettre majuscule, Négation, Plus-que-parfait, Pronom, Proposition incise.* En dépit des apparences, c'est également le cas pour la grammaire de Breton (1987) qui ne présente pas un contenu organisé en sous-parties explicites. L'élève est ainsi placé devant une série d'informations touchant divers aspects de la phrase, sans qu'on lui permette de relier ces éléments, de les situer les uns par rapport aux autres. Par exemple, on aborde le verbe à la page 14, on parle de son accord aux pages 22 à 27, puis on présente le temps et la conjugaison à partir de la page 98.

Ce morcèlement des notions et le caractère énumératif de la présentation sont aussi des faiblesses des grammaires traditionnelles. Il n'est pas étonnant de les trouver dans les grammaires simplifiées puisque ces dernières tendent à suivre le même plan. Mais ce défaut est encore accentué dans les grammaires simplifiées en raison du caractère très rudimentaire des informations qui sont fournies.

3.2.2.2 La simplification abusive

Formuler des règles ou des définitions de la manière la plus concise possible ne va pas sans risques ! Nous avons vu, au chapitre précédent, les limites que comportent les définitions de la grammaire traditionnelle fondées sur le sens. Qu'arrive-t-il maintenant quand ces définitions ou des règles sont reformulées ou ramenées à leur plus simple expression ? Comparez les trois définitions suivantes en vous demandant laquelle vous serait la plus « utile » pour identifier les noms propres lorsque vous écrivez :

- « Le nom propre est celui qui ne convient qu'à un seul être ou objet ou à un groupe d'individus de même espèce : *Jean, Paris, les Français.* »

- « Le nom propre désigne un être ou un objet en particulier ; il commence toujours par une lettre majuscule. »

- « Le nom propre désigne des êtres ou des objets en les distinguant des autres. Il prend toujours une lettre majuscule. »

La première définition est tirée du *Précis de grammaire française* de Grevisse (1993, p. 57). La deuxième provient de la grammaire de Hénault et Picard (*Grammaire française par l'observation*, p. 18), alors que la troisième figure dans *Le petit code* de Martin et Issenhuth (p. 92). Certes, la définition de Grevisse ne permet guère de comprendre que *soleil* et *pingouins* ne sont pas des noms propres. On peut tout de même lui concéder qu'elle oriente le lecteur vers une certaine compréhension de ce qu'est le nom propre. Les deux formulations qui suivent, par contre, sont inutiles, voire trompeuses, pour reconnaitre un nom propre, puisqu'elles s'appliquent à n'importe quel nom (dire *ma voiture, la route* ou *le ciel*, c'est chaque fois désigner un objet en particulier en le distinguant des autres).

Un examen des grammaires simplifiées montre assez rapidement que les définitions et les règles qu'elles proposent peuvent être très facilement prises en défaut. Ainsi, considérant *Le petit guide grammatical* de Rita Breton, Asselin et Francoeur-Bellavance (1992) relèvent plusieurs exemples de « généralisations abusives », telles que :

- « S'il y a une des prépositions suivantes (*à, de, pour, sans*) devant le verbe, ce verbe se termine par *er*. » (p. 157)
  Contre-exemples : J'ai plusieurs travaux de corrigés.
  \hspace{4em} Tenant pour prouvée la rotondité de la terre…

- « Le complément indirect est rattaché indirectement au verbe à l'aide d'une préposition (*à, de, pour, sans, avec, chez…*). » (p. 17)
  Contre-exemples : Il *nous* a menti.
  \hspace{4em} Il mange *de la* soupe. (article partitif et non préposition)

Dans la même veine, on peut lire dans *Le code vert* (1994, p. 97) de Carrier et Marcoux : « Quand deux verbes se suivent, le deuxième est toujours à l'infinitif. Exemple : *As-tu entendu parler du Club des 4-R ?* »

Cette « règle », qui est présentée comme devant faire l'objet d'un enseignement systématique en 6ᵉ année, ne s'accompagne d'aucune restriction, ni pour les auxiliaires (*elle aura éprouvé un problème ; il était tombé en skiant*), ni pour les verbes d'état (*il semblait emballé par le projet ; la rue paraissait animée*).

Ces généralisations abusives ont été apprises par des milliers de petits Québécois qui, durant toute leur scolarité primaire et secondaire, ont eu des grammaires de ce type entre les mains. Comment s'étonner alors que leur compréhension de la langue soit faible et qu'ils aient bien du mal à se donner des repères sûrs quand il s'agit d'analyser les phrases et les textes qu'ils écrivent ?

Les grammaires simplifiées présentent aussi des incohérences, comme celles qui peuvent se produire entre une définition et les exemples qui l'accompagnent. Ainsi, Breton (1987, p. 10-11) écrit : « La phrase se compose de mots réunis pour exprimer une idée complète. » Pourtant, à la page suivante, elle donne comme premier exemple de phrases simples : « Regardez. » De même, elle indique dans la rubrique « Retiens » (p. 72) : « L'adjectif qualificatif se place avant ou après le nom. » Puis, elle propose deux exemples :

« Je suis un bel animal roux. »

« Je ne suis pas gourmand ni voleur. »

Ce deuxième exemple, dont le début présente une structure similaire au premier, ne comporte aucun nom, mais plutôt deux adjectifs qui pourraient s'employer comme nom (*Ce voleur est un gros gourmand*). On voit mal comment des enfants de 6 à 8 ans peuvent se représenter clairement ce qu'est un nom ou un adjectif à partir d'exemples aussi peu contrôlés. Surtout quand on comprend la difficulté que représentent pour eux les formes qui figurent dans différentes catégories telles que *jeune, voleur, chasse* (*voir* le chapitre 6).

L'approximation et le manque de rigueur que l'on note dans nombre de ces grammaires de transition ont des conséquences sur l'apprentissage de la langue et sur le rapport des élèves à la grammaire. Comme l'écrivaient Asselin et Francoeur-Bellavance (1992, p. 40) :

> *Mais à force de s'ajuster aux incohérences des manuels de grammaire, les élèves finissent aussi par croire que la grammaire n'est pas une matière rigoureuse puisque même les auteurs de grammaire se contredisent d'une page à l'autre.*

Les élèves en reviennent alors à l'idée que la grammaire est un dogme, qu'elle n'offre rien à comprendre, mais tout à retenir et à croire aveuglément. Cette situation constitue, à nos yeux, une des formes les plus pernicieuses de dépossession de sa propre langue.

3.2.2.3 L'importance accordée aux homophones

Il semble bien difficile d'imaginer aujourd'hui qu'on ait déjà pu enseigner la grammaire sans insister sur les homophones ! C'était pourtant bel et bien le cas jusque dans les années 1970. Dans les grammaires d'alors, on mentionnait au passage certains cas d'homonymie (ex. : *chant* et *champ*), sans plus. Les homophones et l'enseignement personne par personne des finales des verbes (ex. : finales de Je : *s e x ai ds*) constituent les deux grandes innovations grammaticales des programmes de 1979-1980.

C'est la description du français parlé et les travaux sur les relations oral-écrit qui ont mis en évidence l'existence en français d'un grand nombre de mots qui se prononcent de la même manière tout en s'écrivant différemment. Les modifications apportées à l'orthographe aux XVIe et XVIIe siècles avaient précisément consisté, pour une bonne part, à différencier dans l'écriture des mots comme *pois, poix, poids*, qui auparavant partageaient la même graphie. Il s'agit donc d'une fonction importante du système orthographique du français que de distinguer ces mots homophones (*voir* le chapitre 6).

Mais l'attention que les pédagogues vont commencer à porter aux homophones tient avant tout au fait qu'ils sont une source d'erreurs à l'écrit. En 1977, dans un article sur les cahiers d'exercices, Jean-Guy Milot (p. 25) écrit :

> *Si on cherche un critère certain pour choisir des exercices dont le contenu sera pertinent et utile, il faut choisir ceux qui portent sur les cas d'homophonie. L'observation des textes d'élèves révèle que 90 % des erreurs d'orthographe viennent des cas d'homophonie : ce/se, parlée/parlé/parler/parlez, etc.*

Le chiffre est exagéré, mais le message sera entendu. Les grammaires utilitaires et encore plus les cahiers d'exercices, qu'on voit se multiplier à la fin des années 1980, vont accorder une très large place aux homophones (Boyer, 2005 ; Fisher, 1994). On peut même se demander si l'on ne s'évertue pas à les débusquer là où un scripteur moyen ne les verrait pas. Alors que les programmes ne faisaient mention que d'homophones grammaticaux (*a/à, son/sont, ce/se, où/ou,* etc.), on verra bientôt les listes s'allonger. D'une part, on y mêle allègrement unités lexicales et grammaticales (ex. : *n'y/nid*) ; d'autre part, on y inclut les variations morphologiques liées au nombre, au genre, à la personne (ex. : *nie/nies/nient*). Dans les exercices, on propose ainsi aux élèves, sans aucun égard pour le contexte syntaxique, des séries de formes qu'ils ne confondaient pas avant nécessairement. Par exemple :

tant, temps, t'en, tends, tend ;

leur, leurs, leurre, leurres, l'heure ;

la prie, la prit, l'a pris, l'apprit.

Dans bien des cas, ces exercices n'ont rien à envier aux exercices de cacographie qui sévissaient deux siècles auparavant (*voir* le chapitre 1), et il ne serait pas exagéré d'affirmer qu'ils constituent un encouragement à écrire « au son ».

Dans *Le petit guide grammatical* de Breton, 20 pages sur 180 sont consacrées aux homophones (essentiellement grammaticaux toutefois). *Le petit code* présente plus d'une trentaine de paires homophoniques qui sont réparties entre les cinq années du secondaire, mais avec une forte concentration en première et deuxième secondaire. On y trouve de faux homophones comme *la/là* (les deux formes étant phonétiquement distinctes en français québécois) et quelques homophones lexicaux (*mur/mûr; appareil/appareille*).

Les dérives sont moins graves dans les grammaires que dans les cahiers d'exercices, mais le problème demeure : on prétend aider l'élève à résoudre l'ambigüité homophonique en minimisant le recours aux définitions et à la terminologie grammaticale. On préfère lui proposer un « truc », le plus souvent fondé sur la substitution (nous y reviendrons au point suivant) ou lui fournir des indications succinctes sur le contexte syntaxique, comme on peut le voir dans l'encadré 3.4.

Encadré 3.4 Un exemple de traitement simplifié d'homophones

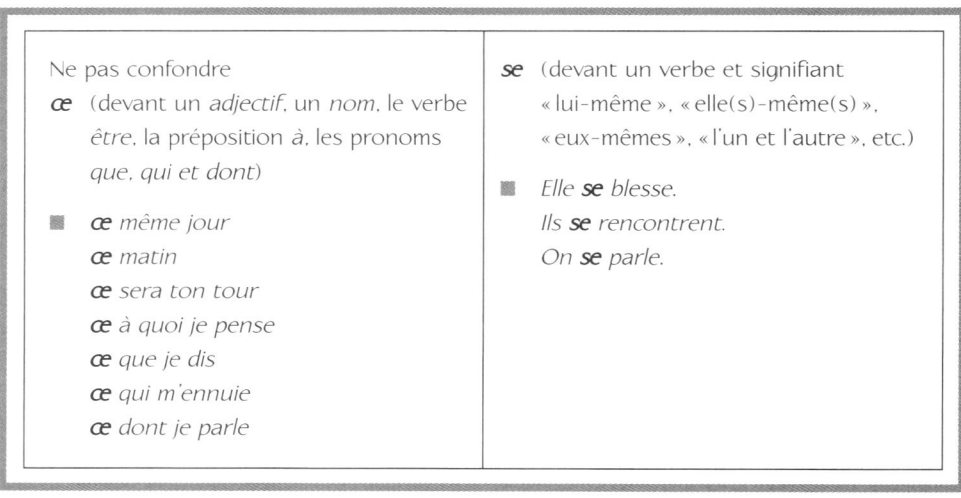

Source : Martin et Issenhuth, 1986, p. 7.

Les grammaires et les manuels de français d'avant 1980 procédaient autrement. Voyons ce qu'il en est pour *ce* et *se* dans le manuel *Langue française 6e-7e années* (1958). D'abord, les deux mots sont traités dans des chapitres différents, celui sur l'« adjectif démonstratif » et celui sur les pronoms. On propose dans chaque cas une définition notionnelle du type : « L'adjectif démonstratif sert à montrer la personne ou la chose dont on parle. Ex. : Ce médecin – cette malade » (n° 1126). On fait observer les différentes formes de cet « adjectif » (*ce, cet, cette, ces*) et on propose des exercices sur leur choix. On établit ensuite un lien entre l'adjectif démonstratif et le pronom démonstratif qui « représente un nom accompagné d'un adjectif démonstratif [...]. Ex. : Celles-ci : ces plumes-ci » (n° 1131). Enfin, on dresse un tableau des différentes formes de pronoms démonstratifs (*celui, celle, ceux, ceux-ci*, etc.).

Autrement dit, cette approche incitait l'élève à établir un lien entre la forme *ce* et l'idée de « démonstration » commune aux déterminants et aux pronoms démonstratifs (*ce garçon, celui-là*) qui ont en commun la graphie « c » (tout comme *ceci, cela, ça*), alors qu'elle rattachait la forme *se* aux pronoms personnels et aux verbes pronominaux. Malgré leur caractère approximatif, les définitions proposées aidaient à rapprocher les formes similaires sur la base de la considération du sens et du contexte d'emploi.

Avec l'approche fonctionnelle, le traitement des homophones conduit plutôt à centrer l'attention des élèves sur des formes isolées en négligeant la considération de l'ensemble de la phrase aussi bien du point de vue du sens que de celui de la syntaxe. De plus, chaque paire homophonique est traitée séparément, alors qu'on devrait montrer les liens entre, par exemple, *m'a, m'ont*, entre *m'a, t'a, l'a – lui a*, etc.

Une des conséquences les plus déplorables de l'enseignement des homophones est que les élèves ont tendance à y voir une nouvelle classe de mots : il y aurait les noms, les verbes, les adjectifs, etc., et les homophones. Devant *a* ou *sont*, ils ne reconnaissent plus un verbe, mais un homophone. En plus de brouiller les relations entre l'oral et l'écrit (donnant l'impression aux apprenants que l'écrit est un immense jeu de pièges et qu'ils ne peuvent prendre appui sur la langue parlée), on obscurcit aussi l'image de la phrase et des relations qui s'établissent entre les mots.

L'insistance sur les homophones dans les ouvrages des années 1980 et 1990 montre que l'approche fonctionnelle s'est laissé guider par la recherche d'efficacité sans suffisamment réfléchir aux conditions de l'apprentissage. On a ainsi produit le contraire de l'effet recherché. Partant d'une difficulté constatée, celle de certaines confusions homophoniques, on a voulu la résoudre en enseignant aux élèves à opérer des distinctions. Mais ce faisant, on a mis sur le même pied des confusions bien réelles et fréquentes (comme les terminaisons *er/é*) et des confusions beaucoup plus rares, sinon hypothétiques (comme *n'y/nid*). En outre, exposer constamment les élèves aux paires homophoniques ne fait que renforcer l'association entre les deux termes alors qu'on voudrait, au contraire, qu'ils les distinguent.

3.2.2.4 L'apprentissage de « trucs » ou de certaines procédures

Les grammaires scolaires ont toujours présenté des moyens destinés à faciliter la mémorisation des règles, des exceptions ou de la terminologie. Si certains sont utiles, d'autres paraissent beaucoup plus discutables, dans la mesure où ils empêchent l'usager d'accéder à une compréhension du phénomène ou du fonctionnement linguistique en cause. On lui propose, à la place, une procédure qu'il n'a qu'à appliquer les yeux fermés.

Les trucs relèvent de la même tendance. Les premiers qui viennent à l'esprit sont les formules de substitution qui ont été développées en vue de résoudre les problèmes d'homophonie que nous évoquions précédemment. Par exemple :

« J'écris *c'est* quand je peux remplacer ce *c'est* par **cela est**. »

« J'écris *s'est* quand je peux ajouter **lui-même** ou **elle-même** après ce *s'est*. »

(Breton, 1987, p. 151)

Pour comprendre ce qui a favorisé l'introduction des trucs dans les grammaires et les cahiers d'exercices, il faut se rappeler que le modèle fonctionnel cherche à réduire l'apprentissage de la terminologie grammaticale et la connaissance explicite des règles. On veut une grammaire qui permet à l'élève de résoudre rapidement les problèmes orthographiques qu'il éprouve à l'écrit, à savoir les accords entre les mots, le choix des terminaisons, etc. La situation évoquée par Milot et Primeau à l'encadré 3.5 le montre bien.

| Encadré 3.5 | L'utilisation de la substitution |

Une élève de quatrième année arrivait à identifier sans erreur les adjectifs dans les phrases qu'on lui présentait. [...] l'enseignante lui pose la question suivante : « Peux-tu me donner la définition de l'adjectif ? » L'élève ne put répondre à la question. L'institutrice formule une deuxième question : « Alors, comment fais-tu pour reconnaître les adjectifs ? » Et la petite fille de répondre : « C'est bien simple, je change le mot par les mots jolies, belles, vertes... Quand ça marche, je dis que c'est un adjectif. »

Source : Milot et Primeau, 1975, p. 32.

Cet exemple est révélateur de la manière dont un procédé issu de la linguistique se trouve emprunté sans être bien compris. En linguistique, la substitution sert principalement à deux choses : segmenter les phrases en identifiant les groupes fonctionnels et établir des classes d'équivalences. Par exemple, dans la phrase *Mon fils lit une bande dessinée*, la possibilité de remplacer plusieurs mots par une unité permet de constater que ces mots sont liés et forment un groupe :

Mon   fils   lit   une   bande   dessinée.

Luc / lit   une   bande   dessinée.

Mon   fils   /   dessine.

De même, l'opération de substitution permet de reconnaitre les mots qui entrent dans la classe des déterminants :

Les arbres de la forêt boréale sont utiles.

Certains

Plusieurs

Ces

etc.

Milot et Primeau, dans le passage cité, retiennent uniquement de la substitution son efficacité (« Ça marche. ») sans tenir compte du pourquoi. Les auteurs formulent d'ailleurs ainsi le principe pédagogique qu'ils en tirent : « Pour identifier un élément, la substitution par des éléments connus et semblables est un moyen simple et efficace » (p. 32). La substitution apparait comme un moyen d'obtenir rapidement une réponse (par ex. : est-ce un adjectif, oui ou non ?) sans avoir à faire appel à des connaissances grammaticales. C'est cet aspect qui séduit.

S'il est essentiel de fournir aux élèves des procédures pour reconnaitre les classes de mots, il convient de s'interroger sur la manière de le faire. Lorsque l'opération de substitution se réduit à un truc unique, elle enferme l'élève dans l'application d'une procédure qui repose sur la mémoire sans compréhension réelle de la notion en jeu. Par exemple, l'élève doit se rappeler que *c'est* va avec *cela est* tandis que *s'est* va avec la possibilité d'ajouter *lui-même/elle-même*. Les élèves confondent souvent les termes de l'alternative ou, encore, ils affirment : « Je sais que je peux remplacer *a* par *avait*, mais je ne sais plus si je dois écrire *a* ou *à* », ce qui montre bien comment le procédé est appliqué sans compréhension[10].

Autre inconvénient important des trucs : leur efficacité est loin d'être assurée. Pensons à des formules comme « j'écris *on* quand je peux remplacer par *quelqu'un* », variante : « par *Léon* ». Que fera l'élève devant des phrases comme :

Mon frère et moi, *on* est allés voir le match.

A-t-*on* raison de dire… ?

Le remplacement de *on* par « Mon frère et moi quelqu'un est allé voir le match » ou par « Mon frère et moi Léon est allé… » semblera bizarre du point de vue du sens. Dans le deuxième cas, la phrase obtenue n'est pas correctement

---

10. Inisan (1991, p. 162) observe les mêmes difficultés avec des écoliers français. Ainsi cet élève qui explique : « J'ai écrit *voici la maison ou j'habite* parce que quand on ne peut pas dire ou bien on ne met pas d'accent. » L'auteur, qui parle à ce propos d'une « mémorisation en inversion complète ou en extension », ajoute : « Le phénomène se retrouve pour bon nombre d'homophones grammaticaux. »

construite : «A-t-quelqu'un raison...» ou «A-t-Léon raison...» Devant des résultats aussi déroutants, le scripteur finira par orthographier au hasard. À d'autres moments, le truc est tout simplement inapplicable ; ainsi, peut-on ajouter *lui-même/elle-même* dans les phrases suivantes?

Il *s'est* passé quelque chose. (*Il s'est passé *lui-même* quelque chose.)

Cela *s'est* révélé exact. (*Cela s'est révélé *lui-même* exact.)

En français, aucune procédure unique ne permet d'arriver à une analyse juste dans tous les cas. C'est pourquoi on ne peut se satisfaire de l'enseignement de trucs uniques pour chaque notion ou difficulté orthographique. Pour maitriser l'écrit ou préparer les élèves à cette maitrise à long terme, il faut construire tout un réseau de connaissances autour d'un concept, comme nous le verrons dans la deuxième partie de cet ouvrage.

3.2.3 Distinguer les « trucs » de la grammaire simplifiée et les stratégies de la grammaire nouvelle

Il n'est pas rare de rencontrer des enseignants qui ne voient guère de différence entre les trucs de la grammaire simplifiée et les stratégies que la grammaire nouvelle propose. Pour certains, cela signifie qu'ils peuvent faire de la grammaire nouvelle tout en conservant les pratiques qu'ils utilisaient jusque-là. Pour d'autres, qui ont constaté les limites de certains trucs et procédures de la grammaire simplifiée, cela les incite plutôt à se montrer méfiants à l'égard de la grammaire nouvelle. Afin de bien distinguer ces deux types de procédures, examinons quelques-unes des propositions faites par Valiquette (1990), dans le but, bien caractéristique de l'époque, de simplifier l'enseignement grammatical.

À partir de la 3e année, Valiquette propose la démarche suivante pour orthographier correctement un nom au pluriel. L'élève doit d'abord être attentif à tout «signal évident de pluriel», comme *Mes*. Dès qu'il repère un tel signal, il doit poser la question *quoi*? (*Mes quoi*?). S'il y a un nom dans la réponse (ex.: *Mes chats*), ce nom «s'accorde» au pluriel (p. 95).

La question *quoi*? est également utilisée pour reconnaitre le verbe, en 3e année. L'élève doit d'abord repérer «un chef de verbe évident», c'est-à-dire un pronom (p. 61). Il doit ensuite poser la question *quoi*? après ce mot (ex.: Je *quoi*?); le premier mot de la réponse après «le chef» est le verbe, à condition de ne pas tenir compte de «petits mots» comme *se, le, lui, ne, en*.

La démarche devient plus complexe avec l'adjectif et le participe passé que Valiquette traite ensemble pour enseigner leurs règles d'accord. L'élève est d'abord invité à repérer l'adjectif à partir de la définition suivante : 1) c'est un mot qui, au singulier, se dit bien seul après *il est/elle est* ; 2) qui finit toujours par *−e* au féminin ; 3) qui répond à la question *comment*? ; 4) ou à défaut, à la question *quoi*? (p. 111-116).

Une fois que l'élève a repéré un présumé adjectif par ce moyen, il vérifie s'il doit faire l'accord en posant la question *Qui est-ce qui est… ?* ou *Qu'est-ce qui est… ?* Considérant la réponse obtenue (nom ou pronom,) il doit ensuite observer la *place* de l'adjectif et appliquer les règles suivantes (p. 130) : 1) « L'adjectif s'accorde toujours quand il est placé *entre* le déterminant et le nom. » 2) « L'adjectif s'accorde quand il est placé *après* le nom ou le pronom auquel il se rapporte. » 3) « L'adjectif présumé n'agit pas comme adjectif et donc il ne s'accorde pas, quand il est placé *avant* le déterminant, le nom ou le pronom auquel il se rapporte, ou quand il ne se rapporte à aucun nom ou pronom. » Une règle supplémentaire sera ajoutée à partir du secondaire pour limiter la portée de la règle 3) et permettre l'accord de l'adjectif antéposé (p. 148).

Comme on peut le voir, cette procédure évite la définition sémantique de l'adjectif (un mot qui indique une qualité) et les distinctions relatives à la fonction des mots (épithète, attribut, apposition), tout spécialement la notion de « COD ». Elle suppose néanmoins que l'élève sait reconnaitre un nom, un pronom, qu'il comprend le sens de « se rapporte à » et, surtout, qu'il est en mesure d'appliquer à la lettre une procédure dans laquelle chaque mot est important. Outre les difficultés d'application qu'elle pose, cette procédure a été critiquée sur le fond. Ainsi, la définition de l'adjectif permet difficilement d'intégrer les adjectifs relationnels comme *municipal, olympique* ou des participes comme *comporté, succédé* (*il est *municipal*; *il est *comporté*). En revanche, cette définition risque d'amener les élèves à voir des adjectifs dans des mots comme *contre, derrière, ensemble*.

Mais le principal reproche que l'on peut faire à ces propositions est de se présenter comme une collection de procédures sans lien entre elles. L'élève doit appliquer une série de questions pour reconnaitre un nom et l'accorder, une autre série de questions quand il s'interroge sur l'adjectif, une troisième pour l'accord du verbe, sans parler du choix des terminaisons verbales, etc. Alors que l'entreprise repose au départ sur le désir de faciliter et de simplifier la tâche de l'apprenant, on se retrouve en fin de compte dans la situation inverse. Les règles proposées exigent un très grand effort de mémoire de la part des élèves, car la somme de ces trucs ne permet pas de développer une compréhension intégrée de l'organisation de la phrase. On oublie que le meilleur moyen pour retenir, c'est de comprendre.

C'est en cela que la grammaire nouvelle se distingue, puisqu'elle a pour base le fonctionnement de la phrase, impliquant la notion de groupe et la description des unités qui entrent dans la formation de chaque groupe (groupe nominal, groupe verbal, groupe prépositionnel, etc.). Devant un présumé adjectif (il s'agit de la catégorie la plus difficile à définir), un élève, dans ce cadre, pourra se référer aux diverses propriétés de l'adjectif. S'il s'interroge, par exemple, sur le mot « rapide » dans la phrase *Ils ont fait des progrès rapide( )*, il pourra essayer de l'employer avec un nom dont il est sûr (par ex.: *un coureur* rapide), vérifier s'il peut placer un adverbe devant (ex.: *très* rapide) ou, encore, s'il peut le dire après *Il est…* En faisant cela, l'élève utilise différentes stratégies qu'il a apprises, mais qui sont liées au fonctionnement de la phrase et aux propriétés de ses constituants. Il sait, par exemple, que l'adjectif fait partie du groupe nominal, qu'il peut recevoir un adverbe, etc. Si, par la suite, il s'interroge sur le verbe, c'est toujours au modèle de la phrase, avec ses constituants de base et ses groupes, qu'il va se référer. Du point de vue de l'organisation des connaissances en mémoire et du rapport entre la mémorisation et la compréhension, le cadre offert par la grammaire nouvelle est ainsi beaucoup plus satisfaisant (*voir* le chapitre 5).

CONCLUSION

Ce chapitre nous a permis de voir qu'entre la grammaire traditionnelle stricte et la grammaire nouvelle, il s'est développé, à partir des années 1970, un courant fonctionnel qui souhaitait amener les élèves à une maîtrise de l'écrit en allégeant et en simplifiant les contenus grammaticaux. Ce qu'on recherchait, pour reprendre la formule de Bureau (1985, p. 112), ce n'était pas de développer «la réflexion grammaticale mais des réflexes d'utilisation», et il entendait par là «des réflexes d'application des règles fondamentales». Mais, faute d'une réelle prise en compte du processus d'apprentissage de la langue écrite, cet objectif a conduit à des propositions peu satisfaisantes. Nous avons tenté de faire ressortir les caractéristiques les plus marquantes de cette approche qui continuait de s'appuyer sur la grammaire traditionnelle, tout en s'en distinguant dans son mode de traitement.

Pourquoi la grammaire nouvelle n'a-t-elle pas réussi à percer durant cette période? L'une des principales raisons est que les tentatives de l'époque se présentaient comme l'application d'une théorie linguistique sans une adaptation suffisante aux objectifs de la classe de français. Ainsi, en France, l'expérience de la grammaire rénovée a soulevé plus de débats sur la fidélité au modèle, ou sur la valeur respective des courants théoriques en présence, que sur son intérêt pour l'apprentissage des élèves. La situation est différente aujourd'hui: la réflexion didactique a progressé, et nous comprenons mieux le processus par lequel les apprenants s'approprient la langue écrite.

CHAPITRE 4

LA GRAMMAIRE NOUVELLE

*L'école d'aujourd'hui ne peut échapper à
la nécessité de repenser la grammaire.*

Genevay, 1996a., p. 83.

Dans les milieux scolaires, l'arrivée de la nouvelle grammaire a bouleversé les habitudes de nombreux enseignants et a soulevé des protestations chez les uns en même temps que des espoirs démesurés chez les autres. L'expression *grammaire nouvelle* s'est répandue au Québec au niveau secondaire avec l'implantation progressive du programme de français de 1995 et du matériel didactique qui a suivi.

Au primaire, les enseignants entendent parler de *grammaire nouvelle* surtout depuis la réforme des programmes scolaires du MEQ au début des années 2000[1]. Toutefois, encore aujourd'hui, on rencontre des enseignants du primaire qui n'ont pas même entendu l'expression. La formation en grammaire nouvelle est donc fort inégalement répandue dans la province, donc encore inégalement appliquée en classe, ce qui est relativement normal vu l'ampleur du changement et de l'adaptation qu'exige cette réforme dans l'ensemble de la pratique enseignante, et pas seulement en grammaire.

Pourtant, cette grammaire n'est pas aussi nouvelle qu'on le pense. Nous avons vu, dans les chapitres précédents, que le passage de la grammaire traditionnelle à la grammaire nouvelle dans le milieu scolaire s'est étalé sur une longue période qui a débuté au cours des années 1970 dans les pays francophones. Le Québec n'était pas absent de ce courant de rénovation puisque Milot et Primeau (1975, p. 47) parlaient déjà de manipulations linguistiques :

Partant de ces quatre opérations de base (addition, soustraction, substitution, permutation), on peut multiplier les activités linguistiques [...]. Cette façon de faire est la forme d'analyse logique et grammaticale la plus cohérente et la plus productive.

Si la grammaire nouvelle a tant tardé à s'implanter, c'est, d'une part, parce qu'elle a été, à notre avis, insuffisamment expliquée et, d'autre part, parce qu'on l'a appliquée sans l'associer à un véritable renouvèlement des pratiques d'enseignement de la grammaire. À ce sujet, Marie-Christine Paret (2000, p. 54) écrit :

---

1. La timide orientation vers la nouvelle grammaire, présente dans le programme du primaire de 1994, est pour ainsi dire passée inaperçue. Sans y mentionner la phrase de base, une des compétences visées était en effet de « vérifier la présence des constituants obligatoires et l'ordre des mots dans la phrase : [...] un groupe du nom sujet + un groupe du verbe ». (MEQ, 1994, p. 31.)

« Et quand, par le passé on a tenté de changer l'un sans l'autre (dans les années 1970), on a malheureusement constaté peu d'améliorations [dans l'écrit des élèves]. »

Puisqu'il circule encore certaines idées fausses à propos de cette grammaire, la 1re partie du chapitre sera consacrée à *ce que la grammaire nouvelle n'est pas* avant d'aborder *ce qu'elle est*. Ainsi, la grammaire nouvelle n'est ni une série de trucs ni un simple changement de terminologie ; elle présente également des limites et ne prétend pas atteindre la perfection. Dans un deuxième temps, nous traiterons de ce qui caractérise la grammaire nouvelle : ses buts, qui ont évolué par rapport à ceux que poursuivait la grammaire traditionnelle, les manipulations syntaxiques et, enfin, les importantes notions de groupe et de phrase de base. Vu les objectifs poursuivis dans ce manuel, nous n'aborderons malheureusement pas la grammaire du texte, à laquelle on pourrait consacrer un ouvrage complet.

Ce chapitre fournira des explications à propos de la nouvelle grammaire qu'on ne trouve pas habituellement dans une grammaire, afin de mieux comprendre ses fondements et les raisons qui motivent le changement de perspective inhérent à ce courant grammatical. Ce chapitre est donc complémentaire à la lecture ou à la consultation d'un ouvrage de grammaire nouvelle.

4.1 CE QUE LA GRAMMAIRE NOUVELLE N'EST PAS

4.1.1 La grammaire nouvelle n'est pas une série de trucs

Certaines personnes voient à tort la grammaire nouvelle comme une série de trucs ou associent les manipulations (remplacement, déplacement, effacement et ajout) à des « stratégies » pour l'élève, tout en pensant qu'il ne s'agit pas là de « vraie » grammaire (la « vraie » étant toujours la grammaire traditionnelle). Selon cette conception, la grammaire nouvelle n'est donc pas une théorie qui remplace l'ancienne, mais plutôt un ajout à la grammaire traditionnelle.

S'il est vrai que les manipulations deviennent des tests, des procédures au service de l'élève, il n'en reste pas moins important d'acquérir une compréhension approfondie de la construction des phrases et des relations au sein d'un groupe de mots et entre les groupes ou constituants de la phrase. Seule une compréhension qui intègre et relie les connaissances grammaticales entre elles permet de résoudre des problèmes d'écriture, qu'il s'agisse de marquer des accords ou de formuler une idée. Nous avons vu, au chapitre 3, que l'application de trucs sans liens établis avec le fonctionnement général de la phrase et sans connaissances grammaticales organisées ne permettait pas d'atteindre une réelle compétence à l'écrit (*voir* l'encadré 4.2 et le chapitre 5).

4.1.2 La grammaire nouvelle n'est pas un simple changement de terminologie

La personne qui reçoit une formation de quelques heures seulement en grammaire nouvelle arrive souvent au constat qu'il s'agit d'une simple substitution d'étiquettes menant à bien peu de réels changements. Cette première impression est sans doute attribuable au fait que certains termes de la grammaire traditionnelle ont été modifiés alors qu'ils réfèrent toujours aux mêmes notions.

Pourtant, même si de nombreux termes restent les mêmes (on parle toujours de noms, de verbes, de temps et de mode, de subordonnée, de coordination, de phrases interrogative, exclamative, déclarative, etc.), certaines notions ne sont plus exactement ce qu'elles étaient, et d'autres sont complètement nouvelles. Sans être exhaustif, nous examinerons ci-dessous quelques termes équivalents en grammaire traditionnelle et nouvelle afin d'expliquer ce qui a motivé l'adoption de la nouvelle terminologie. Nous traiterons ensuite de quelques termes qui ne sont pas équivalents, tandis que nous nous pencherons sur les notions tout à fait nouvelles, comme celle de phrase de base, dans la deuxième partie du chapitre.

4.1.2.1 De nouveaux termes pour des notions équivalentes

En grammaire nouvelle, on ne fait pas référence aux caractéristiques sémantiques des notions grammaticales. Certains termes ont donc changé, comme le montre le tableau 4.1.

Tableau 4.1   Quelques termes équivalents en grammaire traditionnelle et nouvelle

Grammaire traditionnelle	Grammaire nouvelle
Nature d'un mot	Classe d'un mot
Adjectif qualificatif	Adjectif
Articles Adjectifs possessifs, démonstratifs, numéraux, indéfinis, etc.	Déterminants (subdivisés en déterminants définis, indéfinis, possessifs, démonstratifs, numéraux, etc.)
Verbe d'état (verbe copule, dans Grevisse)	Verbe attributif
Complément d'objet direct (COD)	Complément direct (CD)

On parle de la *classe* d'un mot au lieu de sa « nature », car ce terme traditionnel laissait croire que la « nature » était intrinsèque au mot et non variable selon le contexte syntaxique. Le terme *classe* de mots est plus neutre.

En regroupant les « articles » et les « adjectifs » autres que « qualificatifs » dans la classe des *déterminants*, l'ajout de « qualificatif » n'est plus nécessaire pour désigner la classe des *adjectifs*.

Les « verbes d'état » deviennent des *verbes attributifs* tout simplement parce qu'il s'agit de verbes qui peuvent être complétés d'un attribut. Nous avons vu au chapitre 2 à quel point la référence à une notion sémantique comme « l'état », par rapport à « l'action », pouvait générer des erreurs d'analyse.

Enfin, on ne fait plus référence à « l'objet » pour parler des *compléments du verbe*. Le *complément* est *direct* lorsqu'il est construit directement, c'est-à-dire sans préposition pour l'introduire (ex. : *Max regarde le paysage.*). Le *complément* est *indirect* lorsqu'il est formé d'un *groupe prépositionnel* (ex. : *Max rêve de voyager. Max pense à son père malade.*). Toutefois, le *complément indirect* en grammaire nouvelle ne correspond pas en tous points à l'ancien complément « d'objet » indirect, comme nous l'expliquons à la section suivante.

4.1.2.2 De nouveaux termes pour des notions modifiées

Les traditionnels compléments « d'objet » indirect (« COI ») et compléments « circonstanciels » n'équivalent pas tout à fait aux *compléments indirects* et *compléments de phrase* de la nouvelle grammaire.

Si l'on peut dire que tous les anciens « COI » sont des compléments indirects (CI), l'inverse n'est pas vrai : certains compléments indirects de la grammaire nouvelle étaient considérés comme des compléments « circonstanciels » en grammaire traditionnelle. Par exemple, les groupes soulignés dans les phrases suivantes étaient des « circonstanciels » de lieu (répondant à la question *où ?*) ; en grammaire nouvelle, ils sont compléments indirects :

Les jeunes vont <u>à l'école</u>.
CI
Pierre-Luc met du bois <u>dans le foyer</u>.
CI

Encadré 4.1   CI et CdeP : une idée qui germait déjà en 1898

Chervel rapporte qu'un professeur de Lycée, Peine, dans une publication de 1898, remarquait que les questions pour identifier les compléments circonstanciels étaient insuffisantes. Il distinguait déjà, à sa manière, le CI et le CdeP.

Ce professeur, dit Chervel, soulignait « la différence de fonctionnement entre "Je vais à Lyon" et "Mon père est tombé malade à Lyon". [...] En bonne logique, il fallait opposer, montrait l'auteur, des compléments indirects de lieu [1er exemple] à des compléments circonstanciels de lieu [2e exemple], et refuser à la question *où ?* sa fonction discriminante ».

Source : Chervel, 1977, p. 179-180.

On distingue en effet les compléments du verbe, qui peuvent être directs ou indirects (à moins qu'il ne s'agisse d'un attribut), et les compléments de phrase qui sont mobiles et facultatifs. Ainsi, les groupes *à l'école* et *dans le foyer* ne sont pas des compléments de phrases, car le résultat d'une manipulation d'effacement donne des phrases mal construites :

> **Les jeunes vont.*
>
> **Pierre-Luc met du bois.*

Par contre, dans les phrases suivantes, ces mêmes groupes ont la fonction de complément de phrase (CdeP), et le test de l'effacement révèle leur caractère facultatif, car le résultat de la manipulation reste une phrase bien construite :

> *Les jeunes apprennent la grammaire <u>à l'école</u>.*
> CdeP
>
> Les jeunes apprennent la grammaire.
>
> *Le feu crépite <u>dans le foyer</u>.*
> CdeP
>
> Le feu crépite.

Une manipulation de déplacement permet aussi de distinguer le CI du CdeP dans de nombreux cas. Par exemple, le déplacement du CdeP laisse la phrase bien construite :

> *Les jeunes apprennent la grammaire <u>à l'école</u>.*
> <u>À l'école</u>, les jeunes apprennent la grammaire.
> CdeP

Mais le déplacement du CI est inacceptable ou, du moins, incongru. Ainsi, on ne dirait pas :

> **<u>À l'école</u>, les jeunes vont.*
> CI

Toutefois, il n'est pas toujours aisé de distinguer le CI du CdeP. Le déplacement d'un CI parait parfois acceptable à certains locuteurs, ou les laisse perplexes :

> **[?]Dans le foyer, Pierre-Luc met du bois[2].*
> Cela se dit-il ?

Cette limite de la manipulation de déplacement pour distinguer les CI des CdeP nous amène à nuancer une autre idée fausse à propos de la grammaire

---

2. Le symbole * [?] devant la phrase indique qu'on doute de sa bonne construction sans être certain de sa mauvaise construction. La manipulation est alors inefficace pour décider si la phrase est bien construite.

nouvelle, venant cette fois de ses plus fervents adeptes : elle ne fournit pas un cadre parfait d'analyse permettant de décrire toutes les phrases du français. Nous verrons à la section suivante qu'une troisième manipulation est nécessaire pour distinguer ces deux notions.

4.1.3 La grammaire nouvelle n'est pas parfaite

Une grammaire française parfaite consisterait en un ensemble de règles permettant de rendre compte de n'importe quelle phrase correcte du français, et seulement des phrases correctes. Une telle grammaire est une utopie ; aucune langue ne se laisse ainsi enfermer dans un cadre aussi strict, à moins qu'il ne s'agisse d'une langue artificielle, comme l'espéranto, dont les règles ont été créées avant la langue elle-même[3] ! Nous l'avons vu au chapitre 1, une grammaire est une tentative pour décrire une langue, puisque les langues existaient bien avant qu'on en cherche leur grammaire.

Grâce à la rigueur de ses notions et des manipulations, la grammaire nouvelle permet de rendre compte plus adéquatement et plus complètement que la grammaire traditionnelle d'un grand nombre de phrases du français. Elle n'en reste pas moins un cadre de description avec ses limites, comme toute théorie dans n'importe quel autre domaine. Pensons aux lois physiques associées à de nombreux phénomènes dans l'univers, mais incapables d'expliquer tout l'univers – si c'était le cas, la recherche dans ce domaine n'aurait plus sa raison d'être.

Ainsi, avec la grammaire nouvelle, les difficultés d'analyse ou de construction de phrases ne disparaissent pas toutes ! Divers courants théoriques existent en linguistique, et, bien que les auteurs de nouvelles grammaires scolaires recherchent le plus possible les descriptions qui font consensus parmi les linguistes, ils effectuent toujours certains choix par rapport à ces descriptions.

Selon Marie-Christine Paret (2000, p. 54), « l'étiquette *nouvelle grammaire* est un terme pratique pour regrouper ce qui dans les nouvelles connaissances sur la langue peut constituer un corps de concepts et de critères valables pour l'école ».

Pour certains faits de langue, la réalité est si complexe qu'une transposition didactique s'avère nécessaire. Le cas du complément indirect et du complément de phrase illustre bien ce fait. Revenons-y.

Les manipulations d'effacement et de déplacement ne mènent pas toujours à des résultats permettant de distinguer avec certitude les CI des CdeP. En effet, nous avons vu que le déplacement d'un CI peut paraitre acceptable à certains locuteurs :

  * ?*Dans le foyer*, Pierre-Luc met du bois.
   CI

---

3. Toute langue est vivante, elle est parlée par des locuteurs qui la transforment imperceptiblement en l'utilisant. Une langue n'est jamais dans un état d'équilibre total.

Il arrive également que certains CI soient effaçables, car le verbe dont ils dépendent peut aussi être employé seul, sans complément, tout en prenant un sens quelque peu différent ; par exemple :

> *Pierre-Luc parle à son professeur.*
> *Pierre-Luc parle.*

Tout enseignant se trouve rapidement confronté à ce problème dès qu'il aborde les notions de CI et de CdeP avec ses élèves, ce qui le laisse perplexe quant à cette nouvelle grammaire. En réalité, la frontière entre les compléments du verbe et ceux de la phrase n'est pas toujours claire ; il s'agit bien ici d'une véritable zone grise de la description grammaticale. À ce propos, Béguelin (2000, p. 143), qui consacre tout un chapitre à ces compléments, écrit que « le statut syntaxique assigné aux anciens "circonstanciels" n'est pas explicité de manière suffisamment précise, et reste, un peu partout, le parent pauvre des descriptions».

Dans la langue, les compléments se présentent plutôt sur un continuum : à une extrémité, on trouve des compléments fortement liés au verbe (on pourrait dire commandés par le verbe). Par exemple :

> *Axelle ressemble <u>à sa sœur</u>.*   *Léo démolit <u>son bonhomme de neige</u>.*

À l'autre extrémité du continuum se trouvent les compléments libres par rapport au verbe[4] :

> *Luc va à Toronto <u>tous les 15 jours</u>.*
> *<u>Dans les Laurentides</u>, il y a un risque de gel au sol.*

Et, entre les deux extrémités, il y a «toutes sortes de cas intermédiaires», selon Guimier (1993, p. 15). La phrase suivante présente un de ces cas où le groupe complément est effaçable, mais pas vraiment mobile :

> *Elle boit son thé <u>avec du citron</u>.*

Pour mieux distinguer les CI des CdeP, une troisième manipulation, assez sophistiquée, est présentée dans certaines grammaires dès le secondaire. On l'appelle le dédoublement par *et cela se passe* ou encore par *et il le fait*. Dans le dédoublement, ces expressions, qu'on insère entre le verbe et le complément, permettent de vérifier le degré de lien entre les deux. Autrement dit, l'une ou l'autre de ces expressions est une paraphrase qui remplace le groupe sujet et le groupe verbe de la phrase testée, mais non le complément de phrase. Si, par ce test, le complément se détache, c'est qu'il n'est pas lié au verbe, comme le montre

---

4. Béguelin (2000), qui s'appuie sur les recherches de Wilmet (1997), propose même des compléments totalement libres par rapport à la phrase entière. Ces compléments sont dits « non intégrés à la phrase» ; par exemple (p. 147-148) : «<u>À mon avis</u>, c'est trop salé. » ; «<u>En principe</u>, Pierre est là le mardi. » En grammaire nouvelle, du moins dans sa version québécoise, ces compléments sont considérés comme des compléments de phrase.

l'application du dédoublement sur les phrases pour lesquelles il était difficile de distinguer le CI du CdeP par l'effacement ou le déplacement.

Exemple 1 : *Le feu crépite <u>dans le foyer</u>*.

Application de la manipulation : *Le feu crépite, et cela se passe <u>dans le foyer</u>*.

Le groupe *<u>dans le foyer</u>* est un complément de phrase ci-dessus, car le dédoublement avec « et cela se passe » donne une phrase bien construite. Du point de vue du sens, il est clair ici que le complément a une portée sur l'ensemble de la phrase.

Exemple 2 : *Luc met du bois <u>dans le foyer</u>*.

Application de la manipulation : **Luc met du bois, et cela se passe <u>dans le foyer</u>*.

**Luc met du bois, et il le fait <u>dans le foyer</u>*.

Le groupe *<u>dans le foyer</u>* n'est pas un complément de phrase ci-dessus, car le dédoublement donne des phrases mal construites. Il s'agit bien d'un complément indirect du verbe. Ce CI est même obligatoire, commandé par le verbe mettre (on met quelque chose quelque part).

Exemple 3 : *Elle boit son thé <u>avec du citron</u>*.

Application de la manipulation : **Elle boit son thé, et cela se passe avec du citron.*

*?Elle boit son thé, et elle le fait avec du citron.

Le groupe *<u>avec du citron</u>* est également un CI, car le dédoublement avec « et cela se passe » forme une phrase mal construite. Certains s'interrogeront peut-être sur le résultat du dédoublement par « et elle le fait ». Ce CI est facultatif dans une construction avec le verbe boire.

Pour classer les divers compléments, des linguistes comme Hirschbüler et Labelle (1994) font appel à six manipulations qui ne s'avèrent pas totalement satisfaisantes, ce qui démontre bien la complexité des faits de langue et explique la nécessité de faire des choix lorsqu'il s'agit des grammaires scolaires. On peut aussi mieux comprendre que, d'un auteur à l'autre, les choix puissent être différents et donc qu'il existe *des* grammaires et non *une* grammaire. Heureusement, personne n'a encore songé à intégrer toutes ces manipulations dans une grammaire scolaire !

Dans la nécessaire transposition didactique, il faut justement songer aux buts poursuivis. Les élèves ont-ils besoin de tout analyser en étiquetant parfaitement chacun des compléments ? Non, car on ne fait pas de la grammaire dans le seul but de démonter les mécanismes de la langue, mais plutôt pour mieux maitriser l'écrit. Dans ce cas, l'enseignant doit-il éviter l'analyse de toute phrase potentiellement litigieuse par crainte de se retrouver sans « bonne réponse » à fournir ? Non plus ! Au contraire, en classant un grand nombre de compléments à l'aide de quelques manipulations, les élèves pourront justement observer le continuum dans la réalité de la langue : il y aura les compléments qui sont clairement des CdeP, ceux qui sont clairement CD et CI (il s'agit des compléments commandés par le verbe) et, enfin, ceux qui posent un problème ou pour lesquels les avis divergent dans la classe. Les élèves pourront ainsi prendre conscience que ce sont justement les CdeP clairement déterminés qu'on trouve souvent en début de phrase, et beaucoup plus rarement, voire jamais, les cas litigieux ; cela confirme qu'il s'agit plutôt dans ces cas de compléments du verbe. Ils pourront également observer que les CD et CI repérés de façon non équivoque donnent une phrase mal construite lorsqu'on les oublie, à moins d'un changement de sens du verbe (*Sophie boit du thé. Sophie boit.*). De plus, une telle activité leur fera prendre conscience que la grammaire n'est pas un livre sacré contenant toutes les règles et exceptions, mais bien un outil permettant d'observer le fonctionnement de la langue.

En mettant l'accent sur l'analyse des constructions régulières plus que sur les exceptions, en se servant de critères malgré tout plus rigoureux que ceux de la grammaire traditionnelle (*voir* les notions de complément « d'objet » et de complément « circonstanciel » au chapitre 2), la nouvelle grammaire présente d'indéniables avantages, mais les difficultés exposées ci-dessus illustrent bien qu'elle ne les aplanit pas toutes. Ce changement de cadre théorique grammatical pour l'école ne constitue en rien une simplification de la langue elle-même.

Cette 1re partie du chapitre cherchait à expliquer ce que la grammaire nouvelle n'est pas, ce qui nous a conduit à en exposer quelques particularités. Il convient maintenant d'aborder ce qui la caractérise vraiment.

4.2. AU CŒUR DE LA NOUVELLE GRAMMAIRE

La grammaire qu'on qualifiera sans doute longtemps de *nouvelle* s'inscrit dans la continuité. En effet, le courant de rénovation de la grammaire n'est pas terminé puisque la grammaire nouvelle elle-même a évolué depuis 30 ans. Celle des années 1970 touchait avant tout la grammaire de la phrase, la syntaxe. Celle des années 1990 comporte toujours cette orientation, mais elle s'est enrichie d'une composante textuelle ou *grammaire du texte*, qui traite de phénomènes grammaticaux entre les phrases (par exemple, la reprise de l'information, les liens entre phrases, la structure du texte).

Elle s'inspire des résultats de l'étude scientifique de la langue, mais elle a muri en s'adaptant aux besoins des élèves et des buts poursuivis par l'école. Elle continuera son évolution en lien avec cette discipline scientifique, mais aussi à la lumière des connaissances sur l'enseignement/apprentissage, sur la réalité de la classe et les exigences ou les besoins de la société.

Nous commencerons par expliquer en quoi la grammaire nouvelle peut faire partie des solutions pour mieux adapter l'enseignement de l'écrit aux exigences de la société actuelle. Les principales caractéristiques de la grammaire nouvelle seront ensuite exposées afin de pouvoir reconnaitre rapidement un ouvrage qui se situe dans ce courant théorique parmi ceux tout aussi récents que Lebrun et Boyer (2004) qualifient d'hybrides. Enfin, nous nous attarderons à quelques notions clés en grammaire nouvelle qui n'existaient pas dans les grammaires traditionnelles, soit les manipulations, les groupes de mots et la phrase de base, pour en montrer les liens avec la lecture et l'écriture.

4.2.1 Les buts de la grammaire nouvelle

Nous avons vu, au chapitre 1, que la grammaire scolaire du français est née du désir de mieux faire comprendre la grammaire du latin et qu'elle a ensuite évolué pour répondre essentiellement à des besoins pédagogiques, en puisant à diverses sources, sans grande rigueur théorique. La démocratisation de l'enseignement et l'évolution de la société présentent aujourd'hui de nouveaux défis au monde de l'éducation :

- la réussite sociale (ou son maintien) passe par une scolarisation de plus en plus poussée et continuellement à renouveler ;
- les écoles font face à un nouveau phénomène en lien avec la croissance de l'immigration ; de plus en plus d'élèves sont scolarisés dans une langue autre que leur langue première ;
- la mondialisation de l'économie rend la maitrise de langues étrangères de plus en plus nécessaire.

La maitrise de l'écrit dans toutes ses dimensions joue un rôle important dans la réussite scolaire et l'opinion publique s'émeut régulièrement des « pauvres » performances des élèves dans ce domaine. C'est en cherchant à répondre à ces nouveaux besoins ou à ces diverses pressions sociales que la nouvelle grammaire a été implantée à l'école.

En outre, la grammaire nouvelle vise à amener les élèves à comprendre le fonctionnement de la langue, à la percevoir comme un système. Mais en quoi cela peut-il contribuer à une meilleure compétence à l'écrit ? En fournissant des outils comme les manipulations ou la notion de *phrase de base* et ses constituants, la grammaire nouvelle permet d'analyser la structure des phrases autant que les relations d'accords grammaticaux. Des recherches ont montré que la conscience des structures de la langue joue un rôle important tant en lecture, pour la compréhension de textes, qu'en écriture (Gaux et Gombert, 1999 ; Nadeau et collab., 2005 ; Westby, 2004). Ces recherches sur la conscience métalinguistique seront présentées plus en détail au chapitre 6. Elles révèlent que, d'une part, l'enseignement de la grammaire doit poursuivre des buts qui vont au-delà de la maitrise des accords, pour se mettre au service de l'écrit dans toutes ses dimensions et, d'autre part, que la maitrise des accords ne peut être atteinte sans développer chez le scripteur un certain degré de conscience métalinguistique. Il s'avère donc nécessaire de manipuler concrètement des structures de phrases, et ce, dès les premières années du primaire. Pour Brissaud et Bessonnat (2001, p. 126), maitriser l'orthographe grammaticale, c'est :

> *[...] être capable de produire les formes normées attendues, d'identifier en révision les classes de mots sujets à débat mais aussi et surtout d'effectuer à ce moment-là les opérations d'analyse pertinentes (substitution, permutation, analyse distributionnelle) pour sélectionner la graphie qui convient. Partant de là, le travail de l'enseignant doit aider au développement d'une compétence métalinguistique, d'une aptitude à raisonner sur la langue que l'élève soit en mesure de mobiliser à chaque fois qu'il est en situation de révision de ses productions écrites.*

Un scripteur doit donc avoir une vue d'ensemble de la construction de phrase pour maitriser l'écrit ; il doit savoir articuler un ensemble de connaissances grammaticales, sinon, cela engendre des erreurs (*voir* l'encadré 4.2).

Encadré 4.2 La nécessité d'une vue d'ensemble de la phrase pour résoudre des problèmes grammaticaux

Un garçon de 6e année a écrit la phrase suivante dans son texte :

Dans la revue Vidéo-Presse, *j'ai lue que les baleines étaient des mammifères.*

Avec quoi a-t-il accordé le participe passé *lu* ? On découvre en le questionnant sur son erreur qu'il a appliqué parfaitement bien la procédure traditionnelle pour l'accord du participe passé avec avoir et « COD » devant :

J'ai lu quoi ? ... la revue.

En travaillant avec la nouvelle grammaire, on sait que le CD est souvent un groupe du nom, mais ici, *revue* se trouve dans un groupe prépositionnel, d'où l'importance de reconnaitre les groupes dans la phrase. De plus, le test d'effacement ou celui du déplacement permet d'identifier la fonction CdeP du groupe *Dans la revue* Vidéo-Presse.

Appliquer une procédure traditionnelle de façon isolée, déconnectée des autres notions grammaticales, mène à ce genre de résultat, ce qui est très décourageant pour l'élève qui a fait des efforts sans en être récompensé. Cela conduit de nombreux élèves à capituler devant les difficultés.

Les manipulations de la nouvelle grammaire constituent un moyen concret pour aborder l'étude des structures du français et en comprendre les mécanismes ; elles s'avèrent également utiles dans l'apprentissage des autres langues, tant pour les allophones scolarisés en français que pour les francophones qui apprennent d'autres langues. Comme le mentionne Chartrand (1996, p. 71) :

> *Faciliter l'accès aux langues secondes constitue également un objectif à privilégier. Il est évident que le fait d'avoir réfléchi sur sa langue amène à prendre conscience que tout langage est régi par des structures. On peut retrouver certaines d'entre elles dans les autres langues, bien que chacune connaisse des lois spécifiques.*

Avec la nouvelle grammaire, l'élève acquiert surtout une manière d'aborder l'étude des structures d'une langue grâce à des outils qui peuvent être transposés à l'étude d'une autre langue (*voir* l'encadré 4.3).

Encadré 4.3 Les programmes d'éveil aux langues

Des chercheurs européens (Candelier, 2003 ; Dabène, 1992 ; De Pietro, 1999 ; Hawkins, 1992) considèrent la grammaire comme une « matière-pont » entre l'étude de la langue maternelle et l'apprentissage des langues étrangères. Ils ont développé ce qu'on appelle les programmes d'éveil aux langues. Il s'agit d'activités d'observation et de réflexion sur des faits langagiers dans diverses langues en même temps, par exemple sur le genre (De Pietro, 1999), ou les onomatopées (pour le préscolaire). Le but de telles activités n'est pas d'enseigner à parler ou à écrire ces langues, mais d'éveiller la conscience métalinguistique des élèves et leur curiosité pour le fonctionnement du langage, tout en leur fournissant une méthode rigoureuse d'analyse des langues qui en facilite l'apprentissage, qu'il s'agisse de langues maternelles ou étrangères. De plus, ces activités, en valorisant la diversité linguistique, ont également pour but de faciliter l'intégration des élèves allophones. Dans le contexte européen, des programmes d'éveil aux langues sont maintenant implantés dans de nombreuses écoles avec succès (Candelier, 2003)[5].

Enfin, la grammaire nouvelle traite de phénomènes grammaticaux entre les phrases, des procédés qui font qu'un véritable texte se distingue d'une suite de phrases décousues. De nombreux éléments de la grammaire de la phrase entretiennent des liens avec le texte, liens que la grammaire scolaire traditionnelle n'établissait pas explicitement. En voici quelques exemples :

- le rôle des déterminants possessifs et démonstratifs pour la reprise de l'information (*La forêt laurentienne… Sa faune… Sa flore…* ; *Le béluga… Cette petite baleine blanche…*) ;

---

5. Pour approfondir le sujet, nous conseillons la consultation de quelques sites sur l'éveil aux langues : http://jaling.ecml.at ; www.eveilauxlangues.be ; www.elodil.com.

- la construction de phrases avec des connecteurs variés : des connecteurs introduisant le même lien de sens n'entrent pas nécessairement dans les mêmes constructions ; certains peuvent être déplacés, d'autres non, etc. (ex. : *parce que* et *car* ou *mais* et *pourtant*) ;

- le déplacement en début de phrase d'un CdeP comme marque de l'organisation du texte.

Grâce à ces liens explicites, la grammaire se rapproche davantage de la lecture et de l'écriture de textes, ce qui contribue à une meilleure maitrise de l'écrit. La nouvelle grammaire est donc mieux adaptée aux objectifs de l'école et de la société en mutation.

Puisque certains ouvrages de grammaire publiés depuis une dizaine d'années présentent encore, du moins en partie, des caractéristiques traditionnelles, la prochaine section sera consacrée aux caractéristiques d'un ouvrage de grammaire nouvelle afin de pouvoir exercer un choix éclairé.

4.2.2 À quoi reconnait-on une grammaire nouvelle ?

Nous avons déjà dit que l'expression *grammaire nouvelle* est employée dans le milieu scolaire uniquement. « Ce qui guide les auteurs de ces grammaires, disent Lebrun et Boyer (2004, p. 157), est généralement la grammaire structurale et la grammaire générative et transformationnelle, deux théories linguistiques bien connues depuis au moins la fin des années soixante. » Ces mêmes auteurs (p. 157) en fournissent quelques caractéristiques aisément observables :

> [...] *une grammaire d'inspiration rénovée se préoccupe plus de syntaxe et [...] introduit la grammaire de texte. Disons également que ce type de grammaire préfère utiliser les définitions morphosyntaxiques des catégories grammaticales aux définitions sémantiques.*

Reprenons ces critères un à un. La présence d'une section sur la grammaire du texte et la part majoritaire réservée à la syntaxe sont repérables à la consultation de la table des matières de l'ouvrage. Si l'on examine quelques grammaires nouvelles destinées à l'enseignement au secondaire, on constate que dans la *Grammaire pédagogique du français d'aujourd'hui*, de Chartrand, Aubin, Blain et Simard (1999), la partie sur la grammaire de la phrase occupe environ 56 % de l'ouvrage. Les catégories de mots y sont intégrées, dans des chapitres qui traitent aussi des groupes ; par exemple, le chapitre 19 s'intitule « Le verbe et le groupe verbal ». Un chapitre présente le système des accords. Dans *Construire la grammaire* de Boulanger, Francoeur-Bellavance et Pepin (1999), cette même partie sur la syntaxe représente 69 % de l'ouvrage. Dans *Ouvrir la grammaire* de Genevay (1996b.), la syntaxe représente 45 % de l'ouvrage et les classes de mots se trouvent dans une section différente qui occupe seulement 15 % du volume.

Dans ces trois grammaires, une partie est consacrée à la grammaire du texte et occupe de 10 à 20 % de l'ouvrage.

Au primaire, étant donné l'âge des élèves et les contenus grammaticaux plus limités dans les programmes d'études, les ouvrages ne consacrent pas autant d'espace à la syntaxe[6] que ceux du secondaire, mais contiennent tout de même une partie sur le texte. L'emploi de la nouvelle terminologie[7] (*voir* la section 4.1.2) est également essentiel, mais ne garantit pas d'avoir affaire à une véritable grammaire nouvelle. Encore faut-il que les notions soient traitées dans l'esprit de ce courant grammatical. Un examen plus attentif de quelques notions à la section suivante permettra de vérifier ces critères : l'insistance sur les caractéristiques morphologiques et syntaxiques plutôt que sémantiques pour définir les classes de mots et l'utilisation des manipulations. Il en résulte un ensemble d'informations sur chaque notion au lieu d'une définition sémantique réduite, accompagnée ou non d'une procédure unique comme dans les grammaires simplifiées d'inspiration traditionnelle, tel que nous l'avons vu au chapitre précédent.

4.2.3 Des définitions sur la base de la syntaxe et de la morphologie

Avant de fournir quelques exemples extraits de grammaires nouvelles du primaire, il convient de préciser ce que sont la syntaxe et la morphologie (*voir* l'encadré 4.4). La morphologie concerne la forme des mots, par exemple les terminaisons du verbe selon le temps et le mode, les modifications de l'adjectif selon le genre et le nombre. La syntaxe concerne la structure des phrases, la position des mots ou des groupes de mots les uns par rapport aux autres.

| **Encadré 4.4** | La syntaxe et la morphologie pour comprendre les relations entre les mots |

Toutes les langues expriment des relations entre les mots ; pour cela, elles peuvent avoir recours à des moyens morphologiques ou à des moyens syntaxiques, comme le montrent ces exemples du français et du russe.

En français, les phrases suivantes ont un sens très différent :

L'enfant suit le chien.   ≠   *Le chien suit l'enfant.*   >>>

---

6. Par exemple, dans la *Grammaire du 3ᵉ cycle* (Nadeau et Trudeau, 2003), 23 % de l'ouvrage est consacré à la construction des phrases et 40 % aux accords, partie dans laquelle les catégories de mots sont traitées. Dans la *Grammaire de base* (Chartrand et Simard, 2000), la syntaxe occupe seulement 10 % de l'ouvrage, 50 % étant consacré aux classes de mots.

7. C'est-à-dire les déterminants (sans mention des « adjectifs » possessifs, par exemple), les adjectifs (sans mention de « qualificatif »), les compléments directs et indirects (sans mention d'« objet ») et les compléments de phrase (sans mention de « circonstanciel »). Également, la *phrase de base* et les *groupes*, au moins pour le groupe du nom et le groupe du verbe dans les ouvrages du primaire.

> C'est l'ordre ou la position préverbale du sujet qui permet à un francophone de comprendre qui suit l'autre dans ces phrases. Le français est donc une langue dans laquelle la fonction sujet est marquée par un moyen syntaxique.
>
> En russe, la fonction sujet est exprimée au moyen de la morphologie : un suffixe indique si un nom est sujet ou complément (comme les déclinaisons en latin). Ainsi, les deux phrases russes suivantes ont un sens identique (L'enfant suit le chien.) même si les noms se trouvent dans l'ordre inverse :
>
> *Rebionok sleduyet za sobakoy.* = *Za sobakoy sleduyet rebionok.*
>
> | [enfant | [suit] | [chien | [chien | [suit] | [enfant |
> | +fonction | | +fonction | +fonction | | +fonction |
> | sujet] | | complément] | complément] | | sujet] |
>
> Pour exprimer le sens inverse en russe (Le chien suit l'enfant.), il faut changer les suffixes qui indiquent la fonction.

Source : Adapté de Nadeau et Trudeau, 2003, p. 60.

Nous présentons, dans les sections qui suivent, quelques exemples de définitions adaptées de grammaires nouvelles du primaire : la classe des verbes, celle des adjectifs puis la fonction de sujet.

4.2.3.1 La définition du verbe en grammaire nouvelle

En ce qui concerne la notion de verbe, la *Grammaire de base* (Chartrand et Simard, 2000) affiche cinq caractéristiques[8].

1. Une caractéristique morphologique : la conjugaison

   Le verbe est le seul mot qui se conjugue.

   Le verbe se conjugue, c'est-à-dire que sa forme change :
   - *selon la personne du sujet [...]*
   - *selon le nombre du sujet [...]*
   - *selon le temps [...].*

   (Adapté de Chartrand et Simard, 2000, p. 100.)

2. Une caractéristique syntaxique : l'emploi du verbe avec les mots de négation

   Les mots de négation ne ... pas *s'emploient seulement avec le verbe.*

   Elle **ne** fête **pas** son anniversaire. [...]

   Ne pas courir. [...]

---

8. Dans une grammaire pour le secondaire, les caractéristiques du verbe sont davantage développées. Par exemple, elles occupent plus de cinq pages dans *La grammaire pédagogique du français* de Chartrand et collab., 1999.

On ne peut pas employer ne … pas *avec un mot d'une autre classe, par exemple avec un nom.*

Ma fête est le 30 mai.

*Ma **ne** fête **pas** est le 30 mai.

(Adapté de Chartrand et Simard, 2000, p. 100.)

3. Une autre caractéristique syntaxique : la position du verbe dans la phrase

Le verbe suit généralement le groupe du nom ou le pronom qui a la fonction de sujet de la phrase.

Groupe du nom	*Verbe*	
Hassan	**va**	au palais du roi.

Pron.	*Verbe*	
Il	**voit**	les gardes devant la porte.

(Adapté de Chartrand et Simard, 2000, p. 101.)

4. Une caractéristique morphologique : le verbe comme receveur d'accord

*Le verbe reçoit la personne et le nombre du pronom sujet ou du nom qui est le noyau du groupe du nom sujet. C'est pour cela qu'on dit qu'il est un **receveur** (**R**).*

D^9 *Pron.(1re pers. pl.)*   **D** *Nom (3e pers. pl.)*

Nous **voyagerons** en train.   Des génies **attaquent**.

  R Verbe (1re pers. pl.)   *R Verbe (3e pers. pl.)*

(Adapté de Chartrand et Simard, 2000, p. 101.)

5. Les caractéristiques sémantiques du verbe

Le verbe a différents sens, il peut exprimer :
- *une action concrète :* courir
- *une activité de la pensée :* comprendre
- *une émotion, un sentiment :* aimer
- *un fait : Son odorat lui* permet *de trouver la chambre des femmes.*
- *l'attribution d'une qualité à ce que désigne le sujet de la phrase :* Hassan est *invisible.*

Le verbe peut aussi situer un évènement à différents moments (présent, passé et avenir).

(Adapté de Chartrand et Simard, 2000, p. 101-102.)

---

9. D est le symbole pour Donneur : le donneur transmet des caractéristiques (de personne, de nombre ou de genre) au receveur (R). Dans toute règle d'accord, il y a un donneur et un receveur.

4.2.3.2 La définition de l'adjectif en grammaire nouvelle

Concernant l'adjectif, la *Grammaire du 3ᵉ cycle, pour apprendre, s'exercer, consulter* (Nadeau et Trudeau, 2003) présente les informations suivantes dans un chapitre sur l'accord dans le groupe du nom :

1. Une caractéristique sémantique :

    « L'adjectif est une classe de mots qui sert à décrire ou à préciser un nom. » (Nadeau et Trudeau, 2003, p. 248.)

2. Une caractéristique syntaxique : la position de l'adjectif dans le groupe du nom (l'attribut est traité dans le groupe du verbe).

    Les positions de l'adjectif dans le GN :

    1. Devant le nom (ou entre le déterminant et le nom).　　*2. Après le nom, à sa droite.*

    Sa **petite** sœur tire sur la **jolie** guirlande **artisanale.**

    Dét.　A　　N　　　　Dét. A　　　N　　　A
    ⎵⎵⎵⎵⎵⎵⎵⎵⎵⎵⎵⎵⎵⎵⎵⎵⎵⎵⎵⎵⎵⎵⎵⎵⎵⎵⎵⎵
    　　　GN　　　　　　　　　　　GN

    (Adapté de Nadeau et Trudeau, 2003, p. 248.)

3. Une caractéristique morphologique : son accord, comme receveur du genre et nombre du nom

    L'adjectif s'accorde en genre et en nombre avec le nom qu'il décrit dans le groupe du nom.

    > *Le nom féminin singulier donne ses caractéristiques aux adjectifs du groupe.*　　*Les adjectifs du GN reçoivent le genre féminin et le nombre singulier du nom qu'ils décrivent.*

    La joli**e** **guirlande** artisanal**e**

    Dét. A　　　N　　　A

    (Adapté de Nadeau et Trudeau, 2003, p. 248.)

4. Une autre caractéristique morphologique : les différences de genre et de nombre à l'oral et à l'écrit

À l'oral, la variation de l'adjectif...			
en genre (du masculin au féminin)		**en nombre (du singulier au pluriel)...**	
s'entend souvent	ne s'entend pas	s'entend parfois	ne s'entend pas
vert → verte	naturel → naturelle	amical → amicaux	vert → verts
grand → grande	mondial → mondiale	oral → oraux	verte → vertes
amusant → amusante	noir → noire		long → longs
rond → ronde	rouge → rouge*		longue → longues
long → longue	pédestre → pédestre*		peureuse → peureuses
sec → sèche			peureux → peureux*
vilain → vilaine			
méchant → méchante			
gros → grosse			

* Parfois, il n'y a pas de différence à l'écrit.

(Adapté de Nadeau et Trudeau, 2003, p. 248.)

5. Une procédure pour identifier les adjectifs qui met à profit deux caractéristiques de cette classe de mots, l'une syntaxique (sa position), l'autre morphologique (sa variation en genre).

Un test pour vérifier qu'un mot est un adjectif.

On utilise deux caractéristiques de l'adjectif :

1. *L'adjectif se dit bien **autour d'un nom** (même si, dans la phrase, il n'est pas collé au nom).*

2. *L'adjectif, qui **varie en genre,** peut se dire avec un nom masculin et avec un nom féminin (on entend souvent la différence).*

On fait le test avec quelques noms masculins et féminins qu'on connait bien : une personne, un personnage ou un objet, une chose.

Par exemple :

Zoé trouve ce grand gâteau tellement appétissant !

Quels mots sont des adjectifs dans cette phrase ?

Cela se dit bien, le mot est un adjectif :	*Cela ne se dit pas bien, le mot n'est pas un adjectif :*
une grande personne	un objet tellement
un grand personnage	une chose tellement
un objet appétissant	
une chose appétissante	

→ *Les mots* grand *et* appétissant *ont réussi le test. Ce sont des adjectifs.*

→ *Le mot* tellement *n'a pas réussi le test. Ce n'est pas un adjectif.*

(Adapté de Nadeau et Trudeau, 2003, p. 248.)

Dans ce manuel de grammaire, les diverses règles pour marquer le genre et le nombre des adjectifs sont ensuite rassemblées en tableaux facilitant la consultation ultérieure. Ainsi, les régularités sont traitées plus longuement que les exceptions.

4.2.3.3 La fonction sujet en grammaire nouvelle

Une grammaire nouvelle fournira pour chaque fonction plusieurs caractéristiques syntaxiques faisant appel à plus d'une manipulation pour les identifier. Par exemple, pour la fonction sujet, on traitera des caractéristiques syntaxiques suivantes :

- sa position la plus régulière : devant le verbe

  « On trouve souvent le GN-S devant le verbe, à sa gauche. »

  (Nadeau et Trudeau, 2001, p. 266.)

- le remplacement du groupe sujet par un pronom : *il, elle, ils* ou *elles*

  Tout le GN-S doit être effacé pour faire place au pronom. On choisit le pronom selon que le GN-S qu'il remplace est féminin ou masculin, singulier ou pluriel.

   Il
[Le problème] était sérieux.
  GN-S   *V*

Le pronom Il *peut remplacer* Le problème. *Ce **GN** est donc le **sujet** de la phrase.*

   Elles
[Plusieurs chattes] trouvaient Toupie ridicule.
  GN-S   *V*

Le pronom Elles *peut remplacer* Plusieurs chattes. *Ce **GN** est donc le **sujet** de la phrase.*

(Adapté de Nadeau et Trudeau, 2001, p. 267.)

■ l'encadrement par *c'est … qui*

    C'est   *qui*   C'est   *qui*

[Son copain Moustache] a une bonne idée.   [L'idée] enchante Toupie.

    GN-S   V   GN-S   V

(Adapté de Nadeau et Trudeau, 2001, p. 267.)

■ les questions traditionnelles *qui est-ce qui ?/qu'est-ce qui ?* devant le verbe

Ces questions peuvent aussi être traitées comme une manipulation (remplacement du sujet par la formule interrogative). Elles deviennent alors un moyen parmi d'autres pour identifier cette fonction.

    Pour reconnaitre le GN-S dans une phrase, tu peux le remplacer par Qui est-ce qui *ou* Qu'est-ce qui *devant le verbe. Le GN effacé est le sujet de la phrase. Il constitue en même temps la réponse à la question.*

[Cette souris] est une proie idéale pour Toupie, pense [Moustache].

    GN-S   V   V   GN-S

Qu'est-ce qui *est une proie idéale ?*   Qui est-ce qui *pense ?*

Cette souris   *Moustache*

    Dans la phrase, le GN-S n'est pas toujours devant le verbe, mais, pour le trouver, le mot qui *est toujours devant.*

(Adapté de Nadeau et Trudeau, 2001, p. 267.)

Enfin, on y expliquera également que le verbe est un receveur et le groupe sujet est son donneur d'accord : « Le GN-S influence la finale d'un verbe conjugué. Le verbe s'accorde avec le GN-S en recevant le même nombre et la même personne que le GN-S. » (Nadeau et Trudeau, 2001, p. 266.)

Ces quelques exemples extraits de grammaires nouvelles du primaire montrent qu'on y aborde les divers aspects des notions (sémantiques, morphologiques, syntaxiques) de manière plus systématique. Il en résulte un peu plus de « chair » autour de chacune d'elles, ce qui permet à l'élève d'élaborer un véritable réseau de connaissances grammaticales, contribuant ainsi à un meilleur apprentissage, comme nous le verrons au chapitre 5.

L'examen de ces quelques notions fondamentales permet de savoir rapidement si l'on a affaire ou non à une grammaire nouvelle. Toutefois, les manipulations présentées risqueraient encore d'être assimilées à une série de trucs et non à un véritable changement de théorie grammaticale si l'on ne s'attardait pas, à la section suivante, à quelques notions qui n'existaient pas en grammaire traditionnelle.

4.2.4 Quelques notions clés en grammaire nouvelle

Pour développer une conception du fonctionnement de la langue comme système, l'élève doit en avoir une vue d'ensemble et comprendre les régularités qui sous-tendent son organisation. Les *manipulations*, les notions de *groupes* et de *phrase de base*, sont fondamentales en grammaire nouvelle ; ce sont elles qui conduisent à percevoir les régularités de la langue *avant* les exceptions.

4.2.4.1 Les manipulations au service du raisonnement grammatical

Les manipulations de la grammaire nouvelle prennent la forme de remplacement, de déplacement, d'effacement et d'ajout. On les appelle souvent les opérations syntaxiques (*voir* l'encadré 4.5). Par exemple, l'encadrement d'un verbe par les mots de négation consiste en l'ajout de *ne* à gauche du verbe et de *pas* à sa droite. L'exécution d'une manipulation conduit nécessairement à porter un jugement sur son résultat, c'est-à-dire sur la construction ainsi formée :

> Est-ce que cela se dit bien ?
>
> Cette construction est-elle correcte ?

Pour porter un tel jugement, il faut s'appuyer sur la connaissance intuitive de la langue que l'on a comme locuteur, c'est-à-dire sur la grammaire interne et implicite que l'on a nécessairement développée en apprenant à parler. Cet appui sur la grammaire intuitive n'est pas sans faille. Toutefois, lorsque les constructions issues des manipulations forment des structures fréquentes de la langue orale, elles sont particulièrement bien adaptées à un usage auprès des jeunes du primaire ou des apprenants du français langue seconde dès l'atteinte d'une certaine compétence à l'oral (par exemple, l'encadrement du sujet par *c'est … qui* est une structure d'emphase particulièrement fréquente à l'oral, elle est donc facile d'application pour les élèves.

Encadré 4.5   La révision d'un texte et les manipulations en nouvelle grammaire

---

Attention ! Il ne faut pas confondre :

– la révision d'un texte pour améliorer l'expression des idées ;

– et le travail en grammaire nouvelle par les manipulations.

Lorsqu'on écrit un texte et qu'on reformule une phrase, il est également possible de décrire les modifications apportées dans les mêmes termes que ceux qui désignent les opérations sur la phrase : on *remplace* un mot par un autre plus précis ou plus recherché, on *ajoute* un complément à un nom, on *efface* un groupe de mots jugé trop lourd dans la phrase, etc.   >>>

Lorsqu'on révise un texte pour l'améliorer, fait-on alors de la nouvelle grammaire ? Non ! Il ne faut pas confondre ces deux tâches. Lors de la révision du contenu d'un texte, le scripteur est libre de le modifier comme bon lui semble, même s'il se trouve contraint, bien sûr, de s'exprimer au moyen des structures et du vocabulaire de sa langue.

Le travail en grammaire nouvelle au moyen des manipulations est très différent. Les manipulations sont précises ; en les appliquant, on ne procède pas à n'importe quelles modifications.

Illustrons maintenant la pertinence et la rigueur de l'analyse en grammaire nouvelle par un exemple simple : la classe des déterminants. Cette classe de mots n'existait pas dans la grammaire traditionnelle ; elle regroupe les anciens « articles », « adjectifs » possessifs, « adjectifs » démonstratifs, « adjectifs » numéraux, « adjectifs » indéfinis ; en somme, les « articles » et tous les « adjectifs » qui ne sont pas qualificatifs. Pourquoi ? Parce que tous ces mots fonctionnent de la même façon dans la phrase : ils se trouvent devant un nom commun et, ensemble, ils forment un groupe du nom complet, bien construit. On peut vérifier qu'un mot est bien un déterminant en remplaçant ce mot par un autre déterminant (manipulation de remplacement). Par exemple :

$$\left.\begin{array}{l} un \\ son \\ le \\ ce \end{array}\right\} pinceau$$

Un pinceau, son pinceau, le pinceau, ce pinceau, voilà autant de groupes du nom bien construits. Par contre, un adjectif ne partage pas cette caractéristique des déterminants :

$$\left.\begin{array}{l} *gros \\ *vieux \\ ce \end{array}\right\} pinceau$$

Ce test de substitution montre qu'on ne peut pas remplacer un déterminant par un adjectif, car le groupe de mots qui en résulte est incomplet, mal formé : **gros pinceau, *vieux pinceau.* Grâce au test, ou à la manipulation, toute personne sachant parler le français est en mesure de trier les mots qui sont des déterminants parmi d'autres mots.

Puisque les anciens « adjectifs » démonstratifs, possessifs, etc. et les « articles » forment une même classe de mots, on ne parlera plus des « adjectifs » démonstratifs ou possessifs, mais bien des déterminants démonstratifs ou possessifs. Le terme *adjectif* sera utilisé uniquement pour désigner les anciens adjectifs

« qualificatifs ». La classe des déterminants illustre bien comment on justifie une analyse en grammaire nouvelle.

Les classes (ou catégories) de mots et les groupes de mots (groupe du nom ou GN, groupe du verbe ou GV, etc.) ainsi que les fonctions (sujet, complément direct, attribut, etc.) sont définies selon des caractéristiques morphologiques et syntaxiques observables par des manipulations précises (*voir* l'encadré 4.6). Ces manipulations deviennent donc des tests au service de l'analyse. Elles en fournissent du même coup une preuve. La grammaire nouvelle permet ainsi de travailler la grammaire en y apportant des arguments, ce qui peut mener à des discussions grammaticales, comme nous le verrons dans la troisième partie de l'ouvrage, discussions qui pouvaient rarement avoir lieu dans le cadre de la grammaire traditionnelle.

<table>
<tr><td>**Encadré 4.6**</td><td>Pourquoi est-ce seulement le groupe sujet qui peut être encadré par *C'est … qui* ?</td></tr>
</table>

Puisque le mot *qui* est un pronom relatif sujet, seul un groupe sujet peut être mis en emphase dans une structure de type *c'est … qui*. Lorsqu'on encadre le sujet par ces mots, on construit nécessairement une phrase avec emphase du sujet. Par exemple :

> *Le nouveau film de Machin Chouette sortira dans trois jours.*

> **C'est** *le nouveau film de Machin Chouette* **qui** *sortira dans trois jours.*

Lorsqu'on encadre un groupe par *c'est … que*, on construit une phrase avec emphase sur un groupe qui occupe une autre fonction que celle de sujet :

> **C'est** *dans trois jours* **que** *le nouveau film de Machin Chouette sortira.*

Enfin, la grammaire nouvelle ne rejette pas les aspects sémantiques, mais elle y recourt peu, car ils sont moins fiables que les manipulations sur la base de caractéristiques morphologiques ou syntaxiques. Ainsi, dans l'identification des classes de mots et la mise en relation des mots soumis à une règle d'accord, ces caractéristiques peuvent nous renseigner davantage que les aspects sémantiques.

Voyons quelques exemples.

- Le mot *course* désigne une action (caractéristique sémantique qu'on observe surtout pour les verbes), mais la présence d'un déterminant (caractéristique syntaxique) prouvera qu'il s'agit ici d'un nom (*une course, sa course*).

- On écrit *Cette équipe gagne souvent* avec le verbe au singulier même si le sujet *cette équipe* évoque une idée de pluralité. La notion de nom collectif est une notion sémantique abstraite pour un jeune élève, mais on peut attirer son attention sur le fait que le nom *équipe* est singulier parce qu'il est utilisé avec le déterminant singulier *cette* (et non avec un déterminant pluriel comme *ces* ou *les* – on s'appuie ici sur la morphologie du déterminant).

■ Dans la phrase *Maxime juge ce garçon trop sévèrement,* le mot *juge* est un verbe parce qu'il en a les caractéristiques comme le prouvent les manipulations suivantes :

• Encadrement par les mots de négation *ne ... pas* :
Maxime ne juge pas ce garçon trop sévèrement.

• Possibilité de modifier le temps du verbe :
Maxime jugeait ce garçon trop sévèrement.

• Conjugaison avec des pronoms personnels :
Je juge ... il juge ... nous jugeons.

Par contre, en dehors de la phrase présentée, le mot *juge* pourrait aussi être considéré comme un nom : *un juge, le juge,* cela se dit bien. Dans ces cas d'ambigüité, les connaissances générales sur les groupes de mots et la construction des phrases (groupe sujet, groupe du verbe) prennent tout leur sens.

4.2.4.2 L'importance des groupes dans la phrase

Malgré une apparence linéaire (un mot vient après l'autre), la phrase est une structure hiérarchisée, avec différents niveaux d'organisation : les mots s'organisent en groupes, les groupes s'organisent en phrases.

Voici des preuves de cette hiérarchie ou de l'existence des groupes.

Le pronom ne remplace pas un mot seul, mais bien un groupe de mots :

Les filles de ma voisine chantent.	*Elles* chantent.
	(et non : *Les *elles* de ma voisine chantent.)
Jules adore boire *du thé.*	Jules adore boire *cela.*
	(et non : *boire du *cela*)

Comme le groupe *ma voisine* forme un autre GN (complément du nom filles), il se remplace aussi : Les filles de *celle-ci* chantent.

De plus, un pronom ne remplace pas nécessairement un groupe du nom ; dans l'exemple suivant, il remplace un groupe du verbe à l'infinitif :

Jules adore *boire du thé.*

Jules adore *cela.*

Le remplacement par un pronom fait voir qu'un groupe de mots peut remplir la même fonction qu'un mot seul et dépendre d'un autre mot ou d'un autre groupe ; d'où la construction « étagée » d'une phrase avec des groupes qui peuvent s'emboiter comme un jeu de cubes : *les filles de ma voisine* forme un groupe du nom composé d'un nom noyau *filles,* complété du groupe prépositionnel *de ma voisine,* lui-même formé de la préposition *de* et d'un groupe du nom *ma voisine*. Le groupe du verbe infinitif *boire du thé* se compose du noyau *boire* complété par le groupe du nom *du thé*. La hiérarchie de ces groupes peut être illustrée par des schémas en arbre (*voir* les figures 4.1 et 4.2).

Figure 4.1 La structure du GN *les filles de ma voisine*

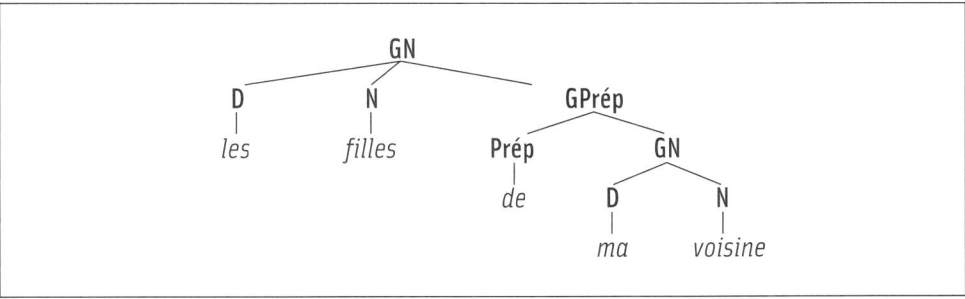

Figure 4.2 La structure du GV *boire du thé*

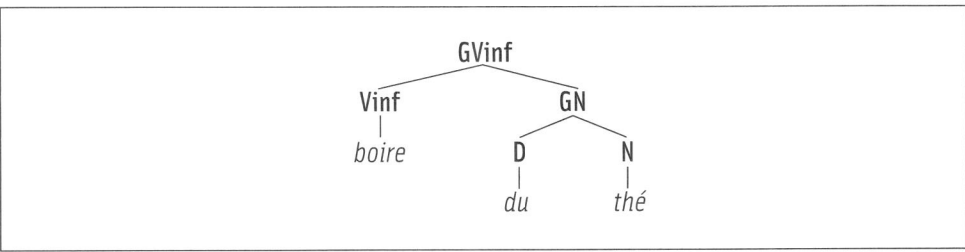

Comprendre la formation des groupes et leur hiérarchie dans la phrase (les grands niveaux de la structure) peut contribuer à une meilleure réussite des accords grammaticaux. Par exemple, savoir distinguer, dans un GN sujet, le nom noyau de ses expansions permettra à l'élève de mieux comprendre les relations d'accord sujet-verbe et de tomber moins souvent dans le piège des mots qui forment un « écran ». Reprenons l'exemple de la phrase :

Les filles de ma voisine chantent.

Dans la phrase telle qu'on l'écrit, c'est-à-dire linéairement, l'expansion *ma voisine* se retrouve juste devant le verbe, et la tentation est forte de faire l'accord avec ce nom. Par contre, la hiérarchie des groupes indique que les expansions se retrouvent plus bas dans la structure, comme l'illustre la figure 4.1 pour le GN *les filles de ma voisine*. Le scripteur qui comprend bien cette hiérarchie saisira facilement que le verbe *chantent* s'accorde avec le noyau du GN sujet, *les filles*, et non avec son expansion *ma voisine*. Voilà une façon de plus d'expliquer cette difficulté aux élèves.

La vision des groupes dans la phrase peut également jouer un rôle dans l'accord en genre et en nombre des déterminants et des adjectifs avec le nom. Par exemple, si le scripteur reconnait que les mots *les longs couloirs étroits et sombres* forment un GN, l'accord en sera d'autant plus facilité. Sans vision des groupes du nom dans la phrase, l'accord risque bien d'être fait seulement entre le déterminant et le mot qui le suit : *les longs couloir étroit et sombre* (*sic*). Nous verrons au chapitre 8 comment l'enseignant peut savoir si l'élève a acquis la notion de groupe du nom en l'observant faire ses traces de révision.

Enfin, les groupes de mots jouent également un rôle dans la compréhension en lecture. Giasson (2003, p. 205-206) préconise d'entrainer les jeunes lecteurs (dès la 2ᵉ année du primaire) à la lecture par « groupes de mots ». Il ne s'agit pas ici de regrouper les mots au hasard ou de façon arbitraire (par exemple, par groupes de trois mots), mais bien selon les grands groupes naturels qui forment la phrase. En effet, la lecture par groupes de mots facilite le traitement de l'information par le cerveau, favorisant ainsi la compréhension.

Imaginons trois lecteurs débutants :

- Le premier s'arrêtant à chaque mot, voire à chaque syllabe :
  Le / lapin / du / voisin / se / sauve / par / la / fenêtre.

- Le deuxième regroupant des mots qui ne correspondent pas aux groupes syntaxiques de la phrase :
  Le lapin du / voisin se sauve / par la / fenêtre.

- Le dernier effectuant un regroupement adéquat des mots selon les groupes de la phrase :
  Le lapin du voisin / se sauve / par la fenêtre.

Les trois auront lu la même phrase, mais c'est le troisième lecteur qui a le plus de chance de la comprendre correctement. En étant trop attentif à chaque mot ou à chaque syllabe, le premier lecteur risque d'avoir une lecture trop saccadée pour reconstruire le sens global de la phrase ; il risque d'en « perdre le fil », car sa mémoire de travail sera surchargée par la lecture des mots ou des syllabes de manière isolée. Le deuxième lecteur, par des regroupements inadéquats, reconstruira probablement un sens très différent de ce qui est écrit (*Le voisin se sauve par là ?*), sauf s'il se rend compte que ce sens ne va pas avec le texte qui précède ou qui suit et qu'il recommence sa lecture comme le fait un bon lecteur.

Bien entendu, il n'est pas question pour le lecteur débutant de savoir nommer ni d'analyser les groupes. Il ne s'agit pas non plus de regrouper les mots exactement selon les constituants de la phrase (GNS, GV, GCdeP). L'élève doit seulement développer l'habileté à lire d'un trait les mots qui forment un groupe, les mots « qui vont bien ensemble », de façon naturelle ; cela l'aidera à bien traiter l'information. Ces regroupements correspondront souvent aux constituants de la phrase, mais un long groupe pourra être subdivisé selon les divers sous-groupes qui le composent (par exemple, un long GV : ... *offre un beau livre / à son amie/* ; un long GN : ... *la robe de bal / de ma grande sœur/*). L'important, c'est de ne pas diviser la phrase de façon arbitraire.

Les recherches récentes (Demont et Gombert, 1996 ; Gaux et Gombert, 1999a et b ; Westby, 2004) font de plus en plus ressortir les liens entre la conscience syntaxique et la compréhension en lecture dès les premiers apprentissages terminés (à partir de 8 ans environ). La conscience syntaxique, c'est-à-dire la conscience des structures de sa langue, est une partie de la conscience métalinguistique (*voir* le chapitre 6). Il est toutefois légitime de se demander si le développement de cette conscience est une cause ou une conséquence de l'habileté à lire. À ce sujet, Gaux et Gombert (1999) ont montré qu'un entrainement à la conscience syntaxique chez des élèves du primaire améliorait leur compréhension. Ces résultats révèlent toute l'importance de la grammaire en classe, une grammaire qui va au-delà de la réussite des accords pour se préoccuper de la construction des phrases, comme le fait la nouvelle grammaire qui rend compte des grandes régularités de la langue.

4.2.4.3 L'utilité de la phrase de base

La *phrase de base* (P) est l'unité de la langue écrite ; c'est à son niveau que les linguistes ont été en mesure de repérer des régularités, dont Genouvrier et Gruwez (1987, p. 42) :

> [...] le travail du grammairien est précisément d'extraire, [à partir] des manifestations langagières quotidiennes, des constantes remarquables suffisamment nombreuses et définies. Or, on ne sait bien le faire qu'à l'intérieur de cette petite et grande unité qu'est la phrase : petite en regard des textes ; grande par sa taille possible et surtout par ses ressources syntaxiques [...].

> La phrase est le seul constituant supérieur sur lequel nous puissions aligner un ensemble de propositions construites, nombreuses et réutilisables dans une pédagogie du français langue maternelle.

La phrase de base contient deux groupes obligatoires, le groupe sujet et le groupe du verbe, et un groupe facultatif (et mobile), le groupe complément de phrase. On appelle ces groupes des *constituants*. Dans une phrase de base, les constituants suivent toujours le même ordre :

$$P = GS + GV + GCdeP$$

La phrase de base est un modèle abstrait, une structure que certains appelleraient profonde, qui permet d'étudier la construction d'à peu près toutes les phrases qu'on peut lire ou écrire[10]. Il est essentiel que l'élève connaisse ce

---

10. Certaines phrases, dites « à construction particulière », ne sont pas construites à partir du modèle de base ; par exemple : *Il y a trois canards dans le jardin. Voici son plus jeune fils. C'est le moment de partir. Attention !*

modèle, qu'il l'ait en tête, qu'il apprenne à s'en servir pour évaluer ses productions et comprendre celles des autres. On vise à ce qu'il établisse des liens entre ce modèle et les principales variations qu'il peut prendre (phrases de type interrogatif, impératif, de forme négative, passive, etc.).

On distingue ainsi la *phrase de base* des *phrases réalisées*. Les phrases qu'on lit ou écrit sont donc toutes des phrases réalisées. Une phrase réalisée peut être en tout point semblable au modèle de la phrase de base, comme elle peut avoir été transformée par rapport à ce modèle. L'observation de ces transformations permet de comprendre comment les construire. Prenons l'exemple des phrases interrogatives ; leur construction peut être vue comme une formule à appliquer à la phrase de base correspondante (*voir* la figure 4.3).

Figure 4.3   La construction des interrogatives totales[11]

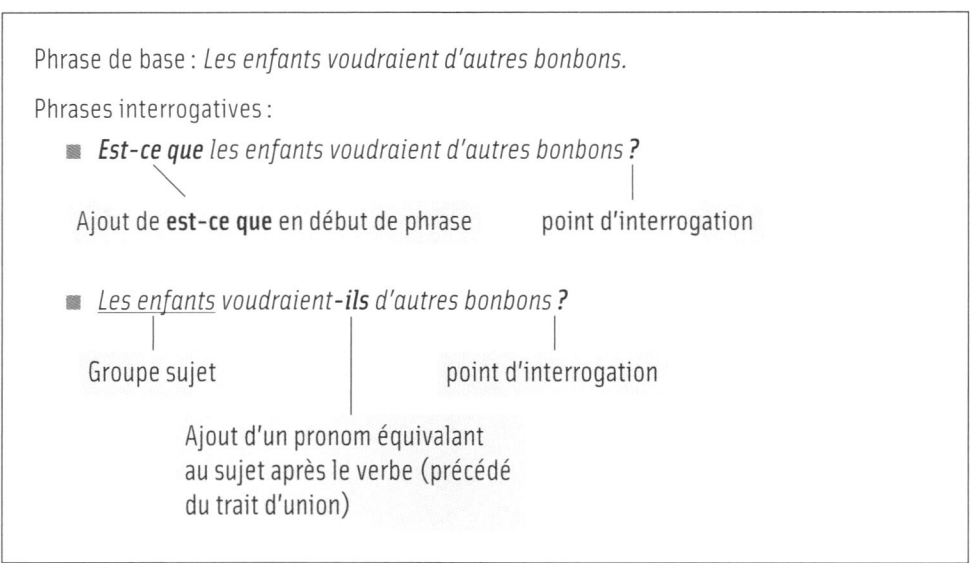

Toutes les constructions de phrases interrogatives (questions partielles ou totales) peuvent ainsi être traitées. Pour l'élève dont les interrogatives à l'oral s'avèrent souvent éloignées du français standard (*C'est quoi tu veux ? Les amis peuvent-tu venir ?*), la comparaison avec la phrase de base constitue un bon moyen pour apprendre à produire des interrogatives selon la norme. Cela vaut aussi pour les élèves dont le français n'est pas la langue maternelle.

---

11. Une interrogative totale est une question à laquelle on peut répondre par oui ou par non, car l'interrogation porte sur la phrase entière.

Il est possible de pousser plus loin la réflexion sur les phrases interrogatives en se servant de la phrase de base pour trouver les règles de construction des interrogatives orales du français québécois (non standard).

Phrases de base : *Tu veux quelque chose.*   *Tu viens à un moment.*

Pronominalisation de l'information inconnue :
Tu veux quoi.   Tu viens quand.

Phrases interrogatives en français oral non standard :
C'est quoi tu veux ?   C'est quand tu viens ?
ou : C'est quoi que tu veux ?   C'est quand que tu viens ?

Une telle activité permet à l'élève de retrouver la phrase de base dans les structures qu'il emploie à l'oral, puis de repartir de cette dernière pour former une phrase interrogative standard. Il prend alors conscience du fonctionnement de sa langue dans toutes ses dimensions, orale et écrite.

La phrase de base s'avère également précieuse pour comprendre la construction des subordonnées. Les relatives, en particulier, sont une autre zone qui présente de grandes différences entre l'oral et l'écrit. Prenons, par exemple, la phrase réalisée suivante :

Luc veut entendre la chanteuse dont tu as parlé.

On la décompose en phrases de base :

Phrase de base 1 : *Luc veut entendre la chanteuse.*

Phrase de base 2 : Tu as parlé de la chanteuse.

La présence de la préposition *de* dans le groupe déplacé et remplacé par le pronom relatif explique le choix du pronom *dont*.

Le recours à des transformations à partir de la phrase de base peut aussi aider l'élève à mieux percevoir le rôle de complément des pronoms *le, la* ou *les*; par exemple :

Max a des patins neufs.   Son copain les regarde avec envie.

Phrase de base :   Son copain regarde <u>les patins neufs</u> avec envie.

Ce lien avec la phrase de base qui se trouve alors « dépronominalisée » constitue un atout supplémentaire pour éviter un autre piège bien connu dans l'accord sujet-verbe : dans ces phrases, *le, la* ou *les* ne sont pas des déterminants, mais bien des pronoms remplaçant un groupe complément qui se trouve à droite du verbe dans la phrase de base ; ces pronoms ne sont donc pas concernés par l'accord sujet-verbe.

Le recours à la phrase de base peut également aider l'élève à réaliser l'accord du participe passé, puisqu'il sera à même de mieux repérer les quelques structures où le complément direct se trouve devant l'auxiliaire avoir (*voir* la figure 4.4).

Figure 4.4　Trois structures de phrase avec complément direct devant le verbe

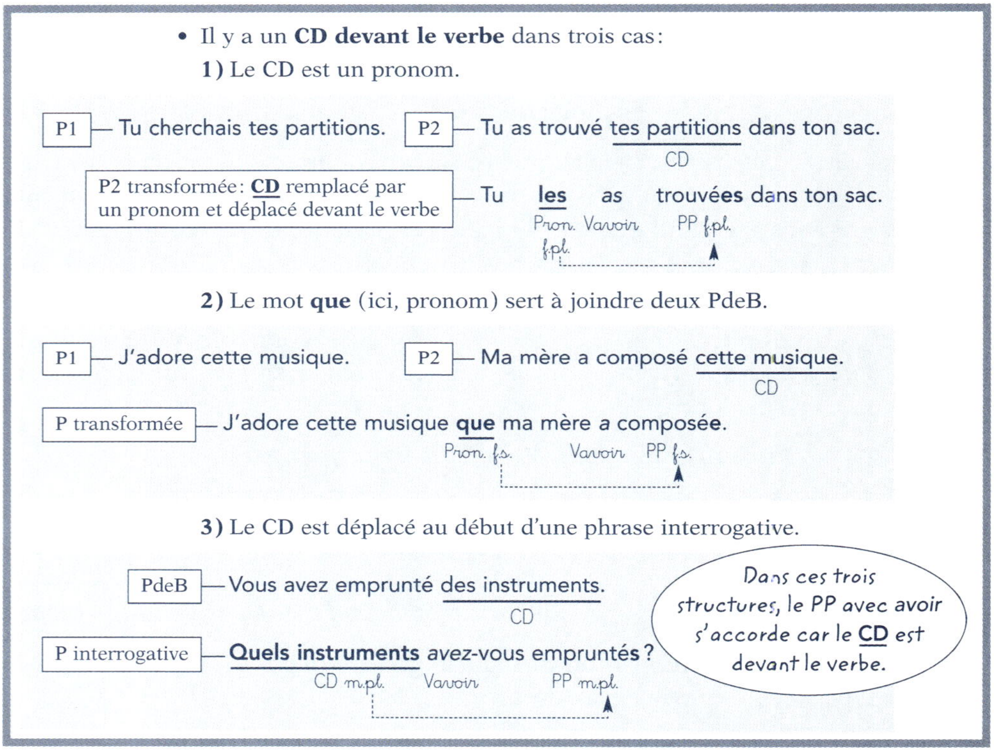

- Il y a un **CD devant le verbe** dans trois cas:
  1) Le CD est un pronom.

P1 — Tu cherchais tes partitions.　P2 — Tu as trouvé tes partitions dans ton sac.
　　　　　　　　　　　　　　　　　　　　　　　　　　　　　CD

P2 transformée: **CD** remplacé par un pronom et déplacé devant le verbe — Tu　**les**　as　trouvées dans ton sac.
　　　　　　　　　　　　　　　　　　　　　　　Pron. V.avoir　PP f.pl.
　　　　　　　　　　　　　　　　　　　　　　　f.pl.

　2) Le mot **que** (ici, pronom) sert à joindre deux PdeB.

P1 — J'adore cette musique.　P2 — Ma mère a composé cette musique.
　　　　　　　　　　　　　　　　　　　　　　　　　　　CD

P transformée — J'adore cette musique **que** ma mère a composée.
　　　　　　　　　　　　　　　Pron. f.s.　　V.avoir　PP f.s.

　3) Le CD est déplacé au début d'une phrase interrogative.

PdeB — Vous avez emprunté des instruments.
　　　　　　　　　　　　　　　CD

P interrogative — **Quels instruments** avez-vous empruntés?
　　　　　　　　　　CD m.pl.　V.avoir　　PP m.pl.

*Dans ces trois structures, le PP avec avoir s'accorde car le **CD** est devant le verbe.*

Source: Nadeau et Trudeau, 2003, p. 275.

Ces quelques exemples montrent que l'insistance en grammaire nouvelle sur les relations syntaxiques offre de nouvelles possibilités dans l'étude de la grammaire et la compréhension du système qu'est la langue.

CONCLUSION

La grammaire nouvelle n'est ni une série de trucs à enseigner aux élèves ni un simple changement de terminologie. Les notions s'y trouvent définies de manière plus systématique et rigoureuse, une notion étant abordée selon toutes ses caractéristiques: sémantiques, morphologiques, mais surtout syntaxiques. En s'appuyant sur le fonctionnement des grandes régularités de la langue, elle amène l'élève à en comprendre la base de son fonctionnement avant les exceptions.

La grammaire nouvelle fait appel à la compétence du locuteur du français, à sa connaissance de la langue orale, en lui demandant d'exercer son jugement sur la bonne ou la mauvaise construction d'un groupe ou d'une phrase à chaque manipulation. Elle exige donc de l'élève un véritable effort de réflexion sur la langue qui repose sur sa conscience métalinguistique en même temps que cette conscience se développe au fur et à mesure du travail en nouvelle grammaire. En ce sens, la grammaire nouvelle n'est pas la solution facile qui mènerait les élèves aisément à la maitrise de l'écrit. En effet, cette maitrise ne peut être atteinte que par une compréhension approfondie des mécanismes de la langue. Grâce aux manipulations, aux notions de groupes et de phrase de base, la nouvelle grammaire aide justement l'élève à percevoir la langue comme un système.

Les manipulations, qui servent de révélateur pour prouver une analyse, ouvrent la porte à de véritables discussions grammaticales, alimentant d'autant plus une réflexion approfondie sur la langue grâce à la confrontation des points de vue entre pairs.

Toutefois, il serait vain de changer de grammaire sans changer également son enseignement. Nous verrons dans la deuxième partie de cet ouvrage comment la nouvelle grammaire permet d'adopter un enseignement qui s'appuie sur les résultats des recherches récentes sur l'enseignement/apprentissage.

POURQUOI CHANGER L'ENSEIGNEMENT DE LA GRAMMAIRE ?

La première partie de cet ouvrage visait à mieux faire comprendre le passage de la grammaire traditionnelle à la grammaire nouvelle et à démontrer l'intérêt que présente cette nouvelle grammaire pour l'école : une description plus rigoureuse et plus complète des phénomènes grammaticaux, fondée sur des critères plus homogènes et explicites qui s'appuient sur une discipline scientifique, la linguistique. Nous avons traité essentiellement du contenu des grammaires traditionnelle et nouvelle : notions, définitions (sémantique ou morphosyntaxique), terminologie, mode d'analyse, etc.

Toutefois, les qualités de la grammaire nouvelle suffisent-elles à garantir que les objectifs de l'enseignement grammatical seront mieux atteints ? Un simple changement de théorie grammaticale sans modifications de son enseignement risquerait d'être quelque peu décevant.

Justement, l'intérêt de la grammaire nouvelle ne tient pas tant à son contenu qu'à la possibilité d'associer ce contenu à des démarches qui tiennent mieux compte du processus d'apprentissage en général, et du processus par lequel les élèves s'approprient l'écrit en particulier. En procédant par manipulations syntaxiques, l'élève est actif sur le plan cognitif. Au lieu d'appliquer des « trucs », il analyse et vérifie les notions de grammaire par lui-même, à partir de ce qu'il sait de la phrase et des groupes, en testant une ou plusieurs hypothèses.

Si l'on peut aujourd'hui envisager un véritable renouvèlement à la fois du contenu grammatical et de son enseignement, cela tient aux avancées dans plusieurs domaines qui croisent le champ de l'éducation : la psychologie, les sciences cognitives, les sciences du langage, la didactique du français ou même des autres disciplines.

Cette deuxième partie du manuel fait place aux considérations sur l'apprentissage et sur l'apprenant. Nous y présentons brièvement les fondements que nous retenons des disciplines mentionnées ci-dessus afin d'en extraire les conséquences pour l'enseignement/apprentissage de la grammaire. Les principes ainsi dégagés orienteront l'ensemble des pratiques présentées dans la troisième et dernière partie de cet ouvrage.

CHAPITRE 5

CE QU'ON SAIT AUJOURD'HUI DE L'APPRENTISSAGE

*La vérité de demain se nourrit
de l'erreur d'hier.*

Antoine de Saint-Exupéry

Les recherches sur l'apprentissage, les types de connaissances, leur mise en mémoire, les conditions favorisant leur transfert, sans négliger la motivation, permettent aujourd'hui de renouveler l'enseignement de la grammaire et non seulement son contenu. Toutes ces facettes de l'apprentissage seront abordées dans ce chapitre, en les appliquant à la grammaire. Nous terminerons en situant le rôle de l'enseignant dans le triangle pédagogique (enseignant-savoir-apprenant) afin de mieux soutenir celui-ci dans sa réflexion sur la pratique.

Dans ce manuel, nous ne pourrons que présenter sommairement ces courants de recherche; le lecteur désireux d'approfondir l'un ou l'autre pourra se référer aux principaux ouvrages dont nous nous inspirons, ouvrages qui font eux-mêmes un bilan des recherches dans leur domaine.

Les fondements que nous exposons permettront de poser un regard critique sur certaines pratiques courantes en enseignement de la grammaire et d'en proposer de nouvelles.

5.1 L'APPRENTISSAGE

On a longtemps considéré l'apprenant comme un pur récepteur dont on remplissait la boite des connaissances, vide au départ, en les empilant l'une après l'autre. Cette époque est révolue. La construction du savoir et le rôle des interactions sociales dans cette construction semblent bien établis. Ce qu'on appelle aujourd'hui le socioconstructivisme prend sa source dans les travaux de Vygotsky (1934, en russe, traduit en anglais en 1978 puis en français en 1985) et de Bruner (principalement durant les années 1970). Ces théories de l'apprentissage ont mené aux approches pédagogiques préconisées dans les programmes d'enseignement récents, mais qui se trouvent encore inégalement appliquées en classe, le passage de la théorie à la pratique n'étant jamais simple et facile. Dans cette section, nous en rappellerons très brièvement les notions clés, soit la construction du savoir, l'aspect social de l'apprentissage et la zone proximale de développement, et nous établirons leur lien avec l'enseignement/apprentissage de la grammaire. Nous aborderons ensuite un aspect plus particulier de l'apprentissage, celui des concepts abstraits, dont les notions grammaticales font partie.

5.1.1 La construction du savoir

Tout enseignant sait bien que les élèves ne comprennent pas nécessairement ce qu'on veut qu'ils comprennent. Pour Britt-Mari Barth (2002), le sens n'existe que dans la tête des gens, l'information n'a pas de sens en elle-même, si bien qu'on ne peut pas imposer une certaine compréhension aux apprenants. Cela s'explique justement par le fait qu'ils construisent leurs savoirs et savoir-faire « sur la base de leurs compétences, de leurs représentations, de leurs savoirs antérieurs » (Reuter, 1996, p. 79). Le rôle des connaissances antérieures et des représentations est bien connu dans le domaine de la compréhension en lecture. Lorsque les connaissances antérieures sur un sujet sont erronées, un texte sur ce sujet sera souvent mal compris, et sa lecture ne modifiera pas nécessairement ces connaissances du lecteur (Giasson, 2003).

Il en va de même dans l'apprentissage de la grammaire. Il est donc important de se pencher sur les représentations de certaines notions grammaticales et sur les procédures que les élèves utilisent réellement lorsqu'ils écrivent. Elles résultent en effet du savoir grammatical qu'ils ont construit à partir de données multiples : leur propre compréhension des cours de grammaire et exercices antérieurs, mais aussi leur expérience d'écriture à l'école et ailleurs, leurs observations personnelles de l'écrit, les « trucs » expliqués par diverses personnes, etc. Par exemple, un élève de première année qui voit son enseignant écrire des phrases au tableau en changeant de ligne à chaque nouvelle phrase pourra en déduire qu'il faut mettre un point à la fin de chaque ligne. Si c'est le cas, la représentation de la phrase qui résulte de cette observation est qu'*une phrase égale une ligne*. Les enseignants qui en sont conscients évitent de faire correspondre une fin de phrase à une fin de ligne lorsqu'ils écrivent au tableau.

Ce geste simple révèle l'importance de bien connaitre les conceptions que les élèves peuvent développer en grammaire ; c'est pourquoi nous leur consacrerons une partie du chapitre 6. Questionner les élèves sur les procédures qu'ils utilisent, leur faire justifier une analyse ou verbaliser un raisonnement grammatical sont également des pratiques à préconiser. « Pour arriver à une compréhension commune [entre l'enseignant et l'élève], il faut d'abord comprendre ce que l'enfant comprend », écrit B.-M. Barth (2002, p. 37). Il sera alors plus facile pour l'enseignant de confronter les conceptions erronées des élèves.

Les élèves apprennent, écrit Reuter (1996, p. 79), « dans un jeu constant de conflits, de déséquilibres-rééquilibres, de destructurations-restructurations de leurs cadres de connaissances ». Ainsi, en grammaire comme ailleurs, l'élève doit d'abord prendre conscience d'une différence entre ses conceptions et ce qu'il observe ou ce qu'on lui donne à observer. Par exemple, il doit se rendre compte que la phrase n'est pas égale à une ligne ou que le sujet n'est pas toujours immédiatement à gauche du verbe. Ce « conflit » cognitif, que l'enseignant peut provoquer, déclenchera l'ouverture à un nouvel apprentissage, entrainant la réorganisation d'un ensemble de connaissances qui y sont reliées. En somme, les conceptions s'ajustent.

Cette réorganisation mène souvent l'élève à une phase d'apparente régression de sa compétence. Par exemple, celui qui obtenait un certain taux de réussite en réalisant systématiquement des accords de proximité entre le verbe et le mot à sa gauche peut devenir moins performant pendant un certain temps parce qu'il se met à réfléchir à chaque cas d'accord sujet-verbe avec de nouvelles procédures qu'il ne maitrise pas très bien encore. Cette stagnation ou cette régression est un passage obligé vers une maitrise plus approfondie du phénomène grammatical concerné. Il arrive parfois qu'un enseignant évite d'aborder une notion sous prétexte que « ça mélange les élèves plus qu'autre chose ». Pourtant, s'il s'agit de remplacer une procédure simple, mais erronée (comme l'accord de proximité), par une autre plus complexe, mais plus juste sur le plan grammatical, cela rendra service aux élèves à long terme.

5.1.2 L'aspect social de l'apprentissage

Dans la conception de l'apprentissage qui découle des théories de Bruner et de Vygotsky, l'enfant ne construit pas son savoir seulement dans l'action, au fil de sa propre expérience. Il a besoin des adultes et des pairs, les interactions verbales y jouant un rôle fondamental. Par exemple, selon Barth (2002, p. 36), dès l'acquisition du langage,

> *l'interaction de la mère avec son bébé et leur attention conjointe créent la première trame dans laquelle s'établit la compréhension du monde du jeune enfant. Ce dernier n'apprend donc pas seul, l'action en elle-même n'est pas suffisante, c'est l'interaction avec autrui qui lui permet d'acquérir les outils intellectuels d'une culture et de comprendre [le monde].*

Pour Barth (p. 44), les théories de Bruner et de Vygotsky

> *conçoivent le développement cognitif comme un processus social d'intériorisation de concepts, d'outils intellectuels (langage, modes de pensée, technologies comme par exemple la lecture, l'écriture), d'attitudes et de valeurs. Cette intériorisation est rendue possible par l'interaction avec des adultes (ou d'autres membres de notre culture, plus expérimentés) qui les pratiquent avec nous et nous en donnent ainsi une expérience explicite qui nous permet par la suite de l'intérioriser.*

Un va-et-vient entre les apprentissages contextualisés et décontextualisés s'avère donc nécessaire. Il faut pouvoir « abstraire » les apprentissages de leur contexte (c'est-à-dire les décontextualiser) pour être en mesure de les mettre à profit ailleurs (c'est-à-dire les recontextualiser ou les transférer). L'intervention de l'adulte (ou d'un camarade plus expérimenté) est primordiale dans ce travail de décontextualisation, car cette personne va en quelque sorte servir de « substitut de conscience » jusqu'à ce que l'apprenant soit capable de maitriser sa propre conscience (Barth, 2002).

Selon Barth (1987, p. 90), l'apprentissage atteint son niveau le plus complet lorsqu'on peut « communiquer sa pensée à soi-même et aux autres, dire ce qu'on fait et ce qu'on pense faire ». En se basant sur les modes de représentation de Bruner, l'auteur explique que, dans un premier temps, l'information passe par l'action, la manipulation. Ensuite, l'apprenant peut se former des images mentales de quelque chose sans l'avoir sous les yeux. Toutefois, c'est dans le mode symbolique que ces images mentales deviennent de véritables représentations abstraites. L'intervention de l'adulte est essentielle pour que l'élève y parvienne. « Quand un enfant est encouragé à expliquer ce qu'il fait ou ce qu'il voit, il est obligé de quitter l'action ou l'image qui sont souvent des représentations limitées de la chose, dominées par les éléments extérieurs, observables. Sa compréhension va alors s'approfondir. » (Barth, 1987, p. 90.) On comprend mieux ainsi la nécessité d'un va-et-vient entre activités contextualisées et décontextualisées.

Dans le domaine de la grammaire, cela signifie que, contrairement au proverbe, *ce n'est pas seulement en écrivant qu'on apprend à écrire*. Bien que l'élève ait besoin d'écrire de nombreux textes dans des contextes variés (contextualiser, recontextualiser), il ne peut se passer d'activités de réflexion sur la langue pour décontextualiser ses connaissances grammaticales et atteindre le niveau des connaissances abstraites. Dans de telles activités, une démarche active favorisera l'observation, la formulation et la vérification d'hypothèses de règles tout en suscitant les interactions entre pairs et avec l'enseignant. Le modelage permet aussi à l'enseignant ou aux pairs plus expérimentés de devenir ce « substitut de conscience » jusqu'à ce que l'élève s'approprie le raisonnement et le maitrise. Des exemples de telles activités sont fournis dans la troisième partie de cet ouvrage.

5.1.3 La zone proximale de développement

La zone proximale de développement est un concept développé par Vygotsky (1985). Un apprentissage se situe dans cette zone, pour un apprenant donné, lorsque ce dernier est en mesure de réaliser une tâche ou de résoudre un problème avec l'assistance d'un adulte ou d'autres apprenants plus avancés. S'il peut résoudre seul le problème, de façon autonome, c'est parce que l'apprentissage est déjà réalisé. S'il ne peut pas le résoudre malgré le soutien de l'adulte, c'est parce que la notion se situe en dehors de cette zone ; l'élève n'est pas prêt à l'apprendre.

Transposé dans le domaine de la grammaire, cela veut dire qu'il ne sert à rien d'enseigner ou de proposer, par exemple, une activité sur l'accord des participes passés suivis d'un verbe à l'infinitif à un élève qui n'a pas encore compris ce qu'est un complément direct du verbe. Cette règle se situerait au-delà de sa zone proximale de développement. «Cela lui passe par-dessus la tête», entend-on dire souvent! Malheureusement, nombre d'enseignants abordent des notions même s'ils sont conscients que la moitié de leurs élèves ne les comprendront pas, car ils cèdent à la pression qu'exerce sur eux le «programme» («je dois l'enseigner, c'est au programme»). D'un apprenant à l'autre, même à âge égal, la zone proximale de développement peut varier, d'où l'importance d'individualiser l'enseignement; ce qui veut dire cesser de planifier une suite d'activités identiques pour les 25 ou 30 élèves de la classe, à réaliser dans un temps égal pour tous. Comme il parait utopique, à l'échelle d'une classe, d'individualiser parfaitement l'enseignement, il est plus réaliste de l'envisager par sous-groupes dans un fonctionnement par ateliers. Dans le domaine de la grammaire, on peut penser aux activités suivantes:

- Proposer deux ou trois activités d'apprentissage portant sur des notions différentes, selon les besoins de chaque sous-groupe (par exemple, un groupe travaillera sur l'emploi des temps du passé, un autre sur l'accord sujet-verbe et un dernier sur la distinction participe passé/infinitif). Pour y arriver, il faut planifier des activités d'apprentissage comme celles exposées au chapitre 7, un enseignement magistral devenant impossible dans ce cadre (à moins qu'il ne s'adresse qu'à une partie des élèves de la classe).

- Se servir des traces de révision et des codes de correction pour que les élèves classent eux-mêmes leurs erreurs et repèrent leurs forces et leurs faiblesses afin de se fixer des défis précis à l'intérieur d'une étape scolaire (faire deux fois moins d'erreurs de ponctuation, réussir tous les accords dans le groupe du nom, étoffer les productions écrites en ajoutant diverses expansions aux phrases, etc.). À partir des besoins établis individuellement, l'enseignant peut arriver à cerner un nombre restreint d'objectifs afin de former une quantité raisonnable de sous-groupes partageant le même défi. La formule d'évaluation devra tenir compte du défi fixé en lui accordant plus de poids. À chaque étape, les élèves devront faire le point sur leurs progrès.

- Penser à l'échange de copies dans les tâches de révision de textes, en jumelant des élèves de forces différentes afin que les plus faibles profitent des explications et du modelage des plus forts. À l'occasion, faire un jumelage avec des élèves d'autres classes, plus jeunes ou plus vieux, pour que chacun se retrouve tantôt dans le rôle d'un élève fort par rapport à un plus jeune, tantôt dans celui qui apprend d'un plus vieux. Si l'on considère des écarts de deux années scolaires, la compétence orthographique augmente en effet avec l'âge, malgré la diversité observée à l'intérieur d'un niveau scolaire (Brissaud et Bessonnat, 2001).

5.1.4 Le statut de l'erreur

Selon Reuter (1996, p. 79), une conséquence majeure des théories de l'apprentissage de Bruner et de Vygotsky, pour l'enseignement de l'écrit, réside dans le changement d'attitude devant l'erreur :

> *[…] l'erreur possède un statut radicalement autre : marque de l'activité du sujet (et non d'une absence d'activité ou de manques ou de défaillances) et ouverture à des interventions didactiques spécifiques à effectuer de façon positive (et non trace de sanction à appliquer en renvoyant l'élève, de façon mécanique, à refaire inlassablement ce sur quoi il échoue de façon tout aussi inlassable).*

Ainsi, les erreurs d'orthographe ou de grammaire sont révélatrices des conceptions et procédures de l'élève. Elles sont le fruit d'un processus que l'enseignant ignore trop souvent, ayant tendance à attribuer un bon nombre d'erreurs à la paresse ou à l'étourderie. Souligner les erreurs sur une copie d'élève, c'est intervenir à la fin du processus, avec un effet bien mitigé et de manière négative puisqu'il s'agit toujours d'enlever des points. En cherchant à comprendre le processus qui a mené à l'erreur, il devient possible de mieux intervenir à la source, sur la façon dont l'élève conçoit et applique les notions. Au chapitre 6, nous exposerons quelques conceptions et procédures que les recherches sur le sujet ont révélées, mais il reste indispensable de questionner les élèves sur les raisonnements qu'ils ont suivis, malgré le temps que cela exige. L'exploitation d'exemples positifs et négatifs dans des activités d'observation permet également de confronter les conceptions des élèves lorsque les exemples sont judicieusement choisis, comme nous le verrons à la section suivante.

5.1.5 L'apprentissage de concepts abstraits par les exemples positifs et négatifs

Un enfant sait parler lorsqu'il entre à l'école. Puisqu'il est capable de produire un nombre considérable de phrases bien construites, il a nécessairement acquis la grande majorité des règles de sa langue orale, c'est-à-dire sa grammaire. Toutefois, il formule des phrases sans être conscient de ces règles. Les notions de grammaire qui servent à expliquer le fonctionnement de la langue sont donc loin d'être concrètes pour l'élève. Barth (1987) fournit une piste intéressante pour l'apprentissage de concepts abstraits : l'utilisation d'exemples positifs et négatifs, dont nous montrerons quelques applications en grammaire nouvelle au chapitre 7. Attardons-nous ici aux fondements de telles applications.

Traditionnellement, lorsqu'on présente aux élèves des exemples d'une notion, même concrète, on en fournit seulement des exemples dits positifs en ce sens qu'ils sont des représentants de la notion. Par exemple, s'il s'agit de la notion de *coussin*, on montrera des coussins de taille, de forme et de recouvrements différents, mais on montrera seulement des « coussins ». Cette façon de faire ne mène pas à une compréhension adéquate de la notion, car l'apprenant n'en connaitra pas les véritables limites. Il pourra penser, par exemple, qu'un oreiller est un coussin[1], autant qu'un matelas. De plus, si les exemples positifs ne sont pas assez nombreux et variés, l'apprenant risque de considérer comme faisant partie des caractéristiques de la notion quelque chose qui ne lui est pas essentiel. Ainsi, si l'on montre seulement des coussins carrés, cette forme pourra faire partie des caractéristiques essentielles d'un coussin dans la tête de l'apprenant de telle manière que, pour lui, un coussin rond ne sera pas un coussin.

Notre exemple relève d'un enseignement inductif : à partir d'exemples, l'élève doit découvrir la théorie ; dans ce cas, les caractéristiques du concept *coussin*. Une méthode traditionnelle dans laquelle la définition est donnée avant de fournir les exemples serait-elle plus efficace ? Pas davantage si l'on considère la définition du *Petit Larousse* : « Enveloppe de tissu, de cuir, etc., rembourrée, qui sert d'appui, de siège ou d'ornement. » Une telle définition et quelques exemples positifs ne suffisent pas à distinguer le coussin du matelas ou de l'oreiller, les trois partageant les caractéristiques du coussin selon la définition donnée : ils ont une enveloppe de tissu, sont rembourrés et servent d'appui. Une méthode traditionnelle sera d'ailleurs d'autant moins efficace que le nombre d'exemples donnés se trouve généralement réduit à deux ou trois. Barth (1987, p. 56) met en garde l'enseignant contre la forte tentation de donner les caractéristiques aux élèves en même temps que des exemples, par manque de temps :

> On peut se demander s'il n'est pas tout aussi efficace de le dire directement et de donner un exemple ou deux. À court terme peut-être, mais à long terme la compréhension et la mémorisation sont plus grandes si l'apprenant a lui-même fait la relation. En outre, il progresse dans le processus d'abstraction dans d'autres contextes s'il prend l'habitude de chercher à classer les éléments par rapport à une catégorie supérieure commune. C'est l'occasion de favoriser le transfert de processus.

Revenons à l'exemple de la notion *coussin*. Pour bien la comprendre, il est important de connaitre autant ce qu'un coussin *est* que ce qu'il *n'est pas*. Ce qu'une notion *est* constitue un *exemple positif* (souvent appelé *exemple-oui*) tandis que ce qu'elle *n'est pas* constitue un *exemple négatif* (souvent appelé *exemple-non*). Pour la notion de *coussin*, le matelas et l'oreiller sont des exemples négatifs. Lorsqu'un jeune enfant apprend à parler et qu'il appelle son oreiller un « coussin », son entourage réagira[2] en lui disant spontanément : « Ce n'est pas un coussin, c'est un oreiller ! » Cette réplique anodine sépare en fait le monde en « objets qui sont des coussins » (ou exemples-oui) et « objets qui ne sont pas

---

1. Le mot *coussin* est employé en Belgique pour désigner un oreiller (selon *Le Petit Larousse*).
2. Sauf en Belgique !

des coussins » (exemples-non). Ce genre de rétroaction déclenchera chez l'enfant la recherche de nouvelles caractéristiques pouvant distinguer les deux classes d'objets.

Ce qui peut sembler une évidence pour l'apprentissage du vocabulaire, lorsqu'illustré à partir d'une notion aussi concrète que celle de *coussin*, s'applique tout autant aux notions abstraites. Pour distinguer les verbes des autres classes de mots, l'élève doit apprendre à discriminer peu à peu les caractéristiques essentielles des verbes (comme l'encadrement par des mots de négation, la variation des finales selon le temps, la conjugaison) de celles sans importance (comme exprimer une action ou non, être précédé de *ne* ou de *n'*).

L'observation d'exemples positifs et négatifs mène l'apprenant à rechercher une ou des caractéristiques communes aux exemples positifs qui, en apparence, sont variés, autant qu'à cerner ce qui distingue les exemples positifs des exemples négatifs. Le contraste entre les exemples positifs et négatifs aide l'apprenant à trouver ces caractéristiques. Barth (1987, p. 49) écrit à ce sujet :

> *Selon Bruner, le contraste est l'un des outils les plus puissants dont nous disposons pour organiser nos connaissances. Un concept réclame dans sa définition le choix d'un cas négatif et en faisant explorer le contraste, on aide l'apprenant à structurer les éléments qu'il rencontre. Ce contraste, c'est l'enseignant qui le construit en choisissant un ensemble d'exemples négatifs d'autant plus efficace qu'il permet à l'élève de faire des discriminations appropriées.*

Le tableau 5.1 présente des exemples positifs et négatifs pour la notion de *phrase*. Les exemples positifs sont des phrases qui varient selon des caractéristiques non essentielles : la longueur, la forme (déclarative, interrogative, exclamative), le thème abordé, etc. De nombreux exemples sont nécessaires pour permettre la comparaison et « abstraire » ce qu'ils ont en commun et qui est essentiel dans la définition du concept.

Parmi les exemples négatifs, les mots dans le désordre font ressortir la nécessité de respecter l'ordre des mots pour obtenir une phrase ; les mots syntaxiquement bien organisés, dont l'ensemble n'a pas de sens, montrent qu'une phrase doit en avoir ; enfin, les groupes de mots bien formés, mais qui ne forment pas une phrase complète attirent l'attention sur les groupes de mots et les fonctions obligatoirement présentes pour former une phrase (cette dernière caractéristique devrait en fait être développée en plus d'une étape et se situer seulement à la fin du primaire, lorsqu'un certain bagage grammatical est acquis).

Tableau 5.1   Des exemples positifs et négatifs pour la notion de *phrase*

Exemples positifs Les « exemples » de cette colonne **sont des phrases**	Exemples négatifs Les « exemples » de cette colonne **ne sont pas des phrases**
Le Petit Chaperon rouge rencontre un loup.	Rouge rencontre Chaperon loup un le Petit.
Est-ce que le loup est gentil ?	Est gentil est-ce que le loup ?
Grand-mère, comme vous avez de grandes dents !	Les mathématiques lisent un brocoli à la lunette du pupitre.
Le Petit Chaperon rouge a apporté un gâteau à sa grand-mère malade pour la réconforter.	Grandes dents, comme vous avez une grand-mère !
La grand-mère et le Petit Chaperon rouge seront sauvés par un chasseur.	
Les élèves apprennent les mathématiques à l'école, mais calculent toute leur vie.	Le Petit Chaperon rouge.
Clara aime nager dans la mer.	Apprennent les mathématiques.
	Sauvés par un chasseur.
	Pour la réconforter.

Cette illustration de la notion de phrase montre comment l'exploitation du contraste entre exemples positifs et négatifs peut orienter les élèves dans la recherche des caractéristiques essentielles dans le domaine de la grammaire, tout en négligeant les autres caractéristiques, non essentielles. La nécessité de bien délimiter les notions (*ce que c'est* et *ce que ce n'est pas*) découle du fait qu'une notion se définit toujours par rapport à d'autres notions. Selon Barth (1987, p. 55) :

> *Il n'est pas possible de définir un concept – scientifique (ex. rectangle, cellule, verbe) ou empirique (liberté, justice) – sans références à d'autres. Un concept n'existe pas seul, mais toujours dans un réseau conceptuel. En élaborant un nouveau concept, il est toujours important de le situer par rapport à d'autres faisant partie du même réseau.*

En effet, la classe des verbes existe parce qu'elle se distingue des autres classes de mots ; la fonction sujet se distingue des autres fonctions tout en appartenant à « l'univers » des fonctions grammaticales et non des classes de mots. Il en ressort la nécessité d'organiser les connaissances grammaticales et d'établir des liens entre elles. Il en résulte également la possibilité de travailler en parallèle deux notions ou règles proches (ou souvent confondues), ce qui constitue une autre façon d'exploiter le contraste dans les activités de grammaire : on présente d'un côté des exemples d'une notion, et de l'autre, des exemples de l'autre notion. Par exemple :

complément direct / complément indirect
accord du participe passé / participe passé invariable (*voir* l'encadré 5.1)
subordonnée / coordonnée

(*voir* l'encadré 5.1)

| **Encadré 5.1** | Une subtilité de l'accord du participe passé par les exemples positifs et négatifs |

Avez-vous oublié quelques subtilités de l'accord du participe passé ? Si c'est le cas (comme pour la majorité des adultes qui n'ont pas à enseigner ces règles), l'observation des exemples positifs et négatifs ci-dessous devrait vous rafraichir la mémoire à propos de l'accord du participe passé suivi d'un verbe à l'infinitif, tout en vous faisant expérimenter une activité de grammaire qui exploite le contraste.

Exemples positifs Dans ces phrases, **le participe passé suivi d'un infinitif s'accorde...** Quelle est la règle qui s'applique ?	Exemples négatifs Dans ces phrases, **le participe passé suivi d'un infinitif reste invariable.** Pourquoi ?
Maxime admire sa nièce qu'il a vue chanter à la perfection à la télévision hier soir.	*La femme qu'elle a osé appeler lui a donné rendez-vous pour une audition.*
Cette enseignante, jamais on ne l'a entendue dénigrer ses élèves.	*Les rumeurs que certains ont fait répandre se révèlent fausses.*
La tour qu'il a vue tomber est maintenant en reconstruction.	*La tour qu'il a vu construire est déjà en rénovation.*

Prenez le temps nécessaire pour trouver ce qui explique l'accord dans les exemples positifs et ce qui les différencie des exemples négatifs. Consultez une grammaire pour vérifier vos hypothèses.

Maintenant, expliquez la nuance de sens entre les phrases suivantes

Julie, je l'ai vue peindre.   *Julie, je l'ai vu peindre.*

Dans cette démarche d'enseignement qui exploite le contraste, le choix des exemples positifs et négatifs est de première importance. Les premiers exemples positifs contiendront clairement toutes les caractéristiques nécessaires et se distingueront facilement des exemples négatifs. Les derniers exemples pourront être plus proches en apparence et présenter quelques caractéristiques communes sans les partager toutes. Dans l'encadré sur l'accord du participe passé suivi d'un infinitif, les derniers exemples ont en apparence plusieurs points communs (*Julie, je l'ai vu(e) peindre*), mais se distinguent tout de même dans l'accord du participe passé (*vue, vu*).

Enfin, Barth distingue trois phases dans l'acquisition d'un concept abstrait. Le tableau 5.2 décrit les actions de l'élève selon chaque phase.

Tableau 5.2 Les phases d'acquisition d'une notion de grammaire à partir d'exemples positifs et négatifs

Phases	Actions de l'élève
Phase 1 Observation d'exemples positifs et négatifs	• Observer les exemples positifs et négatifs. • Rechercher des ressemblances entre les exemples positifs, reconnaitre ce qu'ils ont en commun. • Trouver ce qui différencie les exemples positifs des exemples négatifs. • Vérifier s'il s'agit bien d'une caractéristique essentielle de la notion (si c'est le cas, cette caractéristique ne se retrouve pas dans les exemples négatifs). • Faire la liste des caractéristiques essentielles ou formuler une règle.
Phase 2 Vérification des hypothèses Définition de la notion ou règle de grammaire	• Classer de nouveaux exemples parmi les exemples positifs ou négatifs selon le cas. • Justifier le classement en ayant recours aux caractéristiques essentielles ou règle grammaticale établies à la phase précédente. • Au besoin, rectifier ou nuancer les caractéristiques ou la règle pour tenir compte des nouveaux exemples.
Phase 3 Généralisation Recontextualisation	• Inventer un exemple positif et expliquer pourquoi c'en est un. • Trouver un exemple positif dans un contexte différent (par exemple dans un texte). • Trouver un exemple positif en apparence très différent des autres. • … toujours se justifier par un raisonnement grammatical.

Source : Adapté de Barth, 1987, p. 72.

Étant donné tout le travail cognitif exigé des élèves dans cette démarche, certaines difficultés sont à prévoir ; c'est alors que l'enseignant intervient auprès d'une équipe ou de l'ensemble du groupe. Voyons des exemples de difficultés et la façon d'intervenir :

■ Les élèves se contentent souvent d'émettre une hypothèse à partir des premiers exemples seulement ; il faut les amener à vérifier la présence de la caractéristique énoncée sur tous les exemples positifs autant que son absence dans les exemples négatifs.

- Ils se contentent aussi d'une seule caractéristique ; il faut leur demander alors d'en rechercher d'autres ou de mettre en commun l'ensemble des caractéristiques trouvées par les diverses équipes dans la classe afin de les vérifier en grand groupe.

- Leurs premières formulations de règles sont souvent trop vagues ; il faut les amener à les préciser. Il est parfois possible de leur en faire prendre conscience en appliquant « à la lettre » la règle formulée pour montrer ses lacunes. Par exemple, dans leur formulation, les élèves emploient *mot* au lieu de préciser *nom* ; dans ce cas, l'enseignant applique leur règle en considérant un mot qui n'est pas un nom.

- Au début, les élèves, surtout les plus jeunes, peuvent comparer les exemples positifs et négatifs selon des critères qui ne sont pas du même ordre. Par exemple, dans une activité qui oppose les noms aux verbes, ils peuvent dire que le déterminant est devant le nom dans les exemples positifs (ce qui relève de la position des mots dans le GN) et que les verbes sont au passé dans les exemples négatifs (ce qui ne relève pas de la position des mots). Ils doivent comprendre qu'il faut établir la comparaison à partir d'un même critère.

L'enseignement de la grammaire par les exemples positifs et négatifs est une démarche qui assure une compréhension approfondie des notions. Elle requiert du temps, mais on la réservera seulement à l'apprentissage des notions grammaticales nouvelles pour l'élève (ou celles qu'il n'a jamais suffisamment bien comprises). Dans les applications présentées au chapitre 7, nous verrons comment cette démarche d'enseignement peut s'adapter aux différents types de connaissances, tels qu'ils sont définis à la section suivante.

5.2 LES TYPES DE CONNAISSANCES

*Savoir par cœur n'est pas savoir, c'est tenir
ce qu'on a donné en garde à sa mémoire.*

Montaigne

Il existe plusieurs types de connaissances, et l'enseignement doit en tenir compte puisqu'elles ne fonctionnent pas de la même façon dans notre cerveau et que leur rôle est différent. Nous expliquerons les divers types de connaissances en les appliquant aux connaissances grammaticales.

5.2.1 Les connaissances déclaratives

Tardif (1992) distingue trois types de connaissances : déclaratives, procédurales et conditionnelles. Les connaissances déclaratives sont celles qu'on peut apprendre par cœur. Dans le domaine de la grammaire, il s'agit, par exemple, de la connaissance de la forme des noms et des adjectifs selon le genre et le nombre ou de la conjugaison des verbes et leurs terminaisons selon le temps, le mode et la personne. Réciter la règle d'accord du participe passé employé avec *avoir* ou celle de l'adjectif attribut du sujet relève aussi des connaissances déclaratives. Pendant très longtemps, l'enseignement s'est uniquement concentré sur la transmission de ce type de connaissances. Nous reviendrons plus longuement sur les connaissances déclaratives dans la section 5.3, sur la mise en mémoire des connaissances.

5.2.2 Les connaissances procédurales

Les connaissances procédurales, comme leur nom l'indique, sont des procédures; plus communément, on les appelle des *savoir-faire* (par rapport aux *savoirs* qui sont des connaissances déclaratives). Les procédures, à force d'être exécutées, requièrent de moins en moins l'attention de la personne qui les exécute alors presque inconsciemment; elles ont la propriété de s'automatiser. Par contre, une fois automatisées, elles deviennent plus difficiles à changer.

Encadré 5.2   Des exemples de connaissances procédurales

Les connaissances procédurales sont faciles à concevoir dans le domaine de la motricité.

Descendre une piste en ski ou conduire une automobile nécessite en effet de coordonner une multitude de gestes à un nombre impressionnant de décisions qui doivent être prises constamment en fonction des obstacles rencontrés sur la piste de ski (bosses, arbres, glace, autres skieurs) ou sur la route (feux de circulation, autres voitures, piétons, cyclistes, etc.). Pourtant, avec l'expérience, c'est comme si cela *se faisait tout seul*…

Si vous utilisez une voiture régulièrement pour faire le même trajet, vous est-il déjà arrivé de vous retrouver sur ce chemin alors que vous désiriez aller ailleurs ?

Comme on le dit souvent à la blague, cela signifie que le conducteur était sur le « pilote automatique »… de son cerveau !

Par contre, il est difficile de modifier des connaissances procédurales automatisées.

Comme beaucoup de personnes, vous avez sans doute appris la pratique d'un sport « sur le tas » et, somme toute, vous vous débrouillez assez bien. Puis, un jour, pour améliorer vos performances, vous suivez un cours dans lequel vous apprenez la « bonne technique ».

Avez-vous adopté cette « bonne technique » ?

Avez-vous eu besoin de pratiquer cette nouvelle technique avec acharnement avant de la maitriser ?

Vos vieux réflexes reviennent-ils au galop, dès que vous n'y faites plus attention ?

En grammaire, une procédure consistera, par exemple, à réaliser l'accord de l'adjectif dans une phrase. Les connaissances procédurales se manifestent donc dans leur exécution même. On les apprend en les exécutant, d'abord à un niveau conscient, puis elles s'automatisent. L'automatisation d'une procédure d'accord permettra au scripteur de réaliser l'accord avec un minimum d'attention, ce qui libèrera son esprit (plus particulièrement sa mémoire de travail) afin de mieux diriger son attention vers d'autres aspects de l'écriture d'un texte (comme l'expression des idées ou une autre règle d'accord moins bien maitrisée). En contrepartie, le scripteur qui aura automatisé une procédure erronée aura tendance à la conserver. On comprend donc toute l'importance d'enseigner des procédures performantes dès le départ ou, encore, de connaitre les procédures qu'utilisent les élèves afin de mieux les confronter lorsqu'elles sont erronées ou peu performantes afin de les modifier. Dans ce dernier cas, l'enseignant devra d'abord faire prendre conscience aux élèves des procédures qu'ils utilisent et leur en faire voir les limites, puis les retravailler à un niveau conscient et mettre en pratique tout le raisonnement grammatical requis le plus souvent possible afin qu'une meilleure procédure s'automatise de nouveau. Nous ne cacherons pas que ce travail est très exigeant, à la fois pour l'enseignant et pour l'élève, et nécessite du temps, un temps qu'il faut prendre ; sinon, les « bonnes » règles auront été enseignées sans rien changer aux procédures de l'élève.

5.2.3 Les connaissances conditionnelles

Les connaissances conditionnelles, selon Tardif (1992), sont responsables du transfert des apprentissages. Comme leur nom l'indique, il s'agit des connaissances liées aux conditions d'application des autres connaissances : « Elles soutiennent la réutilisation des connaissances des autres catégories dans des contextes différents de l'apprentissage initial. » (Tardif, 1999, p. 39.) Autrement dit, il s'agit de savoir *quand* recourir à une procédure ou activer des connaissances déclaratives. En grammaire, par exemple, ce qui déclenchera l'application de la procédure d'accord du verbe avec son sujet sera la reconnaissance même d'un verbe conjugué dans la phrase.

Ainsi, dans l'application des règles d'accord à l'écrit, les connaissances conditionnelles correspondent à l'identification des catégories de mots impliquées dans l'accord (Moffet, 1994 ; Nadeau, 1996a). Mais que sont vraiment les connaissances conditionnelles ? De nombreux chercheurs (Anderson, 1996 ; Fayol, 2003 ; Jensen, 2001 ; Scott Terry, 2000 ; Sprenger, 1999) ne considèrent que deux types de connaissances, déclaratives et procédurales, qui activent chacune des zones différentes du cerveau.

En effet, pour identifier une catégorie de mots, il est possible de recourir à une connaissance déclarative (on peut savoir « par cœur » que *chantait* est un verbe conjugué à l'imparfait), mais on peut aussi avoir recours à une procédure : identifier le verbe conjugué dans une phrase par le test de la négation ou du changement de temps. Soulignons ici un avantage de la nouvelle grammaire : grâce aux manipulations sur la base de la syntaxe et de la morphologie, elle fournit des procédures autant pour trouver les classes de mots (noms, verbes, adjectifs, etc.) que les fonctions, alors que la grammaire traditionnelle présentait des procédures seulement pour les fonctions (les questions pour trouver le sujet ou les sortes de compléments).

Dans l'exécution d'une règle d'accord, il y a un constant va-et-vient entre les types de connaissances. L'élève qui a appris à accorder le verbe avec le sujet doit se rappeler cette règle lorsqu'il écrit (donc, activer ce savoir déclaratif). Il doit ensuite identifier le verbe conjugué dans la phrase et avoir recours à une procédure s'il ne le reconnait pas d'emblée. Lorsque le verbe est identifié, l'élève doit avoir recours à une autre procédure pour identifier le groupe sujet et son noyau (savoir procédural), mais à cette étape aussi, il peut savoir par cœur, par exemple, que le pronom *ils* occupe toujours la fonction sujet et ne pas appliquer la procédure. Enfin, l'élève doit activer ses connaissances déclaratives sur les terminaisons des verbes pour écrire la finale qui convient.

L'élève doit donc apprendre à gérer ses connaissances grammaticales, à les articuler. Comme le dit Anderson (1996, p. 360) : « La compétence ne consiste pas seulement à posséder toutes les connaissances, encore faut-il savoir récupérer les bonnes connaissances au bon moment. » (Traduction libre.) Ainsi, plutôt que d'utiliser le terme de *connaissances conditionnelles*, nous parlerons de *gestion des connaissances*. D'ailleurs, Tardif lui-même (1999), qui démontre toute la complexité du processus de transfert des apprentissages, ne parle que très peu des connaissances conditionnelles.

5.2.4 Les types de connaissances et l'enseignement de la grammaire

Dans l'enseignement de la grammaire, il convient de tenir compte des types de connaissances, de même que de l'étape d'apprentissage. Ainsi, nous distinguons nettement l'enseignement de notions nouvelles (*voir* le chapitre 7) des nécessaires activités de suivi (*voir* le chapitre 8). Pour l'enseignement de notions nouvelles, les méthodes que nous préconisons, qui rendent toutes l'élève actif au niveau cognitif, doivent s'adapter au type de connaissance à enseigner. Ainsi, la méthode inductive, pour une notion grammaticale relevant des connaissances déclaratives, consistera en une simple activité de tri, comme nous l'illustrons pour les finales de verbes au présent (*voir* le chapitre 7, section 7.2). Lorsqu'il s'agit d'une manipulation, entrant nécessairement dans une procédure, la méthode inductive gagnera à être adaptée de manière à tirer profit du contraste comme nous l'avons vu précédemment à la section 5.1.5. De plus, l'élève sera amené à manipuler des énoncés et à émettre des jugements sur la bonne formation ou non de la phrase qui résulte de la transformation.

Les activités de suivi ou de mise en pratique ne seront pas non plus les mêmes selon le type de connaissance grammaticale. Pour ce qui relève des connaissances déclaratives, tous les procédés mnémotechniques peuvent être utilisés ; par exemple, la composition d'une chanson qui énonce la règle et ses exceptions ou un concours de finales de verbes qui peut prendre diverses formes (à l'oral, en épelant, à l'écrit, en tenant compte de la vitesse, etc.), mais dans lequel la compétition encouragera les élèves à apprendre par cœur les tableaux de conjugaisons. On peut aussi faire réaliser des tableaux synthèses aux élèves ou des affiches en équipes qui serviront à la consultation. À ce sujet, l'enseignant pourra montrer à ses élèves à consulter diverses sources (y compris une grammaire !) pour vérifier la terminaison des verbes dans un texte ou la finale d'un nom au féminin ou au pluriel. Puisqu'il s'agit de connaissances déclaratives, l'élève trouvera dans ces tableaux une réponse sure ; par exemple, il saura si le nom *canal* prend un *s* au pluriel ou s'il se transforme en *canaux*.

En ce qui concerne les connaissances procédurales en grammaire, les activités de mise en pratique peuvent également prendre la forme d'une affiche synthèse énonçant, par exemple, l'ensemble d'une procédure d'accord, avec toutes les manipulations utiles ; mais la consultation d'une telle affiche, si précieuse soit-elle, ne fournira pas directement la « bonne réponse » à l'élève. Celui-ci devra quand même exécuter la procédure dans SA phrase et prendre les décisions qui s'imposent. Ainsi, les connaissances procédurales en grammaire devront être exercées dans l'exécution même des procédures, au moyen d'exercices aux phrases variées et dans les textes des élèves. La procédure sera exécutée de façon consciente d'abord, ce qui la rend toujours rébarbative, très lourde et longue à appliquer au début. Pour contraindre l'élève à l'exécuter au complet, un bon moyen consiste à exiger des traces de révision, que ce soit dans des exercices ou dans ses propres textes. Ces traces sont d'ailleurs un excellent moyen pour l'enseignant de comprendre les erreurs des élèves (*voir* l'encadré 5.3).

Enfin, les enseignants ayant recours à la modélisation et à des activités comme la dictée zéro faute, la dictée du jour ou les ateliers de négociation graphique (ANG) décrites dans la troisième partie de l'ouvrage aideront l'élève à apprendre comment gérer ou articuler l'ensemble de ses connaissances grammaticales.

Encadré 5.3 Les sources d'erreurs et les types de connaissances
dans l'application des règles de grammaire

Trouvez-vous que les élèves connaissent les règles de grammaire, mais ne les appliquent pas quand ils écrivent ?

Sans nécessairement constituer la seule source d'explication à ce phénomène, les types de connaissances contribuent à mieux nous le faire comprendre. Les élèves possèdent peut-être les connaissances déclaratives liées aux règles de grammaire, mais non les connaissances procédurales. Les connaissances déclaratives peuvent aussi être défaillantes ou ne pas être sollicitées en situation d'écriture.

Pour avoir accès aux connaissances de vos élèves à chaque étape de réalisation d'un accord, demandez-leur des traces de leur raisonnement grammatical. Ainsi, vous pourrez mieux diagnostiquer les causes ayant mené à une erreur d'accord et comprendre les procédures qu'ils utilisent.

Voici un exemple de traces dans le cas de l'accord sujet-verbe :
- identifier le verbe conjugué et le noter par V ;
- encadrer le groupe sujet avec des crochets ;
- indiquer la personne et le nombre du nom noyau ou le pronom correspondant ;
- relier le sujet au verbe pour vérifier sa finale.

Chaque étape de l'accord peut conduire à une erreur. Il ne faut surtout pas croire que l'erreur n'est qu'une simple question de paresse ou d'inattention (même si c'est parfois le cas !).

L'élève peut ne pas reconnaitre le verbe d'une phrase. Il ne laissera alors aucune trace de celui-ci.

Exemple : *Les personnages son magiques.*

L'élève peut mal connaitre la procédure pour trouver le sujet. Il indiquera entre crochets un mot ou un groupe qui n'est pas sujet, et l'accord qui en découlera risque d'être fautif (ou correct par un heureux hasard).

Exemple : *La petite [leur] parlent.*
$$\text{ils} \longrightarrow V$$

La faute peut aussi provenir d'une mauvaise connaissance des finales de verbes (ou d'une difficulté à identifier le temps et le mode). Les traces seront alors justes, mais la finale sera tout de même fautive.

Exemple :
$$\text{il} \longrightarrow$$
[Le public] applaudi.
$$V$$

Réussir les accords en français nécessite la maitrise et la gestion de nombreuses connaissances déclaratives et procédurales.

5.3 LA MISE EN MÉMOIRE DES CONNAISSANCES

Mieux vaut une tête bien faite
qu'une tête bien pleine.
Montaigne

Tout enseignant a déjà entendu cette phrase de Montaigne. Ce qui provenait de la réflexion d'un penseur du XVIᵉ siècle s'est vu plus tard appuyé par des scientifiques : « Le secret de l'apprentissage des sujets complexes repose sur l'organisation adéquate de l'information en mémoire. » (Lindsay et Norman, 1980, p. 353.) Les recherches en psychologie cognitive que rapporte Tardif (1992) sur les différences entre experts et novices dans la résolution de problèmes fournissent quelques explications à cet effet : des informations ou connaissances classées, bien hiérarchisées sont plus faciles à retrouver en mémoire. Ainsi, le novice, qui dispose pourtant des connaissances nécessaires pour résoudre un problème, prendra plus de temps que l'expert pour y arriver, car ce dernier possède des connaissances bien organisées qu'il peut mobiliser plus rapidement. Tout se passe comme si l'expert avait à retrouver une carte dans un jeu dont les cartes sont classées par couleur, en ordre croissant, tandis que le novice devait retrouver la même carte dans un jeu étalé sur une table, dans le désordre. La rapidité du novice relèvera alors du hasard.

Grâce aux avancées techniques qui permettent de littéralement « voir » la matière grise en action, le fonctionnement du cerveau et sa chimie sont de mieux en mieux connus. Voici quelques faits à retenir sur la chimie du cerveau et sur l'apprentissage :

- Lorsqu'on dit « faire des liens » entre des informations, il y a réellement des connexions qui s'établissent entre les neurones.

- L'émotion, comme le stress, produit une hormone qui envahit littéralement les autres zones du cerveau et peut en inhiber le fonctionnement.

- Lors d'un nouvel apprentissage ou de la réussite d'une tâche qui présentait un certain défi, on éprouve généralement un sentiment de fierté. Le cerveau produit alors de la dopamine, comme s'il se récompensait lui-même. La dopamine est une substance qui crée un sentiment de bienêtre. Le cerveau en produit aussi après une vingtaine de minutes d'exercices comme le jogging ; c'est ce qui fait dire qu'après les premiers efforts « cela va tout seul ». Un élève qui ne vit pas de réussite à l'école n'éprouve pas ce sentiment de bienêtre à l'égard des tâches scolaires et se démotivera. Par ailleurs, la quantité de dopamine produite peut varier d'un individu à l'autre.

Il est intéressant de constater que ce qu'on savait par l'observation du comportement des élèves (ou des personnes dans la vie) se confirme aujourd'hui dans les recherches sur la chimie du cerveau. Certaines conséquences en découlent pour l'apprentissage de la grammaire et de l'écrit en général. Il apparait en effet primordial :

■ que cela se passe dans un climat de confiance (ce qui inclut en particulier le droit de faire des erreurs et d'en parler sans se faire juger) ;

■ que l'élève vive des réussites (d'où l'importance, entre autres, de lui laisser du temps pour se relire ou modifier un texte, d'évaluer ce qui est bien écrit et non seulement les erreurs, voire d'adapter les exigences et l'évaluation en fonction des besoins individuels – *voir* le chapitre 8) ;

■ que l'élève reçoive l'aide nécessaire pour établir de nombreux liens entre ses connaissances (pensons à la création de tableaux synthèses par les élèves, aux activités exigeant d'articuler un grand nombre de connaissances grammaticales, à la présentation d'exemples et de contextes variés).

Enfin, mentionnons que chaque type de mémoire active une zone particulière du cerveau[3]. Étant donné leur importance pour la compréhension de l'apprentissage, nous en dressons ci-après un bref portrait afin de suivre le chemin que parcourt l'information : la mémoire à court terme, la mémoire de travail, la mémoire à long terme.

5.3.1 La mémoire à court terme

L'information entre dans le cerveau et transite par la mémoire à court terme ou mémoire sensorielle. L'information qui s'y trouve n'y reste que quelques secondes (de 5 à 20 secondes) et ne peut traiter qu'un maximum de 7 unités ou « morceaux » à la fois (moins chez un jeune enfant : à 3 ans, la capacité est d'une seule unité ; puis cette capacité augmente avec les années pour atteindre 7 unités à l'adolescence). Toutefois, ce qui correspond à une unité peut varier, un « morceau » pouvant lui-même être plus ou moins long ou complexe. Par exemple, pour un jeune apprenti lecteur, l'unité sera peut-être la lettre ou la syllabe ; pour le lecteur plus expérimenté, l'unité correspondra à un mot, voire un groupe de mots.

Lorsque cette mémoire a atteint ses limites, l'individu se retrouve en surcharge cognitive : trop d'informations ou « morceaux » doivent être traités en même temps. La mémoire à court terme est débordée, et certains « morceaux » tombent dans l'oubli. C'est souvent le cas en écriture, quand il faut penser en même temps à l'idée à exprimer, au choix des mots, à leur orthographe, à la construction de phrases, aux accords. On oublie alors des éléments : parfois, c'est l'idée qui semble s'évaporer, parfois, ce sont les accords… Cela explique pourquoi les accords grammaticaux sont souvent moins bien réussis en production de

---

3. Pour approfondir le sujet, voir : Jensen, 2001 ; Scott Terry, 2000 ; Sprenger, 1999.

texte par rapport aux exercices. Pour éviter cette surcharge, il est important de morceler le processus d'écriture, et même la révision de texte.

5.3.2 La mémoire de travail

Pour être retenue plus longtemps, l'information de la mémoire à court terme doit être traitée activement dans la mémoire de travail avant d'être envoyée dans la mémoire à long terme où elle sera emmagasinée. La qualité du traitement dans la mémoire de travail augmentera la capacité de récupérer plus tard cette information dans la mémoire à long terme. « Traiter activement » l'information signifie que l'apprenant doit s'engager dans un réel travail cognitif ; il doit classer, comparer, rechercher des points communs ou des différences, ou confronter sa compréhension avec celle des autres par la discussion (Boisvert, 1999). L'élève qui reste passif sur le plan cognitif pourra comprendre sur-le-champ les informations fournies par l'enseignant, mais il a peu de chances de les retenir dans sa mémoire à long terme. Voilà pourquoi nous préconisons des moyens d'enseignement de la grammaire qui rendent l'élève actif au moment de l'apprentissage ou qui l'amènent à discuter de grammaire (*voir* la troisième partie de l'ouvrage) par rapport à un enseignement traditionnel dans lequel l'élève reçoit trop souvent l'information sans vraiment la traiter, même si l'exposé de l'enseignant est parfaitement clair (*voir* l'encadré 5.4).

Enfin, l'information peut être retenue dans la mémoire de travail pendant quelques heures. C'est ce qui explique que de nombreux élèves réussissent bien un exercice après une leçon ou un examen étudié la veille (par exemple, l'orthographe d'une série de mots), mais ont tout oublié quelques jours plus tard.

Encadré 5.4 Le rythme de l'oral et le traitement de l'information

Vous arrive-t-il de regarder un documentaire à la télévision mais d'être incapable le lendemain de vous souvenir de la plupart des informations que vous aviez pourtant comprises ? La réception d'informations au rythme de l'oral ne laisse pas suffisamment de temps pour traiter l'information nouvelle. On retient mieux l'information qu'on a le temps de traiter par soi-même, à son rythme. Voilà pourquoi les explications orales de l'enseignant (les leçons magistrales) à propos d'une règle de grammaire ont souvent un faible impact à long terme.

Nous présentons au chapitre 7 des exemples d'activités de grammaire pour l'enseignement de notions nouvelles qui sont les plus susceptibles de rendre l'élève actif sur le plan cognitif : démarche inductive, de résolution de problèmes, démarche de réflexion guidée exploitant les exemples positifs et négatifs. Nous fournissons aussi des pistes pour aider les élèves à organiser les informations grammaticales et à former des liens entre elles.

5.3.3 La mémoire à long terme

Alors que la mémoire à court terme et la mémoire de travail sont limitées dans la quantité d'informations qu'elles peuvent traiter, la mémoire à long terme semble un entrepôt sans fin. Elle peut être implicite ou explicite. La mémoire implicite se situe dans le cervelet et contient, entre autres, les connaissances procédurales qui, rappelons-le, touchent le domaine de la motricité autant que le domaine cognitif (*voir* la section précédente sur les types de connaissances). La mémoire implicite contient aussi les réflexes, la mémoire émotionnelle et tous les automatismes qui ne sont pas nécessairement d'ordre procédural, mais qui concernent des connaissances si souvent sollicitées qu'elles s'y retrouvent. Par exemple, les mots que nous lisons fréquemment et que nous reconnaissons instantanément constituent des automatismes, alors que les règles de décodage, que le lecteur expert utilisera pour lire des mots rares, sont des connaissances qui se trouvent plutôt dans la mémoire explicite.

Nous nous attarderons surtout dans cette section à cette mémoire explicite qui emmagasine les connaissances déclaratives. On y distingue deux types de mémoire : la mémoire sémantique ou théorique, d'une part, et la mémoire épisodique, d'autre part. Lorsqu'on discute d'une règle de grammaire ou des effets de la mondialisation sur l'économie du pays, c'est la mémoire sémantique qui entre en jeu. Lorsqu'on raconte sa vie, on fait appel à la mémoire épisodique.

La mémoire épisodique enregistre les évènements de la vie (l'école en fait partie), et ce, avec toutes les données du contexte : le lieu, une odeur particulière ou une musique qui jouait pendant l'évènement… Il y a fort à parier que vous vous souvenez du lieu où vous étiez le 11 septembre 2001, lorsque vous avez appris l'effondrement des tours à New York. C'est le fruit de votre mémoire épisodique. Voici un autre exemple « classique » : un enseignant reprend une leçon de la semaine précédente et demande à ses élèves ce dont ils se souviennent. Aucune réponse : les élèves semblent avoir tout oublié. L'enseignant rappelle des éléments du contexte : « Rappelez-vous, nous avons travaillé cette notion le jour de la grosse tempête de neige, vous reveniez de la récréation. » Plusieurs mains se lèvent alors : le rappel du contexte a permis de retrouver l'information plus théorique de la leçon. Cela signifie que les élèves n'ont pas réussi à abstraire les nouvelles connaissances de leur contexte d'apprentissage. Or, leur décontextualisation est essentielle pour pouvoir s'en servir dans de nouveaux contextes, c'est-à-dire les transférer, les recontextualiser.

Il semble que notre cerveau ait naturellement de la facilité à enregistrer un évènement ou un fait dans cette mémoire épisodique, mais encore faut-il pouvoir accéder aux souvenirs. Il est toujours étonnant de constater à quel point un stimulus comme une photo, le retour dans un lieu ou l'écoute d'une musique peut faire resurgir des souvenirs précis qui semblaient oubliés depuis des années.

La mémoire sémantique, elle, contient toutes les connaissances abstraites, décontextualisées. Cette mémoire se trouve fortement sollicitée dans l'univers scolaire. C'est également la mémoire la moins performante de notre cerveau, celle qui oublie le plus. Une connaissance qui n'est pas sollicitée se perdra.

Pour faciliter l'accès à ces connaissances, le réseau de neurones autour d'un concept doit être développé. Ainsi, plus les « entrées » seront nombreuses, plus l'information sera facilement retrouvée. Pour développer un réseau de connaissances grammaticales élaboré, plusieurs caractéristiques pour une classe de mots ou une fonction doivent être enseignées, et les exemples doivent être diversifiés. C'est justement ce que permet la nouvelle grammaire avec ses manipulations qui utilisent des caractéristiques morphologiques, syntaxiques et parfois sémantiques. Les situations d'utilisation de la notion grammaticale doivent également être nombreuses et variées.

Enfin, pour que des connaissances acquises au fil de l'expérience (par la mémoire épisodique) puissent être réutilisées, l'information pertinente doit être extraite de l'expérience et décontextualisée afin de passer dans la mémoire sémantique. Il n'est donc pas suffisant de vivre l'expérience pour apprendre, il faut aussi réfléchir sur cette expérience pour en « abstraire » les connaissances utiles à d'autres contextes. Ainsi, pour apprendre à écrire, un va-et-vient se révèle nécessaire entre de véritables situations d'écriture et la réflexion sur le fonctionnement de la langue dans les textes produits. Nous touchons ici au transfert des apprentissages que nous développons à la section suivante.

5.4 LE TRANSFERT DES APPRENTISSAGES

> *[...] ce n'est pas parce que l'apprenant bouge ou s'agite*
> *et qu'il répond à des devinettes posées par le maître*
> *qu'il est intellectuellement actif.*
> Giordan et De Vecchi, 1987, p. 5.

Transférer ses apprentissages signifie être capable d'utiliser des connaissances ou des compétences dans un contexte différent de celui où elles ont été acquises. En grammaire, cela se traduit par l'application, dans les textes qu'on écrit, des règles apprises en classe. Le transfert des apprentissages ne se réalise pas facilement, quel que soit le domaine concerné ou l'âge de la personne.

Les enseignants sont nombreux à se préoccuper du transfert des apprentissages, ou plus exactement à s'alarmer du peu de transfert qu'ils constatent chez leurs élèves, surtout en grammaire. Pourtant, selon Tardif et Presseau (1998), les enseignants interviennent peu dans ce domaine. Cela s'explique par diverses raisons, dont une méconnaissance des processus en jeu dans le transfert, qui conduit à accepter le fait que certains élèves font cette opération et d'autres pas. L'enseignant croit alors qu'il ne peut rien y changer (*voir* l'encadré 5.5).

Ajoutons qu'une telle attitude fataliste pourrait même se trouver renforcée, lorsqu'il s'agit de transfert des apprentissages grammaticaux, par un fait bien connu : en production de texte, l'élève est vite en surcharge cognitive, devant le grand nombre de connaissances à gérer en même temps (idées, mots, orthographe, syntaxe, ponctuation, accords), ce qui n'est pas le cas dans la réalisation d'un exercice de grammaire dans lequel une seule règle (ou même une partie de règle) est généralement travaillée. Puisque le peu de transfert se trouve ainsi expliqué, les attentes de l'enseignant sont faibles dans ce domaine.

Heureusement, des solutions existent pour éviter la surcharge en écriture, comme morceler le processus de révision de texte (*voir* le chapitre 8). Toutefois, il est possible d'améliorer le transfert des apprentissages en grammaire en intervenant à la source, dès l'enseignement des notions. En fait, tout ce que nous avons évoqué jusqu'à maintenant dans ce chapitre contribue au transfert des apprentissages : l'organisation des connaissances, leur hiérarchisation, facilite l'accès ou la récupération de ces connaissances ; une démarche inductive qui utilise des exemples positifs et négatifs assure une compréhension plus approfondie d'une notion grammaticale ; l'enseignement de tous les types de connaissances et non seulement les déclaratives favorise également leur transfert en production écrite. Nous poursuivons ici notre réflexion sur le sujet, car ce qu'on connait aujourd'hui du processus de transfert des apprentissages peut encore fournir d'autres pistes pour améliorer ce processus dans le domaine de la grammaire.

Encadré 5.5   Le transfert des apprentissages et l'intelligence

Croyez-vous que le transfert des apprentissages est une affaire d'intelligence ? Que les élèves « doués » feront d'eux-mêmes les liens nécessaires pour transférer leurs apprentissages, les moins doués en étant incapables ?

Il s'agit là d'une idée fausse, mais répandue...

Tardif (1999) démontre qu'un individu peut être capable de transfert dans un domaine, mais pas dans un autre qu'il connait moins bien. On peut savoir faire des inférences dans certaines lectures, mais pas nécessairement dans n'importe quel texte.

Des connaissances spécifiques approfondies dans un domaine et bien organisées en mémoire jouent un rôle important dans le processus du transfert. Pourtant, selon Tardif et Presseau (1998, p. 39), « la *couverturite* [c'est-à-dire l'obsession de couvrir le programme] a finalement envahi les classes et les pratiques des enseignants, au point où ceux-ci perdent de vue le fait que l'approfondissement de la matière, par opposition au survol, constitue une économie dans l'acquisition de connaissances et compétences transférables ».

Ainsi, en grammaire, il vaut mieux que l'élève travaille en profondeur quelques règles plutôt que d'en survoler un grand nombre... un survol qui recommence chaque année.

5.4.1 Des éléments communs entre la tâche source et la tâche cible

Une situation de transfert englobe toujours deux contextes :

- celui de l'apprentissage, qui constitue la tâche source (ou l'activité source) ;
- celui dans lequel on veut voir les apprentissages transférés, qui constitue la tâche cible (ou l'activité cible).

Les possibilités de transfert de la tâche source à la tâche cible dépendent du nombre d'éléments communs entre les deux tâches, éléments qui doivent toutefois être perçus par l'élève lui-même. Ainsi, tout enseignant établit des liens entre les leçons, les exercices de grammaire et leur application dans l'écriture d'un texte. Mais ces situations source et cible sont-elles aussi proches qu'on le croit ?

Comparons une situation d'enseignement de la grammaire à la tâche de révision de texte. À titre d'exemple, nous nous pencherons plus particulièrement sur la réalisation de l'accord sujet-verbe.

5.4.1.1 La tâche source : « leçon » de grammaire et exercices

a) La « leçon » de grammaire

Selon Lahire (1993), on peut décrire ainsi une leçon de grammaire traditionnelle :

- L'enseignant énonce la règle ou la notion et l'objectif de la leçon.
- Il donne un exemple ou deux, généralement au tableau, et fournit des explications.
- Les élèves font un ou plusieurs exercices pour appliquer la règle ou la notion.

Lahire (1993, p. 142) a trouvé que presque tous les enseignants observés dans le cadre de sa recherche suivent ce schéma traditionnel, mais en le faisant « précéder […] d'une lecture, de questions ou d'exercices oraux ». Toutefois, selon ce chercheur qui s'intéresse aux causes de l'échec scolaire en France, « on est loin des méthodes qui préconisent l'observation et la découverte par tous les élèves. […] cette phase de "découverte" se présente comme l'ancienne phase consistant à "donner un exemple" en un peu plus long » (p. 143).

Les observations de Lahire en France, en 1993, valent-elles aujourd'hui pour les classes du Québec ? Quelques années après l'implantation de la nouvelle grammaire au secondaire, Paret (2000, p. 54) expliquait le peu de changements qu'elle constatait dans les pratiques des enseignants dans ce domaine par un phénomène bien connu de l'apprentissage chez les adultes :

> […] on observe une tendance naturelle mais forte à retourner vers ce que l'on connaît le mieux, à rechercher ce qui semble inchangé derrière

le nouveau, ce qui a pour effet d'anéantir les efforts pour installer les nouveaux modes de raisonnement [grammatical]. Mais ces efforts seront vains si, parallèlement, ne se généralisent pas d'autres façons de «faire de la grammaire» dans la classe.

Il n'existe aucune recherche récente réalisée à partir de l'observation d'enseignants en classe de grammaire au primaire. Néanmoins, la consultation de manuels récents pour l'enseignement du français à ce niveau permet d'affirmer que le schéma «traditionnel-aménagé» qu'observe Lahire semble encore un modèle fréquent de présentation des «leçons» de grammaire. On y trouve l'énoncé de la règle «à retenir», quelques exemples dans une rubrique souvent appelée «Observe», puis des exercices portant sur la leçon. Que la rubrique «Observe» soit située en haut de l'énoncé de la règle (et toujours sur la même page) ne change rien à l'aspect traditionnel de la leçon. Si les élèves peuvent lire la règle, ils ne feront pas l'effort que requiert un véritable travail d'induction (hypothèses, vérification, etc.).

Une leçon porte généralement sur une seule des notions en jeu dans l'application d'une règle; par exemple, concernant l'accord sujet-verbe, le manuel traitera soit du verbe, soit du sujet, à moins qu'il ne s'agisse d'une des nombreuses autres leçons sur les finales des verbes. L'ensemble des notions en jeu dans la règle seront vues en autant de leçons différentes et bien entendu étalées dans le temps, et même sur des années en ce qui concerne les temps de verbes. À un autre moment, voire une autre année, la leçon abordera une difficulté particulière de l'accord sujet-verbe: par exemple, dans des phrases qui présentent un ou des mots qui forment un «écran» entre le sujet et le verbe.

Il est difficile de penser les leçons autrement qu'«une notion à la fois». On sait que trop de connaissances nouvelles en même temps ne seront pas retenues. Comment des élèves pourraient-ils absorber dans une même journée une leçon prolongée sur toutes les notions de grammaire qui interviennent dans l'accord sujet-verbe? Même si l'enseignant adopte une méthode non traditionnelle (comme la méthode inductive ou la réflexion guidée – *voir* le chapitre 7) qui rend les élèves plus actifs sur le plan cognitif, l'activité d'apprentissage portera aussi sur une seule notion, deux tout au plus. Ainsi, il faut se tourner vers les exercices pour établir une transition valable entre la phase d'apprentissage et celle du transfert en production de textes qui exige toujours un raisonnement impliquant plusieurs notions grammaticales.

b) Les exercices

Sachant pertinemment qu'une explication-démonstration n'est pas suffisante pour assurer l'apprentissage, l'enseignant donnera ensuite quelques exercices. En toute «logique», l'exercice portera seulement sur la portion de règle vue dans la leçon : si l'on pratique l'accord sujet-verbe, l'exercice typique sera celui où l'on remplit des espaces-réponses (communément appelé « exercice à trous »). Cet exercice esquivera l'étape de l'identification du verbe conjugué dans la phrase, car ce dernier sera repérable par des moyens inexistants lors de la révision d'un texte : le verbe est à l'infinitif entre parenthèses ou il y a un espace à la fin du verbe incomplet pour justement y écrire cette finale. Si l'exercice vise la pratique d'une difficulté particulière de l'accord sujet-verbe, presque toutes les phrases présenteront cette difficulté (sinon toutes), et la consigne risque fort d'en avertir l'élève de surcroit.

Nous avons déjà critiqué vivement ce type d'exercices justement pour les faibles retombées qu'on peut en espérer quant au transfert des apprentissages (Nadeau, 1995, 1999a.). À cause des « trous » ou des espaces prévus pour écrire la marque d'accord, l'étape d'identification des catégories de mots dans la phrase n'était alors exercée que très rarement et dans quelques cahiers seulement.

Qu'en est-il aujourd'hui ? La situation a certes évolué : on trouve maintenant des exercices d'identification des catégories de mots dans le matériel didactique, mais le plus souvent ces exercices sont séparés de la procédure d'accord (*voir* le chapitre 8). Typiquement, on trouvera un exercice dont la consigne ressemble à « souligne les verbes conjugués dans les phrases suivantes » suivi d'un autre exercice visant l'accord sujet-verbe dont les verbes seront déjà identifiés par les moyens habituels. Ainsi, les exercices dans lesquels les élèves doivent mettre en pratique l'ensemble du raisonnement grammatical requis pour réaliser une règle d'accord demeurent rares.

5.4.1.2 La tâche cible

La tâche exigée dans la révision de l'accord sujet-verbe dans les textes qu'on écrit comprend les étapes suivantes :

1. Repérer chaque verbe conjugué parmi les autres mots du texte. Certaines phrases seront simples, d'autres contiendront plus d'un verbe (par coordination, juxtaposition ou subordination). Certaines phrases contiendront également des verbes à l'infinitif ou au mode participe. De plus, certains mots qui sont parfois verbe, parfois nom (*danse, porte, montre, juge*), selon le contexte, viendront augmenter à l'occasion la difficulté de repérage.

2. Rechercher le sujet de chaque verbe et en déterminer la personne et le nombre. Dans un texte, la position et la structure du groupe sujet peuvent être variées : GN étendu dont il faudra identifier le noyau, présence d'un mot qui fait écran ou parfois d'une inversion du sujet, phrase qui commence par un groupe complément.

3. Écrire ou vérifier la terminaison adéquate du verbe selon la personne, le nombre, le temps et le mode, ainsi que le groupe du verbe.

On ne peut que constater l'écart important entre les tâches source et cible, c'est-à-dire entre la situation d'apprentissage (leçons et exercices) et la réalisation des accords en production. Lorsque l'élève écrit son propre texte, le raisonnement grammatical à réaliser est complet ; aucune consigne ne l'avertit de l'accord à effectuer ou de la présence d'un écran ou d'un homophone. Par contre, dans la situation d'apprentissage, l'élève n'aura le plus souvent exercé qu'un « morceau de règle » à la fois, et ce, dans des phrases dont la structure risque d'être moins variée que celles qu'il écrit. Ainsi, l'application d'une seule règle d'accord en production de texte reste une tâche beaucoup plus complexe que ce qui a été pratiqué dans les exercices.

Bien que les élèves sachent que ce qu'ils apprennent en grammaire leur sera utile, il ne faut pas s'étonner du peu de transfert des connaissances grammaticales en écriture lorsque la tâche source reste morcelée. Voyons maintenant ce qui peut réduire cet écart.

5.4.2 Le rapprochement de la situation d'apprentissage et de la situation cible

L'apprentissage d'une nouvelle notion de grammaire restera toujours une activité fort éloignée de la révision de texte, mais il est tout de même possible de réduire quelque peu cet écart, surtout dans les exemples qu'on soumet à l'observation des élèves. S'il n'est pas question d'aborder plusieurs notions nouvelles à la fois, celle à l'étude pourrait autant que possible être observée dans un texte et non dans des phrases ou des listes de mots isolés. Les phrases de ce texte devraient présenter une variété de sens et de structures au moins semblable à la variété qu'on trouve dans les écrits des élèves du niveau scolaire concerné. De plus, la phase d'observation devrait permettre à l'élève de réinvestir ses connaissances antérieures, ce qui signifie, par exemple, dans une activité sur l'imparfait :

- ne pas présenter de verbes indiqués en gras dans le texte d'observation de l'activité pour que l'élève cherche lui-même les verbes avant d'en examiner la formation et les finales ;
- ne pas utiliser *seulement* des verbes à l'imparfait dans le texte pour que l'élève ait à trier entre les verbes à des temps ou modes qu'il connait déjà, comme le présent de l'indicatif ou l'infinitif.

De cette manière, la phase d'observation ressemblera davantage à la résolution d'un problème d'écriture, nécessitant sans doute la discussion avec les pairs, plutôt qu'être une simple lecture de l'exemple avant la règle. Ces quelques éléments fournissent des pistes d'évaluation des leçons dans le matériel scolaire (*voir* l'encadré 5.6).

Encadré 5.6 Une grille d'observation des « leçons » ou activités d'apprentissage de grammaire dans le matériel scolaire

Examinez si les notions à apprendre sont traitées de manière à favoriser le transfert.

Trouve-t-on des leçons traditionnelles (exemples et explications à lire suivis d'exercices) ou de véritables activités d'apprentissage qui permettent aux élèves de découvrir par eux-mêmes la règle ou la notion à l'étude ?

Dans les activités d'apprentissage, les exemples à observer se situent-ils dans un texte ou dans une suite de phrases détachées ?

Ces exemples présentent-ils une variété du point de vue du sens et des structures ?

Les élèves doivent-ils y réinvestir leurs connaissances grammaticales antérieures ou les éléments sur lesquels porter l'attention sont-ils trop facilement repérables ?

Si les possibilités de réduire l'écart entre les activités d'apprentissage et la production de texte sont relativement limitées, il en va tout autrement des exercices. Il suffit de bannir les exercices « à trous » pour que l'élève mette en pratique un raisonnement plus complet, comme celui qu'il doit appliquer dans la révision de ses propres textes. On trouvera dans ce qui suit les caractéristiques que tout exercice devrait présenter ainsi que divers types d'exercices qui constituent des modèles intéressants pour en concevoir ou en choisir dans le matériel existant. Les derniers types d'exercices que nous présentons sont les plus proches de l'activité de rédaction ou de révision de textes. Mentionnons que plusieurs de ces exercices étaient déjà préconisés par Chiss et Filliolet (1982).

5.4.2.1 Les caractéristiques d'un exercice

Pour qu'il aide l'élève à recourir à un raisonnement grammatical complet, un exercice efficace devrait présenter les caractéristiques suivantes :

■ Rien ne doit être identifié d'avance pour l'élève dans l'ensemble des exercices proposés. Ainsi, il devra mobiliser autant ses connaissances antérieures (par exemple, le repérage du verbe conjugué) que la nouvelle connaissance (par exemple, la recherche du sujet, la conjugaison à l'imparfait).

■ Des traces d'analyse doivent être exigées comme preuve que le raisonnement grammatical a bien été réalisé ; par exemple, encadrer le groupe sujet, écrire la personne verbale au-dessus et flécher jusqu'au verbe ; ou souligner les GN puis indiquer leur genre et leur nombre (*voir* le chapitre 8, section 8.4). Ces traces, qui évolueront avec le niveau scolaire, sont précieuses pour l'enseignant, car elles lui permettent souvent de comprendre les procédures fautives que les élèves utilisent. En exigeant les mêmes traces lorsque les élèves révisent leurs propres textes, la situation d'exercice se rapproche encore davantage de la situation cible.

Un exercice doit fournir l'occasion de discuter de grammaire, après ou pendant l'exercice, collectivement ou entre pairs, en justifiant une analyse ou en confrontant des analyses différentes. En ce sens, les traces, bonnes ou fautives, constituent une excellente base de discussion. Pour justifier une analyse, l'élève doit utiliser le métalangage grammatical et verbaliser les manipulations employées. Ainsi, les exercices ou leur correction fournissent de nombreuses occasions de recourir au modelage du raisonnement grammatical. En somme, il s'agit de faire moins d'exercices, mais de privilégier un travail en profondeur.

5.4.2.2 L'exercice de repérage

Ce type d'exercice consiste tout simplement à identifier une notion grammaticale dans des phrases ou un texte. Il s'agit d'un type d'exercice assez éloigné de la situation cible, mais il est pertinent de le proposer immédiatement après une activité d'apprentissage. On peut utiliser un texte préparé à cette fin, un texte écrit par les élèves, un extrait de texte littéraire, de magazine ou de journal. Dans un texte, la notion à repérer ne sera pas nécessairement présente dans chaque phrase, ce qui oblige à une recherche plus attentive et non à du repérage sans réflexion. Voici quelques exemples d'exercices de ce type :

- Souligner les participes passés employés seuls.
- Encadrer le groupe nominal sujet et souligner le nom qui en constitue le noyau ; flécher au verbe qui reçoit l'accord.
- Identifier les cas d'accord sujet-verbe dans lesquels le sujet n'est pas situé immédiatement devant le verbe (puis, classer les mots qui font écran selon leur catégorie ou leur structure).
- Surligner les compléments de phrase (puis, s'interroger sur l'effet produit dans le texte par ceux qui ont été déplacés en début de phrase).
- Relever les groupes nominaux et les pronoms qui sont utilisés pour désigner un même personnage.

5.4.2.3 L'exercice de transformation

Ce type d'exercice, où il faut passer d'une structure à une autre, d'une formulation à une autre, favorise la capacité de mobiliser et de reconnaitre des formes de langue ou des structures. Il peut constituer une sorte de gymnastique du point de vue de la syntaxe autant que des accords. Il faut toujours s'assurer que les transformations demandées sont linguistiquement pertinentes, c'est-à-dire qu'elles produisent des phrases bien construites et « naturelles » ainsi qu'un texte cohérent. On peut proposer aux élèves de nombreux exercices de ce type, le plus souvent à partir de textes, sinon de phrases aux constructions variées. Nous en proposons quelques exemples :

- Modifier le temps des verbes (réécrire au passé un texte rédigé au présent ou l'inverse).

- Dans une histoire, changer un personnage par un autre de genre ou de nombre différent.
- Ajouter ou remplacer une structure (ajouter des adjectifs à 10 noms d'un texte, remplacer toutes les expansions dans les GN ou tous les compléments de phrase, etc.).
- Remplacer tous les noms par un autre de genre ou de nombre opposé et modifier en conséquence tous les accords qui s'en trouvent affectés.
- Transformer un type de phrase par un autre (ex.: produire des phrases impératives à partir de phrases déclaratives).

5.4.2.4 L'exercice de production de texte

Ce type d'exercice consiste à proposer aux élèves de composer des phrases ou des mini-textes en fournissant diverses contraintes grammaticales dans un esprit de jeu ou de défi. L'écart entre la situation d'exercice et la production de texte se trouve encore réduit, sans avoir toute l'ampleur d'une véritable situation d'écriture. Le mini-texte devra être révisé en laissant des traces pour les règles d'accord. Les phrases composées peuvent être dictées à un camarade, puis il y aura confrontation des corrections, ce qui suscitera encore des discussions grammaticales dans lesquelles les élèves devront justifier leur analyse. Les contraintes à proposer sont très nombreuses. Voici quelques suggestions:

- Inclure 10 verbes dans 3 phrases.
- Tous les GN doivent avoir une expansion.
- La moitié des noms seront au singulier, l'autre au pluriel (ou tous féminins).
- À partir de réponses, formuler les questions d'un intervieweur.
- Rédiger un texte dans lequel on trouvera quatre connecteurs de cause différents.
- Écrire un texte qui contiendra au moins une phrase de chaque type (déclaratif, interrogatif, etc.).
- Composer une histoire en interdisant de faire référence à un personnage deux fois de la même façon.

5.4.2.5 L'exercice de correction de texte

Un exercice de correction qui contient des erreurs typiques d'élèves exige aussi de mettre en pratique le raisonnement grammatical complet requis en révision de texte, comme dans une situation d'écriture. Puisqu'il faut détecter les erreurs avant de les corriger, l'élève devra vérifier tous les cas d'application de la règle dans le texte, fautifs ou non. Cette tâche est très proche de la véritable révision de texte, d'autant plus que la détection des erreurs demeure la principale difficulté des élèves, selon les résultats obtenus par Bisaillon (1991, 1992). La pratique d'une telle tâche sur des textes autres que les siens aidera l'élève à adopter le même type de relecture pour ses propres textes.

Certains enseignants s'opposent vivement aux exercices de recherche d'erreurs, de crainte que les élèves « enregistrent » davantage les erreurs que leur correction. Cette crainte n'est pas fondée, mais nous pouvons en expliquer la provenance. On parle en effet de fossilisation des erreurs. Il s'agit d'erreurs qui se sont automatisées et qui sont donc devenues extrêmement difficiles à corriger. Ce phénomène est bien connu dans l'apprentissage des langues secondes, à l'oral. Toutefois, pour se « fossiliser », l'apprenant doit commettre l'erreur à répétition et ne pas recevoir de rétroaction à son sujet. La situation est donc très différente dans le cas d'un exercice de recherche d'erreurs : tout d'abord, les erreurs doivent être semblables à celles que les élèves commettent (elles ne sont pas aléatoires comme dans les exercices de cacographie du XVIII\ :sup:`e` siècle – *voir* le chapitre 1, encadré 1.6) ; ensuite, l'exercice sera corrigé, comme tout autre exercice. De plus, la consigne indique à l'élève que le texte présente des erreurs, alors que l'apprenant de langue seconde n'est pas nécessairement conscient de celles qu'il commet en parlant, surtout si personne ne le reprend.

Les exercices de correction de texte peuvent être diversifiés selon les erreurs qu'ils contiennent :

- des erreurs dans une ou plusieurs règles d'accord à la fois, selon le niveau des élèves ;
- des erreurs de ponctuation ;
- des erreurs dans le choix des pronoms ou des connecteurs.

Ces quelques propositions concernant les activités d'apprentissage et les exercices de grammaire (et celles qui suivront dans la troisième partie du manuel) rejoignent les approches pédagogiques que préconise Tardif (1999) pour favoriser le transfert. Les élèves ont à soulever des questions, à fournir des arguments, à les justifier, ce qui suscite l'interaction entre pairs et les rend actifs dans le traitement des informations, c'est-à-dire actifs sur le plan cognitif. Les connaissances grammaticales sont travaillées sans oublier leur intégration fonctionnelle à la compétence orthographique, c'est-à-dire sans oublier la manière de s'en servir et de les combiner afin d'éviter le morcèlement des apprentissages grammaticaux.

Il reste cependant à articuler cette compétence orthographique à d'autres composantes de la compétence à écrire pour leur donner pleinement du sens. Comme l'écrit Jaffré (1995, p. 98) : « L'automatisation d'un savoir implique qu'on le mette au service d'un but qui le dépasse et, de ce point de vue, l'apprentissage de l'orthographe ne peut se passer de l'écriture [de textes]. »

Donner du sens aux apprentissages est fondamental pour favoriser leur transfert (Tardif, 1999). Lorsqu'un élève ne donne pas de sens à ses apprentissages, il développe la conception que ce qu'il apprend à l'école est bon pour l'école… et non dans la vie. Avec une telle conception, l'élève n'adopte pas une «posture mentale» qui le dispose à transférer ses apprentissages, il ne cherche pas à faire des liens, ne se demande pas où et quand tel apprentissage va lui servir. À l'inverse, l'élève qui accorde une valeur fonctionnelle et opérationnelle à ses apprentissages recherche cette valeur dans tout ce qu'il fait à l'école. En ce sens, les pratiques utilisées en classe peuvent être déterminantes (*voir* l'encadré 5.7). Devant les apprentissages en grammaire, l'élève qui ne perçoit pas l'utilité de savoir écrire dans la vie hors de l'école sera difficilement enclin à adopter cette attitude positive de «transféreur». Il semble clair que, pour soutenir les efforts requis dans l'apprentissage de la grammaire, les activités d'écriture et de production de textes dans des situations réelles de communication s'avèrent incontournables. Donner du sens aux apprentissages est également un facteur important de la motivation, ce dont nous traiterons à la section suivante.

| Encadré 5.7 | La perception des élèves à l'égard des activités scolaires |

Les conceptions des élèves ne sont pas des lubies, elles viennent, selon Tardif (1999), des pratiques scolaires.

L'anecdote suivante illustre bien le décalage possible entre les buts de l'enseignant dans les activités proposées et la perception des élèves.

À la sortie de l'école, une mère demande à sa fille de deuxième année ce qu'elle a appris à l'école ce jour-là. La petite fille réfléchit et déclare ne pas savoir. La mère reformule sa question :

— Qu'est-ce que tu as fait ? des mathématiques ? de la lecture ?

La petite fille hésite encore puis répond :

— J'ai fait des pages ! (Comprendre ici «remplir des pages de cahiers».)

La réponse de l'enseignant aurait certainement été tout autre !

5.5 LA MOTIVATION

Tenir compte de la motivation des élèves dans le renouvèlement des pratiques pédagogiques est devenu incontournable vu son rôle dans la réussite scolaire :

Dans le domaine de l'apprentissage, la motivation scolaire, observée au travers de l'engagement et de la persistance des élèves dans la tâche, est reconnue comme un facteur crucial de leur réussite à l'école.

(Tardif, 1999, p. 106)

La motivation est un phénomène propre à l'individu, mais de nombreux facteurs externes l'influencent. Viau (1999) mentionne quatre sortes de facteurs : ceux qui relèvent de la vie personnelle (famille, amis, loisirs); les facteurs sociaux (valeurs, culture, système scolaire); les facteurs qui relèvent de l'école (règlements, horaire, activités parascolaires); les facteurs qui ont trait à la classe et sur lesquels l'enseignant est le plus en mesure d'agir, comme nous le verrons ci-après.

Même si l'enseignant ne peut intervenir sur l'ensemble des facteurs qui influencent la motivation, son rôle demeure important : selon Viau (1999, p. 10), les facteurs liés à la classe « ont une influence prépondérante sur la dynamique motivationnelle des élèves ». Tardif (1999) va dans le même sens lorsqu'il considère la motivation non seulement comme une cause de la réussite scolaire, mais aussi comme une conséquence de la pertinence des activités pédagogiques vécues par l'élève.

Parmi les facteurs liés à la classe, Viau (1999, p. 99-102) mentionne plusieurs caractéristiques qui rendent une activité d'apprentissage motivante. Ces caractéristiques agissent sur les sources intrinsèques de la motivation, soit :

- la perception qu'a l'élève de la valeur de l'activité (son intérêt, son utilité);
- la perception de sa propre compétence à réaliser l'activité;
- la perception de contrôler le déroulement et le résultat de l'activité. Cela signifie que l'élève a le sentiment de pouvoir agir sur la façon dont se déroule l'activité et qu'il s'attribue un haut degré de responsabilité à l'égard des résultats obtenus.

Si ces conditions sont réunies, l'élève choisira de s'engager sur le plan cognitif et persévérera dans l'accomplissement d'une activité.

5.5.1 La perception qu'a l'élève de la valeur de l'activité

Pour qu'un élève accorde de la valeur à une activité, celle-ci doit avant tout être signifiante à ses yeux. Donner du sens aux apprentissages est au cœur de la motivation et c'est même, pour Lenoir (1991), une condition essentielle à l'apprentissage.

Avant d'aborder plus en détail ce qui peut rendre une activité de grammaire plus motivante, arrêtons-nous sur la motivation ou l'intérêt pour la grammaire en général. Tout enseignant sait bien que l'apprentissage de la grammaire est utile pour écrire et que maitriser l'écrit sera un gage de réussite à l'école, voire dans la vie. Comment se fait-il, alors, qu'un apprentissage aussi signifiant aux yeux des enseignants suscite si peu de motivation chez un grand nombre d'élèves ? Le problème réside justement dans les perceptions des élèves.

Il ne faut pas se leurrer, écrire sans fautes est d'abord une exigence sociale qui leur semble souvent arbitraire. Avouons-le : un certain pourcentage de fautes nuit rarement à la compréhension des élèves, et encore moins à la compréhension entre eux ! Cette pression sociale est difficile à comprendre et à accepter pour beaucoup d'élèves, car ils ne la ressentent pas souvent dans leur environnement. Bien écrire fait partie de l'univers quotidien d'un certain nombre d'adultes, mais non de la majorité des jeunes hors de la classe de français[4]. L'utilité de maitriser la norme du français reste donc lointaine, voire abstraite, pour eux s'ils n'ont pas dans leur milieu, à l'extérieur de l'école, des gens qui la pratiquent ou du moins la valorisent ou en ont besoin dans la vie. Respecter l'orthographe et la norme du français reste donc pour la majorité une exigence purement scolaire qui ne correspond pas à leurs propres préoccupations (*voir* l'encadré 5.8).

Encadré 5.8   L'importance de donner du sens aux apprentissages… pour apprendre

À quel moment de votre vie est-il devenu important pour vous de bien écrire ?

Une future enseignante du primaire avouait avoir commencé à s'intéresser à la grammaire et à faire attention à ses erreurs lorsqu'elle était au cégep… au moment où elle a décidé de se diriger vers l'enseignement !

Cela montre bien que c'est l'apprenant lui-même qui doit donner du sens à ses apprentissages, y retrouver ses propres buts.

Toutefois, comme les perceptions des élèves ne viennent pas uniquement de l'extérieur de l'école, un examen de « conscience scolaire » s'impose :

- Que fait-on pour que l'élève ressente l'utilité de bien écrire ? Que fait-on pour qu'il perçoive la pression sociale liée à la maitrise du français ? Combien de fois, durant l'année scolaire, les textes qu'écrivent les élèves sont-ils destinés réellement à autre chose qu'une évaluation de l'enseignant pour la note de français écrit ?

- Que fait-on pour que l'élève ressente l'utilité de faire de la grammaire ? Que fait-on pour aider l'élève à percevoir les activités de grammaire comme des solutions à ses propres difficultés en écriture ?

- Que fait-on pour que l'élève prenne conscience de ses apprentissages en grammaire, de ses progrès en écriture ?

Les caractéristiques qui rendent une activité d'apprentissage motivante, comme les expose Viau (1999), peuvent fournir des pistes pour améliorer la motivation dans les activités de grammaire. On y reconnaitra du même coup certains

---

4. Pour approfondir le sujet, nous renvoyons le lecteur aux recherches de Christine Barré-De Miniac (2000) sur le rapport à l'écrit de diverses populations scolaires.

fondements de la réforme des programmes de 2000 au primaire (et de 2005 au secondaire).

Ainsi, l'enseignant contribuera à augmenter la valeur d'une activité aux yeux de l'élève en proposant :

- des activités de grammaire qui s'intègrent à d'autres activités dans une séquence logique qui permet à l'élève d'établir des liens d'une activité à l'autre (pour accorder de la valeur à l'activité à l'intérieur de la séquence) ;
- des activités productives, visant la réalisation d'un produit qui n'est pas destiné uniquement à l'enseignant pour qu'il y appose une note ;
- des activités qui ont un caractère interdisciplinaire afin que l'élève perçoive mieux l'utilité de la maitrise de la langue.

Ces conditions sont réunies lorsque, par exemple, une activité de grammaire est réalisée au moment où les élèves se préparent à écrire ou à améliorer le brouillon d'un texte, que la ou les notions de grammaire à travailler sont utiles pour écrire le genre de texte à produire (comme les temps du passé dans un conte, les structures interrogatives dans un sondage), que le texte lui-même s'insère dans un projet plus vaste (voire interdisciplinaire) au terme duquel le texte final aura une diffusion réelle (affiche, recueil, exposition) lui assurant d'être lu par des personnes autres que l'enseignant. On reconnait ici, bien sûr, la pédagogie de projet, toujours motivante pour l'élève, surtout s'il a participé au choix ou à l'élaboration du projet.

À une échelle plus modeste, on peut aussi penser à des séquences d'activités de grammaire qui présentent l'ensemble des notions que l'élève doit connaitre pour atteindre un but précis, comme la maitrise de l'accord sujet-verbe : les caractéristiques du verbe, ce qui permet de l'identifier dans une phrase, les moyens de trouver son sujet, les terminaisons du verbe selon le temps et la personne et, enfin, quelques cas particulièrement difficiles concernant l'application de cette règle. Chaque notion trouvera son sens dans un enchainement logique orienté vers un but clairement déterminé. De plus, au terme d'une telle séquence, la production par les élèves d'affiches synthèses qu'ils pourront consulter dans la classe augmentera encore la valeur associée à la séquence.

Ainsi, améliorer l'enchainement des activités de grammaire et leurs liens avec les autres activités de la classe peut augmenter la valeur que les élèves accorderont à ces activités. Cela constitue un premier pas vers le soutien à la motivation des élèves.

Encadré 5.9 Quelques pistes pour observer les activités de grammaire dans le matériel scolaire, du point de vue de la perception de leur valeur

Examinez les activités de grammaire proposées dans un manuel scolaire.

Une activité de grammaire est-elle clairement liée aux activités de lecture et d'écriture du chapitre ou se présente-t-elle comme « la leçon de grammaire de la semaine », indépendamment du reste ?

Examinez l'ordre de présentation des notions. Une logique est-elle perceptible ? Trouve-t-on des activités de grammaire organisées par séquences, liées à un but déterminé ou saute-t-on d'une notion à l'autre sans lien apparent (par exemple, une activité sur un temps de verbe, puis une sur les types de phrases suivie d'une autre sur le pluriel des adjectifs) ?

À quel point le matériel examiné contribue-t-il à augmenter la valeur des activités de grammaire aux yeux de l'élève ? Que pouvez-vous faire, comme enseignant, pour l'améliorer de ce point de vue ?

5.5.2 La perception de sa propre compétence à réaliser une activité

Pour augmenter le sentiment de compétence de l'élève, une activité d'apprentissage doit présenter les caractéristiques suivantes : susciter l'engagement cognitif de l'élève ; permettre l'interaction entre les élèves ; et laisser un temps suffisant à l'élève pour qu'il termine l'activité.

Une activité doit susciter l'engagement cognitif de l'élève, lui présenter un défi, mais un défi surmontable. Lorsque la réussite d'une activité n'exige aucun effort de l'élève, qu'il peut exécuter celle-ci mécaniquement, sans mobiliser vraiment ses capacités intellectuelles, cette activité est alors trop facile et présente peu d'intérêt. Parmi les activités courantes en grammaire, les exercices « à trous » tombent vite dans cette catégorie. La plupart d'entre eux ne mobilisent en effet qu'une parcelle des connaissances grammaticales de l'élève. De plus, il arrive que des élèves réussissent un exercice en utilisant des stratégies tout autres que celles visées. Par exemple, en se servant des indices donnés dans la consigne comme l'annonce de la présence d'un mot écran dans toutes les phrases, l'élève comprendra vite qu'il doit reculer de deux mots pour faire l'accord du verbe sans mettre en pratique la procédure d'encadrement du sujet qui lui permet pourtant de l'identifier dans les phrases de ses textes, avec ou sans mot écran.

La réussite de l'activité doit cependant rester à la portée de l'élève, ses efforts doivent être fructueux pour qu'il se sente compétent. L'élève apprend ainsi qu'il vaut la peine de faire des efforts. Une activité trop difficile sera démotivante, entrainant l'élève dans un sentiment d'incompétence.

Une activité doit permettre à l'élève d'interagir avec les pairs, de collaborer. «Des activités axées sur la compétition plutôt que sur la collaboration ne peuvent motiver que les plus forts, c'est-à-dire ceux qui ont des chances de gagner», écrit Viau (1999, p. 102). On sait que le savoir se construit et se précise dans les interactions avec les autres (*voir* la section 5.1). En collaborant entre eux, les élèves peuvent mener à bien une activité qu'ils ne réussiraient pas seuls. L'échange et la collaboration favorisent ainsi l'apprentissage et, de ce fait, le sentiment de compétence de l'élève. De plus, le travail coopératif amène les élèves à exercer un certain contrôle sur le déroulement de l'activité, ils doivent davantage faire des choix, s'organiser, ce qui contribue aussi à rendre l'activité motivante.

Enfin, l'élève doit disposer d'un temps suffisant pour réaliser l'activité. Un élève plus lent qui n'aurait jamais le temps de terminer la révision de son texte ou d'en écrire la conclusion éprouve une certaine frustration qui mine son sentiment de compétence. Respecter le rythme de chacun, même dans des limites raisonnables, est un principe très simple à expliquer, mais extrêmement difficile à mettre en application dans la majorité des classes qui fonctionnent sur le modèle «tous changent d'activité en même temps». Par contre, dans une classe qui adopte soit une pédagogie de projet, soit un fonctionnement par ateliers, soit l'approche intégrée du langage (Boudreau, 1995), tous les élèves ne font pas nécessairement la même activité en même temps, et cette condition est alors plus facilement remplie.

5.5.3 La perception de contrôler le déroulement et le résultat de l'activité

Pour qu'une activité d'apprentissage permette d'augmenter le contrôle qu'a l'élève sur le déroulement et les résultats de l'activité, l'enseignant peut lui laisser faire certains choix et lui présenter des activités diversifiées. Il ne s'agit pas de laisser l'élève choisir ce qu'il veut apprendre, mais de lui laisser prendre certaines décisions quant au déroulement d'une activité (par exemple, choix des coéquipiers, de l'organisation pour accomplir la tâche, choix du mode de présentation des résultats). L'élève se sent ainsi plus responsable de ses apprentissages. Lorsque toutes les activités sont intégralement issues des décisions de l'enseignant et que les élèves doivent les accomplir tous en même temps, cela devient une source de démotivation.

Quant à la diversité, elle «doit d'abord se retrouver dans le nombre de tâches à accomplir dans une même activité», précise Viau (1999, p. 100). Voilà une explication supplémentaire au peu de motivation que suscite généralement un exercice «à trous» chez les élèves. Lorsque de telles activités deviennent routinières, elles sont encore moins motivantes et diminuent d'autant le sentiment qu'a l'élève d'exercer du contrôle sur ses apprentissages. Par ailleurs, elles peuvent avoir un effet pernicieux sur certains élèves en leur donnant un faux sentiment de sécurité, car ils atteignent une réussite qui leur parait acceptable sans devoir réellement s'engager dans l'apprentissage.

Pour terminer cette section sur la motivation, précisons qu'une activité d'apprentissage motivante ne présente pas nécessairement toutes les caractéristiques énoncées ; il est plus réaliste de viser l'ensemble de ces conditions à l'intérieur d'une séquence de plusieurs activités.

5.6 LE RÔLE DE L'ENSEIGNANT DANS LA CONSTRUCTION DU SAVOIR

Il est toujours difficile d'appliquer une théorie et les principes qui en découlent, même lorsqu'on est convaincu du bienfondé de cette théorie. Or, ce que l'élève perçoit de l'enseignant, ce sont ses actions concrètes, ses gestes, ses attitudes ; autrement dit, l'application et non la théorie. Entre les principes auxquels l'enseignant croit et qu'il veut appliquer dans sa classe et les gestes concrets qu'il pose et que les élèves perçoivent, l'écart peut être plus ou moins grand : on a souvent la tête dans le socioconstructivisme, mais l'applique-t-on vraiment ? Pour l'enseignant aussi, le transfert de la théorie à la pratique n'est pas toujours simple !

Le rôle de l'enseignant dans la construction du savoir n'est donc pas facile à cerner. Il ne se résume surtout pas à une liste d'actions à poser ; au contraire, ce rôle nécessite une constante réévaluation de ses propres actions. Un retour aux bases de la situation pédagogique s'avère nécessaire pour réfléchir sur la pratique en enseignement de la grammaire.

Le modèle de la situation pédagogique de Houssaye (dans Lenoir, 1991) prend la forme d'un triangle selon ses trois composantes : l'apprenant, l'enseignant et le savoir. Les relations deux à deux entre ces composantes définissent trois processus : *enseigner, apprendre* et *former* (*voir* la figure 5.1).

Figure 5.1 Les composantes et les *processus* de la situation pédagogique

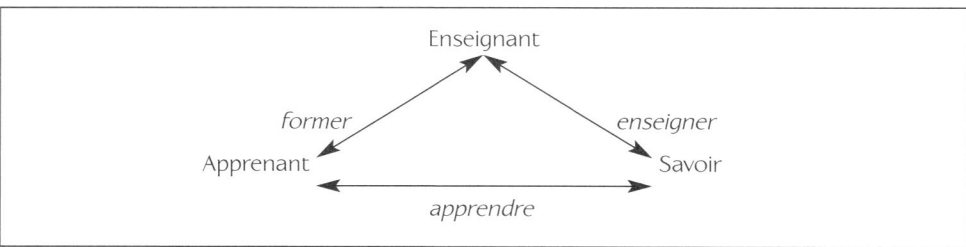

À partir de ce modèle, Lenoir (1991) a procédé à un classement des méthodes d'enseignement selon le processus privilégié par la méthode et le mode

d'appropriation du savoir qui en résulte pour l'élève. Les méthodes d'*hétérostructuration cognitive* privilégient le processus *enseigner*, les méthodes d'*autostructuration cognitive* mettent l'accent sur la relation maitre-élève (donc sur le processus *former*), tandis que les méthodes d'*interstructuration cognitive* privilégient le processus *apprendre*. Les méthodes décrites ci-après le sont dans une forme caricaturale, pour mieux en faire ressortir les dérives possibles ou l'idéal vers lequel on tend ; la réalité est plus nuancée.

5.6.1 Les méthodes d'hétérostructuration cognitive

Lorsque l'accent est mis sur le processus *enseigner*, Lenoir (1991) parle d'hétérostructuration cognitive parce que le savoir arrive à l'élève en étant organisé à l'avance pour lui, par une autre personne. Par exemple, un enseignant qui fournit un algorithme à ses élèves, comme procédure pour trouver le sujet, leur transmet un savoir « prémâché ». Même si ce savoir s'avère juste, les élèves n'ont rien construit, ils n'ont pas réfléchi à la procédure ou à sa pertinence par rapport à d'autres procédures.

Parmi ces méthodes se trouvent à la fois la pédagogie traditionnelle et la pédagogie par objectifs puisque, dans les deux cas, la structuration du savoir y est imposée de l'extérieur. Dans une pédagogie traditionnelle, le savoir est transmis à l'élève par le discours du « maitre », qui en est le détenteur. Il s'agit, en somme, de l'enseignement magistral. L'enseignant qui explique à ses élèves la manipulation de l'encadrement du sujet par *c'est … qui*, avec exemple à l'appui au tableau, utilise une méthode traditionnelle même s'il enseigne un contenu de la nouvelle grammaire.

La pédagogie par objectifs a dominé les années 1980. Elle a mené à des programmes précisant de nombreux objectifs et sous-objectifs, chacun conduisant à son évaluation, élément par élément. Lenoir (1991), comme Tardif (1999) d'ailleurs, dénonce une telle fascination pour la décomposition du savoir en objectifs atomisés et hiérarchisés, faisant de l'enseignant un technicien qui dépend entièrement du matériel scolaire, ce qui revient au même du point de vue de la structuration du savoir pour l'élève : tout lui vient de l'extérieur. L'élève doit passer par un chemin tracé d'avance pour lui, dans lequel on cherche à tout contrôler[5]. C'est la pédagogie de la bonne réponse, une réponse qui n'exige pas beaucoup de réflexion, qui vient souvent à l'esprit en une fraction de seconde tellement le chemin a été soigneusement balisé. Il y a lieu de se questionner sur ce qu'apprend vraiment un élève qui peut répondre aux questions du maitre (ou celles posées dans le cahier) quasi instantanément. On considère aujourd'hui que cette pédagogie de la bonne réponse, menant à des interventions qui assurent

---

5. Selon Lenoir, même les méthodes qui se prétendaient inductives fournissaient trop souvent à l'élève des exemples si bien contrôlés qu'ils ne menaient qu'à des pseudo-découvertes et non à une réelle construction du savoir.

leur réussite tout en empêchant l'erreur, ne garantit pas la compréhension de l'élève.

Dans l'enseignement de la grammaire, la pédagogie par objectifs a mené à la prolifération des exercices « à trous ». Ceux-ci portent sur un élément de grammaire tellement infime par rapport à l'ensemble des connaissances à mobiliser dans le raisonnement grammatical requis en écriture que l'effort cognitif à fournir par l'élève pour y répondre est à peu près inexistant. À titre d'exemple, mentionnons des consignes comme : « Écris au présent de l'indicatif ces verbes en *–ir* qui se conjuguent comme les verbes en *–er*. » Cette consigne se trouve dans une page d'exercices intitulée « Les finales *–e, –s, –x, –ai* et *–ds* des verbes au présent de l'indicatif avec *je* ou *j'* » (Breton, 1988, p. 40). Les verbes de l'exercice sont, bien sûr, de la série *offrir, souffrir, ouvrir*, etc.

Cette pédagogie par objectifs et sous-objectifs offre à l'élève des savoirs trop morcelés. Or, on sait maintenant qu'un tel découpage du savoir n'amène pas l'élève à établir des liens entre ses diverses connaissances, qui restent alors comme *des ilots flottants à la dérive*, pour employer l'expression de Tardif (1999). Dans l'enseignement qu'il reçoit, l'élève ne perçoit pas les liens que l'adulte a faits pour lui. Voici un bon exemple de ce phénomène en grammaire : beaucoup d'élèves ont appris, d'une part, à conjuguer le verbe *avoir* au présent, puis à l'imparfait et, d'autre part, à remplacer *a* par *avait* dans des exercices sur les homophones *a* et *à*. Ces mêmes élèves n'établissent souvent aucun lien entre l'homophone et la forme du verbe au présent ; ils pensent que le mot *a* appartient à la catégorie des homophones (et non du verbe) et ne savent pas expliquer pourquoi le « truc » du remplacement fonctionne (*voir* le chapitre 3).

5.6.2 Les méthodes d'autostructuration cognitive

Ces méthodes donnent priorité à la relation enseignant-apprenant, au savoir-être. Le maitre s'interdit d'imposer un savoir, l'apprenant est ainsi totalement responsable de ses apprentissages. C'est, dit Lenoir (1991), la pédagogie de la question… que se pose l'élève. Pour caricaturer cette vision de l'enseignement dans le domaine de la grammaire, disons que seuls les élèves qui se passionnent pour l'accord sujet-verbe se pencheraient sur le problème et mettraient au point une procédure pour réaliser cet accord à l'écrit.

Un exemple de cette approche pédagogique qui se base uniquement sur les initiatives des élèves sans contraintes venant de l'enseignant ou des programmes se trouve à l'école de Summerhill (*voir* l'encadré 5.10). On peut penser également à la pédagogie de Célestin Freinet[6], dont l'action éducative se fonde sur des principes appelés « invariants », parmi lesquels on trouve :

---

6. Les écrits de Freinet ont été publiés surtout au cours des années 1940 et 1950, mais de nombreuses écoles s'en inspirent encore. Pour en savoir plus : www.freinet.org

- *Nul – l'enfant pas plus que l'adulte – n'aime être commandé d'autorité.*

- *Nul n'aime s'aligner, parce que s'aligner, c'est obéir passivement à un ordre extérieur.*

- *Nul n'aime se voir contraint à faire un certain travail, même si ce travail ne lui déplaît pas particulièrement. C'est la contrainte qui est paralysante.*

(www.freinet.org/invariants)

Encadré 5.10	L'école de Summerhill

L'illustration la plus extrême de cette approche se trouve à l'école de Summerhill, en Angleterre. Fondée en 1921 par Alexander Neill[7], en vive réaction à la rigidité de l'école et de la société de l'époque, cette école privée se fonde sur deux principes fondamentaux : la liberté des élèves et l'autoresponsabilité. Les cours y sont facultatifs, les enfants peuvent jouer autant qu'ils le veulent, ne jamais faire de mathématiques si c'est ce qu'ils désirent (bien qu'ils fréquentent ce pensionnat jusqu'à l'âge adulte). Les règles de vie y sont également décidées en communauté : professeurs et élèves constituent autant de membres votants.

Puisque c'est le bonheur de l'enfant qui importe (à cet effet, Neill lui-même disait préférer former des concierges heureux que des savants névrosés), le rôle de l'enseignant consiste avant tout à veiller au plein épanouissement de chaque élève.

Pour Lenoir (1991), dans l'application des méthodes d'autostructuration cognitive, la préoccupation pour la transmission d'un savoir savant et organisé disparait au profit de la réalisation de soi, de l'expérience de la vie. La construction du savoir chez l'élève est reléguée au hasard, selon ses champs d'intérêt, sa propre curiosité.

Lorsqu'un enseignant adopte une pédagogie de projet, il lui est facile de tomber dans une telle dérive. Mentionnons toutefois que celle-ci est rarement (voire jamais) appliquée de manière aussi « pure ». Freinet (1937) lui-même propose de nombreuses activités autour de la grammaire, dont des exercices répétés et méthodiques, pour quelques notions comme l'accord au pluriel des noms et adjectifs ou la conjugaison des verbes, bien que ces exercices soient une mesure provisoire seulement. En effet, dans la pédagogie Freinet, l'enseignement et la pratique de la grammaire se réalisent surtout en lien avec la production de textes authentiques, notamment le journal de la classe. Chaque jour, une « mise au point des textes à imprimer » permet à l'enseignant d'attirer l'attention des enfants sur

---

7. Pour en savoir plus : le livre d'A. S. Neill, *Libres enfants de Summerhill,* a été récemment réédité aux éditions La Découverte. La première édition anglaise date de 1960 et celle en français, de 1968. Voir aussi le site de l'école : www.summerhillschool.co.uk

certaines formes ou règles grammaticales, et, pour réviser leurs textes, ils ont recours à un « fichier autocorrectif de grammaire ».

Du point de vue de la didactique du français, le bouleversement apporté par Freinet a été de faire écrire des textes aux élèves dès le début de la scolarité et de travailler la grammaire et l'orthographe à partir de ces écrits et des fautes qu'ils contenaient, alors qu'à l'époque les manuels de grammaire ne présentaient que des textes de la littérature. Ainsi, on peut dire que la pédagogie d'aujourd'hui s'inspire de ces modèles sans nécessairement dériver dans l'extrême de Summerhill.

5.6.3 Les méthodes d'interstructuration cognitive

Lorsque la méthode d'enseignement donne priorité au processus d'apprentissage de l'élève, Lenoir (1991) la classe parmi les méthodes d'interstructuration cognitive parce que l'élève construit lui-même son savoir, mais grâce à la médiation de l'enseignant. Il s'agit, par exemple, de faire construire aux élèves une procédure pour réaliser l'accord sujet-verbe, puis de la mettre à l'épreuve, la tester et la réajuster au besoin. Dans cette démarche, une phase d'essais et d'erreurs de la part de l'apprenant est incontournable puisque l'enseignant n'est pas là pour lui fournir un algorithme parfait qui peut être appliqué sans comprendre. Toutefois, on évite tout de même la lenteur d'une redécouverte totale par l'élève, car l'enseignant intervient pour guider sa réflexion. L'objectivation ou le retour sur la pratique, qui consiste à extraire de nouvelles connaissances à partir de l'expérience (à les décontextualiser), est en effet toujours mené avec l'aide de l'enseignant.

Ces méthodes puisent dans les acquis récents de la psychologie cognitive : d'une part, on considère qu'il y a apprentissage seulement dans la mesure où les nouvelles connaissances modifient les représentations initiales dans la mémoire à long terme ; d'autre part, on laisse une large place à la métacognition puisque la démarche d'apprentissage s'y trouve elle-même objet d'apprentissage. L'enseignant y joue un rôle valorisant, celui d'établir et de maintenir les conditions propices à l'apprentissage en tenant compte de ces deux conditions inséparables du processus : la production du savoir et la production d'un sens à ce savoir (Lenoir, 1991).

Pour produire du savoir, l'enseignant doit placer l'élève devant des défis et l'amener à se dépasser. Le travail à effectuer doit nécessiter un réel apprentissage chez l'élève. Il n'aura probablement rien appris s'il peut le faire bien, seul et sans aide (ce qui signifie que la tâche n'était pas située dans sa zone proximale de développement).

Mais pour donner un sens au savoir, pour en saisir toute la pertinence, les activités que l'enseignant propose doivent provenir de réelles questions soulevées par les élèves ou de difficultés qu'ils éprouvent. De plus, si les élèves participent à la définition du but à atteindre et au choix des moyens pour y arriver, ils percevront encore mieux le sens des apprentissages à réaliser dans les activités scolaires, car ils y retrouveront leurs propres intentions.

Lenoir (1991) situe les méthodes d'interstructuration cognitive sur l'arête Apprenant-Savoir du triangle pédagogique, mettant l'accent sur le processus *apprendre*. Toutefois, étant donné l'importance du rôle de l'enseignant dans ces méthodes et la prise en compte des champs d'intérêt et besoins des élèves, nous les situons plutôt en équilibre au centre de la situation pédagogique. C'est d'ailleurs cet équilibre qui, pour Halté (1993), est à rechercher ; car la concentration sur un pôle, quel qu'il soit, constitue une dérive pédagogique.

Il est difficile de nos jours d'imaginer un élève qui recevrait uniquement un enseignement magistral ou un enseignant qui laisserait une entière liberté à ses élèves. Cela dit, dans la réalité de la salle de classe, ces méthodes où l'enseignant est un médiateur agissant dans la construction du savoir de l'élève restent difficiles à mettre en œuvre. Dans la recherche d'un tel équilibre, l'enseignant, en fait, oscille souvent d'un pôle à l'autre du triangle pédagogique et doit se réajuster constamment en se posant des questions comme celles-ci lorsqu'il réfléchit à sa pratique :

- Est-ce que je guide trop les élèves… ou trop peu ?
- Est-ce que je transmets trop vite des savoirs trop organisés à l'avance ?
- Est-ce que je laisse trop les élèves à eux-mêmes ?
- Les élèves perdent-ils leur temps ?
- Ne suis-je pas moi-même en train de perdre mon temps à les regarder tâtonner (alors que je pourrais si facilement leur montrer exactement ce qu'il faut faire) ?
- Ont-ils besoin de ce tâtonnement ?
- Quand dois-je intervenir ?

Les activités de grammaire que nous proposons dans la troisième partie de cet ouvrage ont pour but d'aider l'enseignant à trouver cet équilibre dans l'enseignement de la grammaire.

CONCLUSION

L'enseignement de la grammaire n'a de sens que dans une perspective d'amélioration des compétences des élèves en écriture et en lecture, donc de transfert des apprentissages dans le domaine de la langue écrite. De nombreuses composantes y contribuent, et ce, dès le début de l'enseignement : amener l'élève à une compréhension approfondie des notions de grammaire, tenir compte de tous les types de connaissances, se préoccuper de leur organisation en mémoire, rapprocher les situations d'apprentissage et d'exercices des situations de production de texte, tout en agissant sur les facteurs qui peuvent influencer la motivation des élèves et leur attitude à l'égard de l'écrit et de la grammaire. De plus, il est primordial pour l'enseignant d'avoir accès aux connaissances antérieures des élèves, non pas en leur rappelant simplement les notions déjà *enseignées*, mais en s'intéressant plutôt à ce qu'ils ont vraiment *appris*: leurs représentations et procédures en grammaire.

Dans cette lourde tâche, point de recette miracle. Les diverses interventions qui découlent des recherches et théories de l'apprentissage, et dans lesquelles l'enseignant est un médiateur agissant dans la construction du savoir de l'élève, restent difficiles à mettre en œuvre. Elles exigent de l'enseignant une constante réflexion sur sa pratique pour que les gestes qu'il pose en classe soient bien en lien avec les principes qu'il veut appliquer et que cela soit également perçu des élèves. Les exemples d'activités et d'exercices présentés dans la troisième partie de l'ouvrage contribueront à concrétiser les interventions brièvement décrites dans ce chapitre.

CHAPITRE 6

LES CONCEPTIONS ET LES PROCÉDURES QUE LES ÉLÈVES ÉLABORENT EN GRAMMAIRE

L'apprenant apprend par lui-même, au travers de ce qu'il est et de ce qu'il sait. On ne peut pas apprendre à sa place. Et pourtant il faut être bien présent car il ne peut apprendre seul.

Giordan, 1998, p. 17.

Dans toute la tradition de l'enseignement de la grammaire, presque aussi vieille que l'école, on s'est très peu préoccupé de savoir comment l'élève comprenait les notions grammaticales enseignées, comment il se les appropriait et comment il s'en servait. Ce genre de questions a d'abord été soulevé dans d'autres champs disciplinaires. En didactique des sciences ou des mathématiques, en particulier, l'intérêt porté à la manière dont les élèves s'approprient les concepts propres à ces disciplines occupe une place centrale[1]. Le nombre, la fraction, la cellule, la fécondation, la croissance des plantes et la gravité ne sont que quelques exemples des notions qui ont été scrutées par les chercheurs. Leurs travaux ont fortement contribué à faire évoluer la compréhension que nous avions de l'apprentissage humain et à alimenter le modèle dynamique et constructiviste qui fait consensus aujourd'hui (*voir* le chapitre 5).

Parmi les constats établis par les didacticiens des sciences et des mathématiques[2], rappelons le fait que l'apprenant, quelle que soit la matière, part toujours de quelque chose, d'un certain *déjà-là*. Ces conceptions et connaissances que l'élève possède constituent une structure d'accueil à laquelle l'information nouvelle peut venir se greffer, mais elles agissent aussi comme un filtre à son égard ou y font carrément obstacle. Les obstacles qui sont dus à des conceptions antérieures et qui se créent tout au long des apprentissages se révèlent souvent très difficiles à dépasser. Cela nécessite de placer l'élève dans une situation qui l'amène à éprouver la supériorité d'une nouvelle conception par rapport à une ancienne. De nombreuses observations montrent aussi que des conceptions antérieures inadéquates peuvent continuer à exister à côté de conceptions justes, même chez des apprenants avancés. Par exemple, dans le domaine de la physique, des étudiants universitaires capables de résoudre des problèmes impliquant le

---

1. On peut même dire que c'est la découverte des difficultés que pose, sur le plan conceptuel, l'enseignement de ces disciplines qui a conduit à l'émergence du champ des didactiques disciplinaires au cours des années 1970.

2. Voir, entre autres : Astolfi, J.P. et Develay, M. 1989. *La didactique des sciences,* Paris, PUF (Que sais-je ?) ; Giordan, A. et de Vecchi, G. 1987. *Les origines du savoir. Des conceptions des apprenants aux concepts scientifiques,* Neuchâtel, Dalachaux et Niestlé ; Joshua, S. et Dupin, J.-J. 1993. *Introduction à la didactique des sciences et des mathématiques,* Paris, PUF.

déplacement peuvent, à d'autres moments, s'appuyer sur la conception erronée (naïve) qu'un objet en chute libre conserve son mouvement initial, un peu comme les personnages de dessins animés qui poursuivent leur course au-dessus d'un précipice ! On trouvera d'autres exemples de conceptions d'apprenants dans l'encadré 6.1.

Il n'en va pas autrement quand on considère les notions grammaticales. Les études dont nous disposons révèlent que les élèves s'approprient lentement des notions telles que *nom*, *sujet*, *adjectif*, *singulier-pluriel*, *masculin-féminin*, *conjuguer*, *accorder*, etc. Ils doivent intégrer et reconstruire pour eux-mêmes le sens de ces notions, et de bien d'autres, qui constituent le métalangage grammatical. Il s'agit d'une tâche imposante et difficile, qui n'est pas encore suffisamment prise en compte par l'école. Par ailleurs, l'appropriation de l'orthographe grammaticale suppose l'utilisation de connaissances multiples et de procédures à l'intérieur d'une tâche d'écriture déjà complexe. Dans ce chapitre, nous allons nous arrêter à ces deux dimensions des savoirs langagiers que les élèves ont à construire dans l'apprentissage de l'écrit : les *connaissances grammaticales* (dites *métalinguistiques*) et les *procédures*.

Encadré 6.1 Des conceptions d'apprenants dans le domaine des sciences

À propos de la vie des plantes, chez des enfants de la maternelle :

- En mettant plusieurs graines dans le même trou, on obtiendra une plante plus grosse que si l'on y dépose une seule graine.
- Le passage de la graine au radis se fait directement, il n'y a pas d'étapes intermédiaires.
- Pour grandir, la plante a besoin d'eau et de terre (le rôle de la lumière dans la vie végétale n'est pas pris en compte).

Ces conceptions sont observées dans les dessins des enfants et dans leurs verbalisations. En planifiant des activités d'expérimentation (semer des graines et faire pousser des plantes) accompagnées d'observations, l'enseignant amène les enfants à se questionner, à chercher des réponses et à faire évoluer leurs conceptions premières.

Source : Adapté de Coquidé-Cantor et Giordan, 1997, p. 31-32.

À propos de la respiration (conceptions typiques observables de l'école primaire jusqu'à l'université) :

- L'air entre par le nez et par la bouche.
- L'air ne fait qu'entrer et sortir des poumons (il n'y a pas d'échanges gazeux).
- C'est le cœur qui fait circuler l'air (par ses battements).

Source : Adapté de De Vecchi, 1992, p. 103.

Dans une première partie, nous verrons qu'une forme élémentaire de conscience du langage apparait dans le contexte même du développement langagier, mais que l'interaction avec l'écrit marque le début véritable des activités métalinguistiques dont nous évoquerons les divers aspects.

Dans une seconde partie, nous nous intéresserons aux conceptions que les élèves élaborent relativement aux notions grammaticales apprises à l'école. Nous nous pencherons sur le processus d'*acquisition* de l'orthographe, en nous arrêtant particulièrement aux étapes de la conquête du nombre (marques du pluriel).

6.1 L'ACTIVITÉ MÉTALINGUISTIQUE

Le linguiste Guillaume aimait dire que le langage est fait pour parler de tout, y compris de lui-même. Cet usage particulier du langage, que Jakobson désignait comme relevant de la fonction métalinguistique, nous fait d'abord penser à l'emploi des termes grammaticaux, tels que *nom, verbe, conjugaison*.

Mais l'activité métalinguistique ne se limite pas à l'emploi de vocabulaire ; on entend par là toute activité qui suppose que le langage est mis à distance et se trouve pris comme objet de réflexion. En voici un exemple : dans une classe de maternelle, les enfants imaginent un ballon qui vole dans les airs. Un garçon dit : « I' va péter. » Une petite fille le reprend : « Non, c'est pas péter, on dit éclater ! » Dans cet énoncé, la petite fille s'extrait du cours de la conversation, son propos concerne la manière dont le langage a été utilisé : son commentaire n'est pas en rapport avec le fait « d'éclater », mais bien avec le mot qui a été employé. Elle se livre ainsi à une activité métalinguistique[3].

La métacognition est une dimension fondamentale de l'intelligence humaine qui permet de réfléchir sur ses propres processus de pensée et d'exercer un contrôle sur son activité. La métacognition joue un rôle très important dans l'apprentissage et dans la réussite scolaire. Dans le domaine du langage, le développement d'une activité métalinguistique émerge d'abord de l'utilisation même de la langue orale, puis apparait plus spécifiquement avec la manipulation de l'écrit et, en contexte scolaire, avec les apprentissages formels en lecture-écriture. Nous examinons dans ce qui suit ces trois sources du développement métalinguistique.

6.1.1 Les préludes de la conscience métalinguistique

Un enfant apprend à parler *en parlant avec des personnes plus expertes* et qui sont réellement désireuses de communiquer avec lui. C'est en utilisant la langue pour répondre à ses besoins que l'enfant découvre comment elle fonctionne. Il

---

3. Rappelons que le préfixe « méta », dans le domaine scientifique, signifie « ce qui dépasse, ce qui englobe (un objet de pensée ou une science) ». (*Le Robert*)

ne reçoit aucun enseignement formel pour y arriver. Cet apprentissage tout à fait extraordinaire s'effectue de manière inconsciente ; par exemple, un enfant n'a pas conscience qu'il commence à combiner des unités pour construire des énoncés ni qu'il est en train d'apprendre à utiliser les temps du passé. Pourtant, l'évolution de son langage montre bien qu'il découvre et intériorise peu à peu les règles qui lui permettent de parler d'une manière qui se rapproche de plus en plus du modèle adulte.

Tôt dans le cours de l'acquisition du langage, on décèle les indices d'une certaine mise à distance de la langue. Dès l'âge de deux ans, par exemple, les auto-corrections que fait l'enfant constituent une forme de « retour » sur sa propre parole. Bonnet et Tamine-Gardes (1984) ont cerné trois grandes étapes dans ce développement. Voyons-les tour à tour.

D'abord, entre l'âge de deux et trois ans, l'enfant manifeste sa conscience de parler et une connaissance du nom des choses. Pendant cette période, il s'exprime à propos de divers types d'évènements sonores : paroles, émissions vocales des animaux, bruits d'objets, en utilisant des verbes comme *dire, faire, parler, appeler*. Il peut évoquer sa propre activité immédiate, par exemple : *j'ai dit « bonjour »*. C'est durant cette étape que l'enfant pose beaucoup de questions sur le nom des choses : *sessa ? ça-s'appelle ça ?*, et, pour lui, un nom est indissociable de la personne ou de l'objet qu'il désigne : c'est une propriété de l'objet, tout comme sa forme ou sa couleur.

Au cours de la deuxième étape, qui va de l'âge de trois ans à quatre ans et demi, l'enfant exprime qu'il est conscient de ses intentions de locuteur : il sait ce qu'il veut dire, pourquoi il le dit et pourquoi il a choisi tel mot pour le dire. Il commence aussi à envisager les mots comme des objets distincts des choses qu'ils servent à désigner. On remarque durant cette période qu'il peut « citer ». En voici un exemple provenant de nos propres données : « Quand maman va dire "assez !", après moi 'va sortir du bain vite-vite-vite. » (J.-F., 3;1 ans.) L'enfant de cet âge commence également à parler des signes eux-mêmes : *(tel mot) c'est pour dire,* et à considérer la relation entre le mot et la réalité. Il cherche alors à justifier ou à comprendre la forme d'un mot à partir du sens évoqué ; par exemple, à propos du savon Palmolive : « Pourquoi, il est plein d'olives ? », demande Valérie (3;1 ans) (Bonnet et Tamine-Gardes, 1984, p. 129). Le signe linguistique est ainsi appréhendé de manière globale et dans sa relation au réel.

À la troisième étape, entre l'âge de quatre ans et demi et six ans, l'enfant manifeste sa conscience de son identité de locuteur et sa connaissance des deux faces du signe linguistique : c'est le véritable début de la conscience métalinguistique. Au cours de cette période, il parvient à dissocier la dimension matérielle du signe (sa forme sonore) et sa signification (son sens). C'est pourquoi l'enfant de cet âge est sensible aux rimes (rapprochement des sons) et à certains jeux de mots. Par exemple, il rira de la devinette classique : « Quel est le mot le plus long ?

Élastique », montrant ainsi qu'il sépare bien le signe linguistique (le mot « élastique ») et les propriétés de l'objet désigné par ce signe (le fait de s'étirer). Il peut également référer à la signification de ce qui est dit en utilisant *vouloir dire* et rapporter une information dans des termes différents de ceux qui ont été utilisés.

On voit donc comment, au fur et à mesure que l'enfant apprend à parler, il devient, d'une part, de plus en plus conscient de son activité de parole et du contrôle qu'il peut exercer sur cette activité et, d'autre part, de plus en plus attentif à la langue elle-même.

6.1.2 La conscience de l'écrit

L'écrit étant omniprésent dans nos sociétés, les enfants sont également exposés à la forme écrite du langage (livres, journaux, courrier, listes d'épicerie, et même télévision et ordinateur). Avant d'arriver à l'école, ils développent, à des degrés divers, une conscience de l'écrit, c'est-à-dire un ensemble de connaissances et d'habiletés relatives à la lecture et à l'écriture. L'interaction avec l'écrit va stimuler l'activité métalinguistique, comme l'exprime Gombert (1991, p. 145) : « Les capacités métalinguistiques se présentent donc en quelque sorte comme un sous-produit de l'apprentissage de la manipulation de l'écrit. »

Emilia Ferreiro a commencé, à la fin des années 1970, à étudier comment les enfants manifestent, bien avant l'école, une connaissance des propriétés et des règles de fonctionnement de la langue écrite. Comment expliquer ces apprentissages réalisés dans le milieu et qui font que certains enfants savent lire et écrire en arrivant à l'école ? Deux conditions sont nécessaires. La première est que l'enfant porte spontanément de l'intérêt à l'écrit. Les enfants, affirme Ferreiro (1994, p. 123), « s'intéressent d'eux-mêmes aux marques écrites, tout simplement parce qu'elles font partie du monde adulte, qu'ils perçoivent que ces marques sont hautement valorisées par les adultes et qu'ils veulent se les approprier ». La deuxième condition est que l'entourage permette à cet intérêt de suivre son cours, en répondant aux questions et aux besoins que l'enfant manifeste à ce sujet[4]. En plus de trouver dans leur famille des exemples fréquents et variés de personnes qui utilisent la lecture et l'écriture, les lecteurs et scripteurs « précoces » sont très tôt associés à ces activités :

> *L'enfant apprend le langage écrit par son engagement actif dans son monde environnant. On le retrouve, en effet, interagissant socialement avec les adultes et ses pairs dans des situations faisant appel à la lecture et à l'écriture.*
>
> (Thériault, 1995, p. 21)

---

4. Le milieu hésite souvent à encourager cette activité de découverte chez l'enfant, pensant que la lecture et l'écriture sont du ressort absolu de l'école et que « commencer avant » peut avoir des répercussions fâcheuses.

On voit ainsi le caractère foncièrement social de cet apprentissage. L'enfant ne peut s'empêcher de traiter l'information qui se trouve dans son environnement. S'il est intéressé par l'écrit, il en observe les manifestations et, par son activité cognitive, il en dégage peu à peu les régularités et le fonctionnement, comme il l'a fait pour la langue orale (*voir* l'encadré 6.2). Toutefois, dans le cas de l'écriture, la réflexion consciente et l'information explicite sont nécessaires pour faire évoluer cette conceptualisation de l'écrit.

Les travaux sur l'émergence de l'écrit ont remis en question plusieurs conceptions qui prévalaient autrefois relativement à l'apprentissage de la lecture et de l'écriture, à commencer par l'idée de les considérer séparément et de penser que l'enseignement de l'une devait précéder l'autre, alors que ces deux compétences s'acquièrent de manière concomitante (Thériault, 1995). Une autre conception fortement ébranlée est celle qui fait porter à l'école l'entière responsabilité de l'apprentissage de l'écrit. Dès ses premiers travaux, Ferreiro en vient à la conclusion que les enfants qui apprennent à lire et à écrire au cours de leur première année d'école ne font que poursuivre un processus commencé dans leur famille. Reconnaitre ce fait revient simplement à reconnaitre que l'écrit fait partie de la culture[5]. Cela ne diminue en rien l'importance du rôle de l'école, car des apprentissages formels sont indispensables pour s'approprier véritablement la lecture et l'écriture.

Encadré 6.2　La conceptualisation de l'écrit

Voici des exemples d'hypothèses que les enfants d'âge préscolaire construisent à diverses étapes de leur prise de conscience du fonctionnement de la langue écrite.

■ L'enfant croit qu'il existe un lien entre la quantité de lettres et les propriétés de l'objet : il en faut davantage pour écrire « train » qu'« automobile » ; de même si l'objet est gros (ours), il demande plus de lettres que s'il est petit (papillon).

■ L'écriture du prénom ou de noms familiers alimentant sa réflexion, l'enfant prend peu à peu conscience que le lien doit se faire entre l'écrit et la parole. Dans ce cadre, il adopte d'abord un principe syllabique : il écrit une lettre pour chaque syllabe (par ex. : M M sera produit pour « maman »). Il combine ensuite cette hypothèse à une représentation alphabétique (1 lettre = 1 son) pour certaines parties des mots ; on trouvera, par exemple, MA I O SA pour le mot « mariposa » (papillon en espagnol).

Sources : Adapté de Thériault (1995, p. 39-47) et Ferreiro (1986).

---

5. À ce propos, voir J. Thériault et N. Lavoie. 2004. *L'éveil à la lecture et à l'écriture... Une responsabilité familiale et communautaire*, Éditions Logiques.

6.1.3 L'écriture et les activités métalinguistiques

L'écriture constitue une re-présentation de la langue. L'élaboration des systèmes d'écriture a demandé à ceux qui les ont développés d'analyser la langue à différents niveaux (sens, mot, syllabe, phonème), afin de la rendre visible dans une autre dimension, l'espace. Cette analyse de la langue ne s'est pas faite aisément ni d'un seul coup, elle s'est étalée sur des siècles, mais à tout moment dans l'histoire il a fallu trouver le moyen de transmettre cet outil merveilleux aux jeunes générations. Par conséquent, l'invention, la pratique et la transmission de l'écriture sont intimement liées à l'élaboration de connaissances et d'activités métalinguistiques. C'est la source même de la grammaire[6] (*voir* le chapitre 1).

En tant que réalité sociohistorique, l'écriture ne peut être transmise que par un enseignement explicite. C'est d'ailleurs ce que note Gombert (1991, p. 145) :

> *Il faut sans doute considérer que, contrairement à la conversation orale, la manipulation de l'écrit nécessite des connaissances explicites sur le langage et des capacités à en piloter pas à pas l'utilisation. En d'autres termes des capacités métalinguistiques véritables.*

Les recherches de Gombert et de ses collaborateurs ont depuis démontré l'importance des connaissances métalinguistiques dans l'apprentissage de l'écrit. Ainsi, Gaux et Gombert (1999) ont évalué au moyen de plusieurs tests, d'une part, le niveau de lecture et, d'autre part, le niveau de conscience grammaticale d'élèves francophones de 12 ans. La conscience grammaticale était évaluée en présentant à l'élève des phrases contenant une erreur morphologique (ex. : *la fille met sa manteau*) ou syntaxique (ex. : *la fillette un film regarde*) et en lui proposant diverses tâches : répéter la phrase, juger de sa grammaticalité, localiser l'erreur, la corriger, l'expliquer, la transposer dans une autre phrase, reconnaitre la catégorie grammaticale ou la fonction du mot impliqué. La réussite des tâches de déchiffrage en lecture se révèle en corrélation avec le niveau de conscience morphologique, tandis que la compréhension des textes se trouve plus spécifiquement corrélée au niveau de conscience syntaxique. Les lecteurs faibles obtiennent les scores les plus bas dans l'ensemble des tâches de conscience morphosyntaxique et, inversement, les lecteurs forts obtiennent des scores élevés dans ces mêmes tâches. L'analyse détaillée révèle que plus les tâches font appel à un savoir grammatical explicite (c'est-à-dire conscient), plus leur réussite va de pair avec le niveau de performance en lecture. Cette recherche montre ainsi que les connaissances grammaticales ne sont pas seulement nécessaires pour écrire, mais qu'elles conditionnent fortement les performances en lecture.

---

6. Le linguiste Francis Corblin (1988, p. 9) définit d'ailleurs la grammaire ainsi : « On appellera *grammaire* une activité réflexive qui porte de manière centrale sur les formes linguistiques, les unités et leurs lois de combinaison en séquence. »

Gombert (1990, p. 27) définit les activités métalinguistiques comme « un sous-domaine de la métacognition qui concerne le langage et son utilisation » et qui regroupe « les activités de réflexion sur le langage et son utilisation » ainsi que « les capacités du sujet à contrôler et à planifier ses propres processus de traitement linguistique (en compréhension ou en production) ». C'est essentiellement en étudiant les réponses des sujets à diverses tâches que l'on peut sonder leurs capacités métalinguistiques et en tirer des indications sur leurs conceptions sous-jacentes. Puisque le langage comporte diverses dimensions (phonétique, sémantique, syntaxique, etc.), on distingue plusieurs types d'habiletés métalinguistiques.

D'abord, les habiletés métaphonologiques concernent la dimension sonore du langage. La capacité de segmenter des mots en syllabes et en phonèmes, de reconnaitre des mots qui riment, de manipuler des syllabes ou des sons (par ex. redire le mot en omettant le premier son ou permuter les syllabes) sont autant de manifestations de cette habileté. Divers travaux montrent que, dès l'âge de quatre ans, des enfants sont capables de segmenter des mots en syllabes, ce qui se traduit aussi dans leurs tentatives d'écriture, comme on l'a vu précédemment. La segmentation de mots ou de syllabes en sons est plus tardive, vers l'âge de six ans, comme en témoignent des études expérimentales. Ces habiletés sont fortement sollicitées dans les premières phases de l'apprentissage de la lecture et de l'écriture.

La dimension du sens transmis par le langage fait appel à des habiletés qui vont de la conscience du signe linguistique, en tant qu'objet autonome, à la conscience des usages du langage en fonction des situations. On parle ici d'habiletés métasémantiques et métapragmatiques. La conscience du mot figure parmi les premières habiletés métasémantiques, et les étapes de ce développement sont bien connues. Berthoud-Papandropoulou (1991, p. 48) rappelle que l'enfant âgé de quatre ou cinq ans confond le mot et l'objet représenté : « par exemple *train* est proposé comme étant un mot long "parce qu'il a beaucoup de wagons", *fraise* est jugé être un mot "parce que ça pousse dans le jardin" ». Cette confusion du mot avec le référent (l'objet ou l'entité représentée) perdure jusqu'à l'âge de sept ans ; progressivement, la conception du mot comme signe arbitraire, radicalement différent des choses, s'imposera. Un autre aspect de ce développement est que la notion de mot est au départ exclusivement associée aux noms. Cela est compréhensible, car, comme l'écrit Georges Court (1968, p. 75) : « Le mot "nom" exprime l'idée de connaître, le nom fait connaître ce dont on parle : en ce sens, tous les mots sont des noms (d'où la confusion assez naturelle entre mot et nom). »

C'est par l'apprentissage de l'écrit et par la grammaire que l'enfant élargira sa conception du mot pour y faire entrer les verbes, les déterminants, les conjonctions, etc. De manière générale, selon Boutet, Gauthier et Saint-Pierre (1983), il faut attendre l'âge de 10 ou 11 ans pour voir les enfants évoquer systématiquement qu'un mot « veut dire quelque chose » et appréhender toutes les propriétés du mot (assemblage de lettres, signification, élément d'une phrase).

Les habiletés métasyntaxiques, pour leur part, concernent la structure des énoncés et les règles qui président à leur organisation. Les tâches expérimentales qui font appel à ces habiletés consistent, par exemple, à demander des jugements de grammaticalité (est-ce que cet énoncé est correct ou pas ?), à faire corriger à l'oral des phrases contenant des anomalies, par exemple *le dernier voleuse emporte les bijoux, *lion le termine son repas* (exemples figurant dans les tests de Gaux et Gombert, 1999). Boutet et collab. (1983) ont présenté 13 énoncés à 142 élèves âgés de 6 ans et demi à 12 ans, provenant de Paris et de Montréal. Les enfants devaient lire chacun des énoncés et indiquer si « ça fait une phrase » et pourquoi. Les auteures constatent une évolution dans les types d'arguments fournis par les élèves.

Ainsi, les arguments métalinguistiques augmentent avec l'âge. La considération du contexte d'emploi (conscience métapragmatique) y occupe une place importante ; par exemple, pour la phrase *Ne pas marcher sur les pelouses*, un enfant (9;9 ans) répond (p. 219) : « Ça va parce que ça peut être un gardien qui dit ça. » Il peut aussi s'agir de la prise en compte de caractéristiques formelles de quantité. Ainsi, un enfant (6;7 ans) accepte la phrase *Je vais aller à l'aéroport et après j'arriverai à la maison et j'irai à un spectacle de marionnettes* en disant : « Oui, parce que c'est grand. » Dans le cas de considérations formelles proprement syntaxiques, on trouve, pour la phrase *Arriverons demain gare de Lyon*, cette justification d'un enfant de 8;8 ans (p. 220) : « Normalement on met "nous" parce que y a o - n - s à la fin. » Les critères formels sont évoqués plus fréquemment par les enfants plus âgés, mais les arguments de quantité diminuent avec l'âge.

Toutefois, il est étonnant de constater que les arguments non métalinguistiques, qui comptent pour un tiers des propos des plus jeunes, ne disparaissent pas totalement chez les plus vieux. Par exemple, un enfant de 9;6 ans explique (p. 218), à propos de la phrase *Quelle drôle de poupée* : « C'est pas une phrase – les poupées sont pas drôles sauf quand ce sont des marionnettes ou des clowns. » Dans ce cas, il n'y a pas de prise de distance face au langage, et l'enfant répond non pas par rapport aux propriétés de la phrase en tant qu'objet linguistique, mais par rapport aux objets ou évènements auxquels celle-ci réfère.

Ces observations invitent à être très attentifs aux capacités de mise à distance du langage par les élèves et au fait que ces capacités se développent progressivement et demeurent instables, soumises aux variables contextuelles et aux particularités de la tâche. Selon Gombert (1991, 1996), le développement métalinguistique ne se fait pas au même rythme pour tous les aspects. L'école doit stimuler le développement des capacités métalinguistiques par des activités d'observation et de réflexion menées dans des contextes significatifs d'utilisation de l'écrit, ce qui devrait être la fonction première de la grammaire. Trop souvent, cette attitude de mise à distance de la langue est attendue de manière implicite dans les pratiques scolaires. Les conséquences sont importantes, puisque les travaux de Lahire (1993) en France suggèrent que l'échec scolaire s'expliquerait en bonne partie par la difficulté qu'éprouvent certains enfants de milieux populaires à entrer dans des usages *méta* et dans une certaine objectivation du langage. En somme, nous avons vu que, tout en s'enracinant dans des dispositions qui apparaissent spontanément au cours de l'acquisition du langage, les habiletés métalinguistiques prennent leur véritable essor dans le processus d'apprentissage de l'écrit. À preuve, des adultes analphabètes répondent à des tâches métalinguistiques comme des enfants de quatre ou cinq ans. Par contre, les personnes qui apprennent à lire et à écrire à l'âge adulte deviennent capables d'accomplir des tâches métalinguistiques (Gombert, 1991).

L'école doit permettre à l'enfant de construire un autre rapport au langage : un rapport conscient, volontaire, par lequel la langue est mise à distance et devient un objet que l'on peut manipuler et sur lequel on peut réfléchir. Les activités grammaticales doivent alimenter cette connaissance explicite du fonctionnement de la langue écrite qui est indispensable à sa maitrise.

6.2 LES REPRÉSENTATIONS ET LES PROCÉDURES ÉLABORÉES PAR LES ÉLÈVES

Voyons maintenant de plus près ce que veut dire « construire ses connaissances » à propos de la langue.

6.2.1 Ce qu'on entend par représentation

Dire qu'un triangle a trois sommets apparait une affirmation simple. Mais qu'en est-il pour l'élève qui comprend le terme « sommet » en référence à la montagne et qui, par conséquent, ne peut concevoir qu'*un seul* sommet ? De Vecchi (1992, p. 107) donne cet exemple, dans le domaine des mathématiques, d'une conception qui peut faire obstacle à l'apprentissage. Vous pensez peut-être qu'il suffit à cet élève de se frotter à quelques problèmes de triangles pour rapidement modifier sa compréhension du « sommet » ; cela est loin d'être assuré, comme l'explique de Vecchi :

> *L'élève possédant cette conception est prêt à entendre [que le triangle] en a trois [sommets]… et cela ne le gêne pas. En effet, pour lui, il peut bien y avoir trois sommets… mais pas en même temps : quand on fait pivoter le triangle, le sommet est toujours celui qui est situé vers le haut (comme pour une montagne). Donc, lorsque le maître reprend l'élève, celui-ci traduit que le triangle a trois sommets possibles ! Son modèle explicatif n'est nullement remis en cause.*

Cet exemple permet d'illustrer la nature d'une représentation, son caractère souvent bien ancré et pourquoi il est important de s'occuper des représentations que les élèves élaborent au cours de l'apprentissage.

La notion de représentation est issue de la psychologie où elle constitue un concept fondamental, mais difficile à définir. Gaonac'h et Passerault (1995, p. 51) proposent d'y voir «toute *construction mentale* effectuée à un moment donné et dans un certain contexte»; ils précisent que cette élaboration s'effectue à partir de deux sources: les connaissances préalables dont on dispose déjà et les informations en provenance de la situation. À cela, il convient d'ajouter que les représentations ont un caractère dynamique (elles sont susceptibles d'évoluer) et qu'elles constituent des modèles explicatifs pour agir.

Dans une perspective didactique, on est particulièrement concerné par le fait que la représentation «n'est pas directement observable mais [que] c'est elle qui gère les comportements des sujets en situation de résolution de problèmes. [...] C'est donc le produit de ces comportements, par exemple le choix des procédures, le type d'erreur, qui informe sur la représentation mise en œuvre par le sujet» (Coquin-Viennot et Gaonac'h, 1995, p. 300). Il n'y a pas de différence tranchée entre *représentation* et *conception*. Toutefois, *représentation* évoque davantage une élaboration personnelle et transitoire. Coquin-Viennot et Gaonac'h (p. 301) présentent la *conception* comme «une représentation qui remplit trois conditions: communauté, efficacité, stabilité».

La condition de «communauté» renvoie au fait qu'il s'agit d'une représentation que l'on peut inférer à partir d'erreurs ou de non-réponses «produites par un nombre non négligeable d'élèves à un même niveau d'apprentissage, dans des situations comparables» (Coquin-Viennot et Gaonac'h, p. 301). Ainsi, en grammaire, les élèves conçoivent d'abord le sujet comme un GN plein (plutôt qu'un pronom) et comme un GN qui se trouve en début de phrase (Brossard et Lambelin, 1985).

L'efficacité concerne le fait qu'une conception permet de résoudre correctement des problèmes dans des situations similaires à celle où elle a été élaborée; mais, hors de cette zone, elle peut conduire à une solution erronée ou à une impasse. Coquin-Viennot et Gaonac'h (p. 302) notent que «plus l'élève rencontre de situations où sa conception est efficace, plus elle se stabilisera et deviendra dominante». En grammaire, tant que l'élève ne rencontre que des phrases où le groupe sujet précède le verbe, la conception voulant que le verbe s'accorde avec le nom qui se trouve à sa gauche paraîtra efficace; et si l'élève n'est exposé qu'à des structures de ce type, dans des exercices par exemple, sa conception ne fera que se renforcer.

La troisième caractéristique d'une conception est sa relative stabilité, par opposition aux représentations qui peuvent être élaborées pour les besoins d'une situation et s'évanouir ensuite. Et c'est bien cette stabilité des conceptions qui rend l'apprentissage difficile, puisque « apprendre, c'est remplacer une conception erronée, incomplète ou localement exacte par une conception *meilleure*. Plus la conception N est efficace, plus elle est stable, et plus elle constituera un *obstacle* à la mise en place de la conception N+1 » (Coquin-Viennot et Gaonac'h, p. 302).

On voit donc pourquoi la didactique accorde autant d'importance aux représentations ou conceptions des apprenants[7] : elles sont au cœur du processus d'apprentissage. Et, comme l'explique de Vecchi (1992, p. 101), « lorsqu'on néglige de s'appuyer sur les conceptions des élèves, on construit des stéréotypes, des mots vides de sens et, sans y prendre garde, on renforce les représentations fausses : en un mot, celles-ci font *écran* et ne permettent pas à un savoir nouveau de se construire ou de s'affiner ». Dans le domaine de l'enseignement de la grammaire, il faut avouer qu'on commence à peine à reconnaitre l'importance de prendre en compte les conceptions des élèves.

6.2.2 Les conceptions des élèves relativement aux notions grammaticales

Les études portant sur la manière dont les élèves comprennent les notions grammaticales sont encore peu nombreuses. La plus détaillée a été réalisée en Suisse, à la fin des années 1970, par trois psychologues spécialistes en acquisition du langage et en didactique des langues. Kilcher-Hagedorn, Othenin-Girard et de Weck (1987) ont voulu cerner les conceptions sur lesquelles s'appuyaient des élèves de la 2e à la 6e année du primaire, en analysant leurs réponses à des épreuves de reconnaissance du nom, de l'adjectif et du complément d'objet direct. Les éléments (mots, syntagmes) proposés aux élèves (dans une liste ou dans un texte) faisaient varier certaines caractéristiques sémantiques ou syntaxiques. Voyons quelles sont les tendances observées dans le cas de la reconnaissance du nom et de l'adjectif.

a) Le nom

Les élèves reconnaissent plus facilement cette catégorie quand il s'agit de noms propres (c'est le nom par excellence), de noms concrets et de noms évoquant quelque chose d'animé. Les noms qui n'évoquent pas un objet matériel (ex. : *bruit, récréation*) sont plus difficilement reconnus. Le fait qu'un nom corresponde à une forme existant dans une autre catégorie (*chasse, porte, vieux*) augmente la difficulté. Par ailleurs, la présence d'un déterminant apparait comme un élément clé dans la reconnaissance du nom : dans un texte, les noms communs employés sans déterminant sont les plus mal repérés. Des résultats

---

7. Comme plusieurs auteurs (de Vecchi, 1992, p. 100 et suivantes ; Giordan, 1998), nous utilisons les deux termes de manière assez équivalente puisqu'il y a continuité entre les deux concepts et qu'il est hasardeux de juger si l'on a affaire à une représentation ou à une conception.

comparables ont été obtenus dans une étude menée avec des élèves québécois du 2e cycle du primaire[8] (Fisher, 1996a).

Ces travaux montrent que la reconnaissance du nom par des élèves âgés de 8 à 12 ans est affectée par des variables de sens et de contexte phrastique. Les élèves sont en mesure d'utiliser très tôt un critère formel (la présence d'un déterminant), mais ils ne disposent pas d'un mécanisme de contrôle qui leur permettrait, d'une part, d'écarter les « faux prétendants » tels que les pronoms homophones (le, la, les) et, d'autre part, de considérer la possibilité pour le nom d'apparaitre sans être précédé d'un déterminant.

b) L'adjectif

La reconnaissance de l'adjectif est plus complexe que celle du nom ou du verbe puisqu'il ne présente pas de régularité de forme ni de position dans la phrase. Les résultats de l'étude de Kilcher-Hagedorn et collab. (1987) montrent que les écoliers suisses ont une conception essentiellement sémantique de l'adjectif. La reconnaissance est facilitée lorsque l'adjectif exprime une qualité psychologique (ex.: *joyeux, mignon, malin, mauvais*), en particulier s'il accompagne un nom ayant le caractère « + animé ». Les adjectifs qui pourraient fonctionner comme des noms (*indienne, nouvelle*) sont plus difficilement reconnus, de même que les adjectifs ayant la forme d'un participe passé (*perdue, étonnée*).

Chez des élèves québécois, on a pu observer que la différence entre adjectifs « qualifiants » et « classifiants »[9] avait un impact important sur la reconnaissance de l'adjectif (Fisher, 1996b.). Alors que la réussite pour les adjectifs qualifiants (ex.: *originale, rapide, attentifs*) est de 76 % en moyenne pour l'ensemble des classes (4e à 6e année), ce pourcentage passe à 59 % lorsqu'il s'agit d'adjectifs de type classifiant (ex.: *italienne, municipale, cyclable*). Ce ne sont donc pas tous les mots d'une classe qui sont également représentatifs de cette dernière: certains candidats sont plus « prototypiques » que d'autres. Les prototypes jouent un rôle important dans la construction des notions et l'organisation du lexique. Par exemple, le moineau semble un meilleur représentant de la classe des oiseaux que le colibri ou l'autruche. Il y a tout lieu de penser que les prototypes interviennent également dans l'élaboration des concepts grammaticaux et le développement des connaissances orthographiques.

---

8. L'échantillon comptait 450 élèves provenant de 18 classes de 2e cycle (4e, 5e et 6e année) de la région du Saguenay-Lac-Saint-Jean.

9. Ces adjectifs, aussi appelés « notionnels », correspondent le plus souvent à des dérivés nominaux (*gouvernemental, olympique, italien*) et présentent certaines particularités syntaxiques : ils se prêtent difficilement à l'expression du degré (**un parc très national*), au détachement (**Espagnol, l'employé entra*) et à la fonction attribut (**le comité est olympique*).

L'analyse des soulignements justes et des omissions permet de dégager des variables qui influencent les réponses des élèves, révélatrices de leurs représentations. Qu'en est-il des réponses qui consistent à souligner un autre mot que celui de la classe demandée? Dans le cas du nom, les études indiquent peu de méprises, ce qui est cohérent avec le fait que la notion de nom est la première que l'élève élabore (le nom est le prototype du mot). Dans l'étude suisse, les méprises se produisent avec des mots précédés d'un déterminant ou d'un élément qui y ressemble (ex.: *ce joli; le faisait*), avec des transcatégoriels (ex.: *en train de, méchant*) et des homophones (ex.: *destinée, entrer*), avec le premier mot d'une phrase (*Durant toute la matinée*) et parfois avec le pronom *nous* (Kilcher-Hagedorn et collab., 1987).

Dans le cas de l'adjectif, il y a davantage de méprises. Elles se produisent avec des noms qui pourraient fonctionner comme un adjectif (*froid, curieux, nouvelles*) ou qui s'en rapprochent *(bonds, endroits)*; avec des verbes à la troisième personne (*marche, déplace*) ou autres (ex.: *dissimuler, décidé*); avec des éléments qui ont une fonction de détermination (*une tête de forme…; terminées par des griffes*) y compris des adverbes (*pattes de devant; dehors*). Othenin-Girard et de Weck (1988) font observer que les élèves prennent pour adjectif des mots qui servent à déterminer au sens large: l'adjectif, pour eux, c'est ce qui dit « comment est X ».

La recherche menée avec des élèves québécois (Fisher, 1996b.) fait voir deux fois plus de méprises dans l'épreuve de reconnaissance de l'adjectif que dans celle du nom. On y trouve les catégories relevées dans l'étude suisse: noms, participes passés, formes verbales. Par ailleurs, près du tiers des méprises sur l'adjectif concernent les compléments du nom dans les suites *médaille d'or* et *piège de métal*, et cette catégorie augmente de 18 % à 50 % entre la 4ᵉ et la 6ᵉ année. Il semble donc que ces élèves voient avant tout dans l'adjectif (et de plus en plus au fil de la scolarité) l'expression d'une qualité (ils disent: *un mot qui qualifie, qui dit comment est le nom*), ce qui explique qu'ils aient beaucoup de mal à reconnaitre les adjectifs classifiants (*secondaire, municipale*); en revanche, ils sont portés à souligner un complément du nom comme *or* dans *une médaille d'or*, qui répond à la question « comment est la médaille? ». On peut voir là l'effet d'un enseignement traditionnel de la grammaire qui privilégie les définitions fondées sur le sens et qui ne permet pas aux élèves de se doter de critères efficaces. Malheureusement, nombre d'apprenants conserveront ces conceptions approximatives, incomplètes et peu efficaces des notions grammaticales jusqu'à l'université (Asselin et McLaughlin, 1992; Roy et Boudreau, 1995).

c) Le sujet

D'autres recherches se sont intéressées à la reconnaissance du sujet grammatical. Bousman-Kosowski (1985) présente les résultats d'une étude qui a porté sur plus de 5 000 élèves en fin de primaire, provenant de la Belgique, de la France et du Québec, et qui visait à vérifier dans quelle mesure ils pouvaient identifier des sujets prenant des formes différentes (noms, pronoms simples ou coordonnés) et figurant dans des contextes syntaxiques variés. L'étude conclut que les sujets sont généralement reconnus s'ils sont des noms (propres ou communs), placés avant le verbe, dans des structures de phrases pas trop inusitées et où les écrans entre le sujet et le verbe ne ressemblent pas à des mots sujets (ex.: *te*). Même en fin de primaire, les élèves ont du mal à reconnaitre les pronoms sujets et, quand on leur présente des phrases impératives, donc sans sujet, ils y soulignent un des noms. L'auteure qualifie l'élève de « repéreur naïf » qui « fonde sa réponse sur des attributs non pertinents et non constants », à savoir la position du mot, sa nature, le rôle actif du sujet dans un récit ; elle en incrimine les « pratiques scolaires stéréotypées et trop répétitives » (p. 150-151).

Toutefois, Brissaud et Cogis (2003, p. 249) font valoir que, contrairement à ce qu'on a trop tendance à penser, « les notions grammaticales ne sont pas simples, à commencer par celle de sujet ». Choisissant plutôt de suivre les étapes par lesquelles les élèves construisent la notion de sujet, ces auteurs constatent que ce n'est pas avant la fin du cours primaire que se manifeste le sentiment de l'« incomplétude morphologique » du verbe qui amène alors le scripteur à rechercher le sujet. La difficulté varie alors selon le nombre de « candidats » que la structure de la phrase rend possibles. Par exemple, un nom complément évoquant de l'animé pourra l'emporter sur un pronom impersonnel.

6.2.3 Le rôle de l'enseignement

On peut se demander quel est l'effet de l'enseignement reçu sur les représentations et les conceptions des élèves. La grande majorité des études n'a pas cherché à vérifier ce lien. La recherche de Kilcher-Hagedorn et collab. (1987) fait exception, puisqu'elle avait pour objectif de comparer les savoirs d'élèves qui recevaient un enseignement rénové de la grammaire (école A) à ceux qui recevaient un enseignement traditionnel (école B). Au terme de l'analyse, les auteures concluent à l'absence de différence entre les deux groupes, suggérant ainsi que les représentations élaborées seraient avant tout liées aux capacités cognitives des élèves et à leurs modes de traitement. Mais deux remarques s'imposent ici, qui remettent en question ces conclusions.

La première concerne le moment où les données ont été recueillies pour cette recherche, soit avant 1979, donc avant que l'enseignement grammatical rénové soit généralisé en Suisse romande. Dans cette étude, on compare un enseignement traditionnel de la grammaire assuré par des enseignants «rompus à cet exercice», selon les termes des auteures (p. 37), et un enseignement rénové, mené par des enseignants qui ont suivi «un recyclage intensif». Toutefois, les auteures de la recherche ont constaté que, dans leur pratique, ces enseignants «recyclés» ne se limitent pas aux critères formels proposés par la méthode rénovée, mais utilisent «des expressions traditionnelles comme *les adjectifs sont des petits mots, des détails, qui disent comment sont les choses*» (p. 102). Dans ces conditions, il n'est pas étonnant que les élèves, autant dans cette école que dans l'autre, s'appuient sur une définition sémantique de l'adjectif.

La seconde remarque tient au fait qu'on note tout de même certaines différences entre les deux groupes, différences qui témoignent des effets positifs de l'enseignement reçu dans les classes expérimentales. Ainsi, pour la reconnaissance du nom, les progrès, après la 2e année, sont nettement meilleurs dans les classes A (p. 80). Le fait que l'enseignement rénové attire l'attention des élèves sur la composition du GN peut, par ailleurs, expliquer que les élèves de l'école A distinguent plus nettement le déterminant et le nom (p. 81). Dans le cas de l'adjectif, les élèves qui reçoivent un enseignement rénové reconnaissent plus rapidement les participes passés (*étonnée, perdue, fini*) et l'adjectif *prochain* que leurs vis-à-vis (p. 103); ceux de 3e année de l'école B, par contre, manifestent lors de l'entretien des confusions avec d'autres définitions, dont l'application de la question *qui est-ce qui?* (p. 105). Dans le cas du "COD", les élèves qui ont reçu un enseignement rénové procèdent de manière plus systématique en recherchant des unités plus grandes que le nom seul. Il semble bien y avoir là des signes que les élèves ayant reçu, dans un contexte expérimental, un enseignement grammatical d'orientation nouvelle ont développé des repères plus efficaces pour ces aspects.

Plus récemment, Nadeau (1996b.) a montré que des élèves âgés de huit ou neuf ans pouvaient atteindre des taux élevés d'identification des catégories de noms, de verbes et d'adjectifs avec très peu de méprises à la suite d'un enseignement de la grammaire basé sur les manipulations. Les taux d'identifications correctes, qui variaient, au prétest, de 30 à 56%, atteignaient de 73 à 92% au postest. De même, une étude menée en psychologie cognitive par Thévenin, Totereau et Jarousse (1999) a évalué l'effet d'instructions directes et de la rétroaction corrective sur les performances d'élèves de la 1re à la 3e année du primaire relativement au marquage du pluriel. Les groupes qui ont reçu un enseignement systématique quant aux marques *–s* et *–nt* et à leurs conditions d'application ont, après un mois, amélioré significativement leurs performances. L'effet est particulièrement clair en 1re année, où le non-marquage disparait. Quant à la rétroaction, son effet se fait sentir différemment selon les niveaux d'enseignement et les classes de mots ; elle profite davantage au marquage des adjectifs en 1re année et à celui des verbes en 2e année. Dans l'ensemble, ces résultats font voir que les élèves sont très tôt capables de prendre en compte des dimensions formelles du langage et de tirer profit de l'enseignement de contenus grammaticaux rigoureux.

6.2.4 Les conceptions et les procédures orthographiques

Les études sur l'acquisition de l'orthographe au cours de la scolarité apportent un éclairage nouveau à la connaissance des conceptions et des procédures que les élèves élaborent dans l'apprentissage de l'écrit. Après un rappel sur l'orthographe du français, nous regarderons ce que ces travaux nous apprennent.

6.2.4.1 Le système graphique du français et son apprentissage

Les systèmes d'écriture se fondent sur deux principes fondamentaux qu'ils exploitent de manière variable : le principe sémiographique, qui correspond à la transcription de significations (ce qui est, bien entendu, la raison d'être de l'écriture), et le principe phonographique, qui correspond à la transcription de sons (syllabes ou phonèmes). Ce second principe s'impose dans l'histoire des écritures pour des raisons d'économie et de flexibilité (Jaffré et David, 1993). Les orthographes modernes sont le résultat d'un long processus d'évolution ; nous avons vu, dans le chapitre 1, qu'en ce qui concerne le français il faut plutôt parler de complexification. Deux caractéristiques de notre orthographe expliquent principalement sa complexité.

Premièrement, le français possède une orthographe dite « opaque », tout comme l'anglais, par opposition à des langues comme l'espagnol, l'italien, le roumain ou le turc, qui présentent une grande régularité dans les correspondances graphème-phonème, ce qui donne des orthographes plus « transparentes ». Cela permet aux jeunes Italiens de lire plus tôt que les petits Anglais (Jaffré et Fayol, 1997, p. 78). En français, le système est moins régulier : graphèmes différents pour un même son (ex. : *en, an, em, am*), même graphème pour des sons différents (ex. : *t*erre, na*t*ion), lettres muettes (trico*t*), phonèmes non représentés (ex. : t-a-x-i : quatre graphèmes pour cinq sons [taksi]), etc. Il en résulte que les règles de conversion phonème-graphème, en français, ne permettraient d'écrire correctement qu'environ la moitié des mots (Mousty et Alegria, 1999). Deuxièmement, le français accorde une large place aux morphogrammes, tels les marques de genre (le *e* de *mon amie*) et de nombre (le *s* de *huit heures* ou le *ent* de *ils parlent*), qu'on ne trouve pas à l'oral. Comme le notent Jaffré et Fayol (1997, p. 53) : « L'orthographe révèle alors des fonctionnements "cachés" dont la phonologie ne rend pas compte. »

Le système graphique du français est ainsi décrit comme un «plurisystème[10]» en raison des différents rôles que les graphèmes[11] (unités de base du système) remplissent :

I) Noter des phonèmes (ex.: le *t* dans *terre, atome, strict*).

II) Noter des relations lexicales ou des catégories grammaticales :
   – dérivés et familles de mots (ex.: le *t* de *petit*; le *b* de *plomb*);
   – catégories de genre, nombre, personne, temps, mode, etc.

III) Donner un visage unique à des mots, spécialement aux homophones (ex.: *mes/mais; quand/quant*).

V) Constituer des lettres étymologiques (ex.: le *p* de *baptême*) ou historiques (ex.: le *z* de *nez*), non fonctionnelles.

C'est cette zone morphologique de l'orthographe, mentionnée au deuxième point, qui rend l'apprentissage du français écrit particulièrement difficile, du fait que sa maitrise exige à la fois l'appropriation de connaissances grammaticales et la mise en place de mécanismes de contrôle appropriés. Or, depuis quelques années, des chercheurs s'intéressent aux apprentissages orthographiques à partir de l'éclairage linguistique fourni par la description du système graphique du français. Plutôt que d'être centrées sur le produit (le texte écrit dont on relève et répertorie les «fautes»), ces études dirigent leur intérêt vers le scripteur, vers son activité «intelligente». Elles s'inscrivent ainsi dans la lignée des travaux d'Emilia Ferreiro sur l'émergence de l'écrit, en observant et en analysant comment les enfants, une fois entrés dans les apprentissages formels, tentent de comprendre la dimension orthographique de la langue. Et au lieu de voir l'erreur comme un déficit, cette approche la considère comme «le témoin privilégié et apparent d'une procédure intellectuelle» (Jaffré, 1991, p. 60).

Ces travaux se fondent sur l'analyse, d'une part, de productions écrites d'élèves, recueillies en contexte ordinaire de classe ou à l'intérieur de recherches expérimentales et, d'autre part, de ce que Jaffré nomme des «entretiens métagraphiques», c'est-à-dire des commentaires d'élèves sur leurs productions lors d'échanges avec un adulte ou entre eux. Nous nous arrêterons ici au développement d'une notion grammaticale, celle du nombre (morphogrammes de pluriel), tel qu'il est retracé dans ces travaux. Mais auparavant, donnons un exemple de ce qu'un élève peut dire à propos de graphies qu'il a produites (*voir* l'encadré 6.3).

---

10. On se reportera aux travaux de Nina Catach, pionnière dans ce domaine, et de son équipe HESO (Histoire et structure des orthographes et systèmes d'écriture). Pour une introduction, voir Jaffré et Fayol (1997).

11. Un graphème peut ne comporter qu'une lettre (ex. : *a, b, t*), en comporter deux (ex. : *au, ch, gu*) ou trois (comme *eau*), ou encore peut être formé d'une lettre et d'un signe diacritique (ex. : *è, é, ê, ç, ô*).

Encadré 6.3 À l'écoute d'un scripteur

Élève de 5e année (E), en entretien avec l'expérimentatrice (A), après la dictée de la phrase :
Habiles, les castors construisent des barrages solides.

A : Est-ce que tu vois des adjectifs dans cette phrase-là ?

E : Ben *construise*.

A : *construisent* c'est un adjectif ?

E : Pis *solide* : c'est qui qui construise(nt) ? C'est les castors. Pis y a *habille*, [E prononce *habile* comme *habille*] *habille*, c'est qui qui est habille ? C'est les castors encore. *Solide* c'est, c'est quoi qui est solide ? C'est les barrages [E ajoute un *s* à *barrage* et un à *solide*, puis un à *construise* et à *castor*].

A : T'as mis un *s* à *castor* pis à *construise* aussi ?

E : Oui.

A : T'as écrit *construises* ? *c-o-n-s-t-r-u...*

E : *i-s-e-s.*

A : *e-s*. Et puis *habile*, est-ce que tu penses que tu l'as écrit comme il faut ?

E : *habille* ?

A : Oui, tu m'as dit que c'était un adjectif.

E : Ben ouais parce... ouais pis i'est avant.

A : Dans c'temps-là tu lui mets rien ?

E : Oui. Ben ça dépend. Le *les* i'est là, j'peux pas mettre un *s*.

A : Tu peux pas mettre un *s* avant le *les* ?

E : Non parce [inaudible].

A : Si c'était *les castors habile...*

E : *habile* prendrait un *s*.

A : Là parce qu'i'est avant t'en mets pas.

E : Non.

A : T'es sûr de ça ?

E : [acquiesce]

A : [?] l'adjectif tu me dis « ça accorde le nom ». C'est ça ?

E : C'est parce que le pluriel est avant.

A : Où il est le pluriel ?

E : Le *les*.

[Dans la suite, l'adulte confronte E en évoquant qu'un autre élève a dit que *construise* était un verbe ; après réflexion, E se range à cet avis.]

A : Est-ce que tu l'écrirais de la même façon maintenant [...] ?

E : Ben non. Un verbe ça prend *e-n-t*.

Source : Extrait d'un corpus recueilli par C. Fisher (Université du Québec à Chicoutimi, 1998).

Soulignons quelques éléments de ce dialogue qui peuvent surprendre :

- l'écart entre l'interprétation spontanée qu'on aurait devant la production de l'élève (*habile* : un −*s* oublié, *construises* : une distraction) et les explications fournies par l'élève ;

- l'utilisation d'une procédure (enseignée peut-être) pour reconnaitre la nécessité d'un accord (*c'est quoi qui est solide ?*), calquée sur celle qu'on peut utiliser pour trouver le sujet et, par conséquent, susceptible d'entrainer des confusions ;

- le fait qu'énoncer le lien entre l'adjectif et le nom n'aboutit pas nécessairement à une graphie appropriée (le raisonnement pour « habile » semble se perdre en route) ;

- le fait que la connaissance de la marque du pluriel du verbe ne suffit pas non plus à assurer un accord correct ;

- l'idée (est-ce une représentation provisoire ou une conception plus profonde ?) qu'un signal de pluriel (« les ») doit être présent à gauche (*avant* l'adjectif) pour autoriser l'accord.

Ce que l'on entrevoit dans cet extrait, c'est que l'élève placé devant des problèmes de choix graphiques s'appuie sur un ensemble de connaissances, de représentations, de procédures beaucoup plus complexes que celles que l'on imagine d'habitude. Et ce qui est clair, c'est qu'il ne procède pas au hasard ; comme le disent Jaffré et David (1999, p. 20) : « Absence de norme orthographique ne signifie pas absence de *logiques*. »

6.2.4.2 L'acquisition du pluriel graphique

Apprendre à marquer le pluriel peut paraitre simple. Qu'en est-il réellement ? Des études expérimentales en psychologie cognitive (Fayol et collab., 1993 ; Thévenin et collab., 1999), avec des enfants de la 1re à la 3e année du primaire, montrent que les performances en compréhension sont meilleures qu'en production et supérieures avec les noms qu'avec les verbes. C'est aussi le cas en production, où les enfants réussissent mieux à marquer le pluriel des noms que celui des verbes. Les auteurs expliquent ce « retard du pluriel verbal » par le fait que « la pluralité notionnelle s'applique beaucoup plus difficilement aux verbes qu'aux noms » (Fayol et collab., 1993, p. 197). De son côté, Guyon (1997) évoque la difficulté pour l'enfant de transférer au verbe l'idée d'« il y en a plusieurs ». On peut aussi considérer, comme Mousty et Alegria (1999), que le pluriel du nom se fait dans le même syntagme, alors que le verbe nécessite un accord entre deux constituants de la phrase.

Dans une perspective développementale, Guyon (1997, 2003) a suivi l'évolution des représentations d'élèves relativement au nombre, entre le CE1 et la 5ᵉ (de la 2ᵉ année du primaire à la 1ʳᵉ secondaire)[12] ; elle dégage les étapes suivantes :

- Avant la 2ᵉ année, l'élève est absorbé par la segmentation et les correspondances graphème-phonème et il néglige les morphogrammes, c'est-à-dire les marques de genre, de nombre, etc.

- Le premier morphogramme à apparaitre est celui du nombre. La notion de pluriel est d'abord liée au nom et donne lieu à l'explication «il y en a plusieurs». Les déterminants *les* et *des* agissent souvent comme des signaux qui entrainent l'ajout d'un *s* au nom qui suit.

- La procédure d'accord initial s'étend ensuite vers la droite et rend possible l'accord du verbe ; on voit alors la généralisation du *−s* au verbe (ex : *les vélos roules*) et son ajout à des mots qui ne devraient pas en prendre : *ils roules vites* (1997, p. 37).

- Le choix de *−nt* deviendrait possible une fois que l'enfant a construit l'opposition nom/verbe. À la lumière des entretiens, il semble que la motivation du *−nt* soit plus souvent liée à la reconnaissance du verbe qu'à celle du pluriel.

- L'enfant sépare ensuite les morphèmes de pluriel du nom (*−s*) et du verbe (*−nt*). Cette capacité émergerait au cours de la 3ᵉ année. Dès lors, le *−s* commence à être utilisé pour marquer la 2ᵉ personne. Dans le cas du verbe, la tendance est de faire un accord de proximité avec le nom ou le pronom qui se trouve juste devant (ex :. *tu les *donnent*).

- La dernière étape est celle du scripteur expert qui est en mesure d'identifier le sujet. Une phase d'automatisation de l'accord se met ensuite progressivement en place.

Cette dernière étape n'est pas terminale, comme on le sait, car comprendre la mécanique des accords ne suffit pas pour les réussir à coup sûr. Il faut encore apprendre à gérer ses connaissances, comme on l'a vu au chapitre précédent.

6.2.4.3 Les représentations et le fonctionnement cognitif

Quand on considère les performances orthographiques des élèves au cours de la scolarité, on constate que ce qui change le plus, ce n'est pas le type de difficultés affrontées, mais la capacité des élèves à les résoudre (Jaffré et Bessonat, 1993 ; Kilcher-Hagedorn et collab., 1987). Par exemple, accorder un verbe dont le sujet est postposé reste une situation à risque, même pour un scripteur expert. La gestion des savoirs est ainsi un facteur majeur dans la compétence orthographique grammaticale, car faire des fautes en écrivant ne veut pas dire nécessairement qu'il y a un déficit dans les connaissances. À ce sujet, apportons

---

12. L'échantillon comptait près de 500 sujets. Des tests écrits et des entretiens ont été utilisés.

quelques précisions qui peuvent éclairer les performances et les raisonnements des élèves.

Une tâche orthographique implique d'abord l'activation des connaissances. Mais comme celles-ci sont organisées en réseau, un mot peut activer divers autres mots (Jaffré, 1995, p. 100). C'est ce qui se passe, par exemple, dans la concurrence des formes homophoniques telles que *vol, vole, voles, volent*. L'analogie peut être sémantique ; par exemple, un collectif comme *la foule* activant l'idée de pluralité peut entrainer la graphie *la *foules* chez un scripteur débutant ou le marquage pluriel du verbe chez un autre (*la foule *avancent*). De même, une règle qui convient dans un autre cas peut être activée à tort ; ainsi, cette justification de la graphie *des personnes *âgés* (élève de 5e année) : « Y a des madames pis y a des monsieurs, ... c'est le masculin qui l'emporte. »

Comme l'écrit Jaffré (1995, p. 100) : « [L]'analogie constitue le principe majeur de l'organisation mentale, spécialement dans le domaine linguistique. » Plusieurs réponses étant activées, une phase de contrôle est nécessaire pour que le scripteur fasse un choix. Et Jaffré précise : « En orthographe, le "bon" choix passe par l'analyse d'un ensemble de facteurs linguistiques » (p. 100), et tout particulièrement par « l'analyse du contexte morphosyntaxique » (p. 117).

L'activation mentale est un processus inconscient, alors que le contrôle nécessite une attention soutenue, même s'il n'exclut pas totalement l'automatisation (Jaffré, 1995, p. 101). Or, d'une part, notre capacité d'attention est limitée ; d'autre part, l'écriture exige un partage d'attention entre des tâches relatives au contenu et à la forme. Par conséquent, seul le retour sur le texte peut en assurer la qualité orthographique, d'où l'importance d'intégrer très tôt chez les élèves la pratique de la révision et d'enseigner des stratégies de repérage d'erreurs.

Le contrôle est également rendu nécessaire du fait que l'automatisation des procédures peut devenir une cause d'erreur. Michel Fayol et ses collaborateurs (Fayol et Got, 1991 ; Fayol, Largy et Totereau, 1993) ont, en effet, montré qu'il était possible de provoquer des erreurs, même chez des scripteurs experts, en augmentant le niveau de difficulté d'une tâche. Dans une série d'expériences, ils ont dicté à des adultes et à des jeunes des phrases ayant la forme N1 de N2 + V. Les phrases étaient composées selon les quatre possibilités suivantes : deux noms au singulier, deux noms au pluriel, un singulier suivi d'un pluriel (ex. : *le chien des voisins arrive*), un pluriel suivi d'un singulier (ex. : *les perles de la bague brillent*). Pour la moitié du groupe, la tâche était rendue plus difficile par l'ajout d'une série de mots à écrire à la suite de chaque phrase dictée.

Dans la première situation (écrire la phrase), les adultes font très peu d'erreurs. Par contre, dans la seconde (écrire la phrase et les mots), ils produisent des accords par proximité du type *le chien des voisins *arrivent* ou *les perles de* *la bague *brille.* Le profil des enfants est différent. Le rappel de mots entraine aussi une augmentation des erreurs, mais seulement pour les phrases au pluriel qui deviennent alors non marquées (ex. : *Les roues des wagons *s'use*). La différence vient de ce que l'accord du verbe n'est pas encore automatisé chez les enfants, alors qu'il l'est chez les adultes. Dans le cas des adultes, l'augmentation de la charge cognitive, due au rappel des mots, rend moins efficace le contrôle attentionnel et la simple présence d'un pluriel (*des voisins*) devant le verbe amène le scripteur à marquer le verbe au pluriel, par une sorte de réflexe d'accord (l'élève, lui, oublie de le faire en situation de surcharge cognitive et donc écrit le verbe dans sa forme « neutre », soit au singulier). C'est en effet une caractéristique des activités automatisées d'être « irrépressibles », outre le fait qu'elles sont rapides et peu couteuses sur le plan cognitif (Fayol et Got, 1991), ce qui explique les accords par proximité.

L'automatisation d'une procédure allège le travail cognitif et permet d'accorder de l'attention à d'autres tâches. Ainsi, une fois que le tracé des lettres et la graphie de nombreux mots sont automatisés, le jeune scripteur peut plus facilement se concentrer sur le contenu et l'organisation de son texte. Toutefois, en matière d'orthographe, l'automatisation ne saurait être totale, puisque, étant soumis aux variations morphologiques de genre, de nombre et de personnes, les mots sont « à géométrie variable » (Jaffré, 1995, p. 149). Il est donc nécessaire pour le scripteur de développer ce mécanisme de contrôle, sorte de caméra de surveillance de ses choix graphiques. Les zones à risques ne manquent pas.

Ainsi, dans le cas des procédures d'accord, Jaffré et Bessonnat (1993) parlent de « chaînes d'accord » en dégageant des facteurs qui influencent les performances des élèves (fin du primaire, début du secondaire). D'abord, en raison de la dynamique de l'écriture, la tendance est d'accorder les mots qui se trouvent à la droite d'un « pivot », c'est-à-dire un mot où l'accord s'entend (des déterminants, des noms comme *travaux*, des verbes comme *font, doivent*). L'antéposition d'un mot qui s'accorde (*Habiles, les castors…*) ou sa position avant le déterminant *(tous les)* crée donc une difficulté. Un autre facteur est la longueur de la chaine. Plus il y a de distance entre le sujet et le verbe, par exemple, plus cela demande de la vigilance afin de garder en mémoire la nécessité de l'accord ; il est plus facile d'accorder *les enfants jouent* que *les enfants radieux crient et jouent* (p. 29). Finalement, la présence d'un « rupteur » qui brise la chaine des mots qui sont en relation (ex. : l'adverbe dans *les héros tant *admiré*) risque de faire oublier l'accord ou d'aiguiller le scripteur sur une autre chaine (ex. : *les enfants de ma voisine *arrive*). Les auteurs constatent que les rupteurs qui varient en nombre favorisent l'accord de proximité.

En somme, les représentations des élèves sont aussi liées à leur capacité à gérer leurs connaissances, à faire face aux exigences des tâches d'écriture et au traitement qu'ils accordent aux régularités de la langue. C'est pourquoi le travail sur la langue doit être mené en étroite relation avec l'activité d'écriture en permettant aux élèves de verbaliser leurs raisonnements, de prendre conscience des obstacles et d'apprendre progressivement à les surmonter (*voir* le chapitre 8).

6.2.4.4 L'apport des recherches sur l'acquisition de l'orthographe

En s'intéressant à la réflexion des élèves scripteurs et en mettant en place des dispositifs pédagogiques qui ont pour but de favoriser ce travail d'appropriation de l'écrit et son expression, les recherches sur l'acquisition de l'orthographe ont fait avancer notre connaissance de l'élève qui apprend à écrire.

Il ressort de ces recherches que, dès le début de la scolarité, il est tout à fait possible d'entrainer les élèves à commenter leurs productions graphiques et, par conséquent, à s'engager régulièrement dans une activité métalinguistique. Ces commentaires métagraphiques des élèves fournissent des informations « sur la nature des processus cognitifs qu'ils mettent en œuvre et sur leurs représentations linguistiques » (Jaffré, 1998, p. 47). Les propos des élèves montrent qu'ils recherchent une logique, comme nous l'avons vu dans les exemples donnés plus haut. À ce propos, Gaulmyn et collab. (1996, p. 127) écrivent que l'enfant « recherche une explication rationnelle à son écriture ».

Le rôle de l'enseignant, dans ce cadre, ne consiste pas à rectifier une erreur ou à apporter la bonne réponse, mais bien à permettre aux élèves de construire leur compréhension de la langue par l'action et la réflexion. L'erreur est intégrée à l'apprentissage, elle est vue comme « la trace visible d'un état de connaissance » ou « comme des *calculs de bonne foi* [qui] ne sont ni l'effet du hasard, ni celui d'une inattention de leurs auteurs » (Bousquet, Cogis et collab., 1999, p. 23-24). L'erreur est aussi l'indice de conflits qui surgissent au cours de l'apprentissage. Or, plusieurs auteurs notent, comme Gaulmyn et collab., (1996, p. 135), que « la situation d'entretien a des effets d'apprentissage, du seul fait d'attirer l'attention de l'enfant sur ses graphies ».

Par ailleurs, comme nous l'avons nous-mêmes observé, réfléchir sur la langue intéresse les élèves. Dans le cadre de leur démarche, Roubaud et Touchard (2003, p. 262) notent que, malgré la difficulté de « dire » :

> *Ces échanges captivent les élèves, ce sont de vraies situations-problèmes qui, à un moment donné, les obligent à confronter leurs hypothèses, à les « verbaliser » (utiliser du métalangage), à avoir une attitude réflexive face à leur propre langue.*

Ces travaux et leurs résultats nous rappellent finalement que l'appropriation de la langue écrite est un travail de longue haleine. Pour n'évoquer que la dimension grammaticale de l'écriture (la plus difficile, il est vrai), citons Jaffré

(1995, p. 149) : « En fait, la morphographie tient en une phrase et des années de travail : savoir écrire les mots, c'est être capable d'analyser leur structure linguistique pour en maîtriser la variation graphique. »

CONCLUSION

On ne peut plus enseigner la grammaire sans tenir compte du fait que l'élève « n'est pas seulement "acteur" de son apprentissage. Il est "auteur" de ce qu'il apprend » (Giordan, 1998, p. 17). Dans ce chapitre, nous avons porté notre attention sur le sujet apprenant en tentant de faire voir concrètement comment les élèves sont actifs sur le plan cognitif devant la langue écrite et comment cette activité d'appropriation de l'écrit se fait par l'élaboration de systèmes de compréhension successifs qu'on appelle représentations et conceptions. L'élève donne un sens aux contenus grammaticaux qu'on lui enseigne, en fonction de ce qu'il est en mesure d'assimiler et en apprenant progressivement à discerner, pour chaque notion, ce qui est pertinent et ce qui ne l'est pas. À chaque moment de cet apprentissage, il s'appuie dans les choix qu'il fait sur un ensemble de connaissances apprises, de conceptions élaborées, de procédures plus ou moins stables.

Il convient de ne pas oublier que l'élève a besoin des autres, et notamment de l'enseignant, pour progresser. Pour l'enseignant, aider les élèves à apprendre en grammaire, c'est donc, entre autres, aménager des situations qui leur permettent :

1- de développer un nouveau rapport à la langue,

2- de verbaliser ce qu'ils comprennent et font,

3- de s'engager dans une véritable construction de leur compétence écrite.

C'est le sens des propositions présentées dans la dernière partie de ce livre et qui sont cohérentes avec ce que l'on sait à la fois du processus d'apprentissage et des modes de raisonnement des élèves.

PARTIE 3

COMMENT ENSEIGNER
LA GRAMMAIRE

Cette troisième partie présente divers exemples d'applications pratiques en nouvelle grammaire qui tiennent compte des théories de l'apprentissage et des principes retenus pour l'enseignement tels qu'ils ont été exposés dans la deuxième partie. Nous distinguerons les activités d'apprentissage des activités de mise en pratique.

Le chapitre 7 est consacré à des exemples d'activités pour l'apprentissage de notions nouvelles pour l'élève. De telles activités peuvent remplacer la traditionnelle leçon magistrale, pour le plus grand bénéfice des élèves.

Le chapitre 8 présente diverses activités de mise en pratique des notions apprises. Ces activités assurent le suivi des apprentissages en grammaire jusqu'au transfert en production de texte. Elles viennent donc après les activités d'apprentissage et sont à privilégier lorsqu'une notion a été vue à un niveau scolaire antérieur, en remplacement des exercices « à trous ».

Enfin, nous conclurons l'ouvrage par quelques considérations sur les conséquences que laisse entrevoir ce renouvèlement de l'enseignement grammatical sur la progression des apprentissages.

CHAPITRE 7

DES ACTIVITÉS POUR
DES APPRENTISSAGES NOUVEAUX

*Quand un maître explique lui-même aux élèves comment
un verbe s'accorde avec un sujet (et cela avec des exemples),
il fait exactement le travail que l'élève doit faire [...].*

Milot, 1978, p. 38.

Dans ce chapitre, nous présentons quelques exemples d'activités de grammaire pour l'apprentissage de notions qui sont nouvelles du point de vue de l'élève à un niveau scolaire donné. Ces activités visent à rendre l'élève actif sur le plan cognitif dans l'acquisition de connaissances procédurales ou déclaratives. Ainsi, nous illustrerons la démarche active de découverte, la réflexion guidée avec diverses façons d'exploiter les exemples positifs et négatifs ainsi qu'une démarche de résolution de problème. Nous présentons ensuite un exemple de leçon magistrale et sa transformation en activités d'apprentissage selon une démarche active.

Enfin, nous terminons ce chapitre par quelques suggestions pour l'organisation des connaissances.

7.1 LA DÉMARCHE INDUCTIVE ET LES DÉMARCHES ACTIVES

Pour les psychologues, l'apprentissage inductif pur se résume essentiellement à ceci : essais, erreurs, rétroactions de l'entourage. L'enfant de deux ans qui touche à tout et se brule un jour sur une casserole apprend à ne plus y toucher ; la douleur constitue la rétroaction lui signifiant son erreur. La grande majorité des jeux vidéo fonctionne également sur ce principe : un bruit ou une animation spécifique indique si l'essai est réussi ou non (cible touchée ou non). Cette manière d'apprendre est efficace dans la mesure où la rétroaction est immédiate[1], et si l'apprenant est motivé à apprendre.

Lorsqu'on parle de méthode inductive dans l'enseignement de la grammaire et de l'orthographe, il ne s'agit jamais d'une méthode inductive pure ; certains aménagements s'imposent toujours, qu'il s'agisse de limiter le travail à une seule notion, de guider la réflexion ou de contrôler les phrases soumises à l'observation. C'est pourquoi, depuis quelques années, on parle plutôt de démarche de

---

1. On peut se demander si l'usage continu d'un traitement de texte avec correcteur intégré, qui souligne immédiatement les erreurs, ne serait pas un moyen d'apprentissage de l'orthographe tant lexicale que grammaticale par une méthode inductive pure. Cette hypothèse n'a jamais été validée encore, mais elle est plausible pour un apprenant motivé à réaliser cet apprentissage. Toutefois, une telle pratique risquerait aussi de provoquer l'effet inverse chez ceux qui ne désirent pas faire l'effort d'apprendre l'orthographe.

type expérimental (ou scientifique), de démarche de type heuristique (Grossmann, 1996 ; Paret, 2000), de démarche active de découverte (Chartrand, 1996), de démarche de réflexion guidée (Nadeau et Trudeau, 2002). Toutefois, quelle que soit l'appellation donnée, le dénominateur commun de ces démarches est qu'elles rendent toutes l'élève actif dans son apprentissage, actif sur le plan cognitif.

Une démarche active vise à ce que les élèves construisent leurs connaissances grammaticales et les relient à leurs connaissances antérieures. Ils sont amenés à retrouver par eux-mêmes des règles ou régularités sur le fonctionnement des phrases et des textes à partir de l'observation de faits de langue. La réflexion consciente des élèves est au cœur de ces démarches, car elle fait appel à des habiletés cognitives fondamentales comme observer, classer, identifier des caractéristiques communes (*voir* le chapitre 5).

Cependant, ces démarches sont longues et laissent l'impression que les élèves doivent réinventer la roue. C'est pourquoi nous préconisons de réserver ce type de démarche aux apprentissages nouveaux pour lesquels elle paraît essentielle[2]. Ainsi, les activités d'apprentissage en grammaire ne sont pas à recommencer chaque année. Lorsqu'il s'agit de règles déjà vues au cours des années antérieures, les activités qui assurent le suivi, comme celles présentées au chapitre 8, conviendront mieux.

Les démarches actives exigent de l'élève qu'il s'investisse dans la tâche puisqu'une réponse toute faite ne lui est pas fournie. En général, l'élève retire une certaine fierté (ou estime de soi) de ces activités qui respectent son intelligence ; mais, surtout, en prenant le temps de traiter et de classer l'information à son rythme, il comprendra mieux les notions et les retiendra davantage.

Cependant, pour des raisons fort diverses, certains élèves ne fournissent pas toujours l'effort et la concentration nécessaires à la réalisation de ces tâches. L'engagement cognitif de tous les élèves dans les activités d'apprentissage est à considérer comme un but vers lequel on tend, les méthodes actives étant pour l'enseignant un moyen d'y parvenir. Des activités d'apprentissage réalisées en dyades ou en équipes permettront à un plus grand nombre d'élèves de s'investir dans la tâche et de trouver les règles de grammaire ou les régularités de la langue en évitant le découragement qui accompagnerait une réflexion solitaire. Les élèves fourniront plus d'efforts dans de telles activités que lors d'un enseignement en grand groupe où seulement quelques-uns participent et répondent aux questions de l'enseignant, ce qui fournit du même coup la réponse aux autres qui ne faisaient que l'attendre…

Au début, les élèves (comme les enseignants) pourront être déroutés par une démarche active, car plusieurs n'ont pas l'habitude de véritablement réfléchir

---

2. Une démarche active pour une notion de grammaire vue antérieurement peut s'avérer nécessaire à l'occasion pour des élèves qui ne l'auraient pas vraiment apprise (règle oubliée, souvenir erroné ou trop imprécis).

sur le fonctionnement de la langue. En effet, dans les activités d'apprentissage, on ne vise pas à ce que les élèves trouvent instantanément la bonne réponse, mais qu'ils prennent le temps de décrire et de verbaliser le fruit de leurs observations… pertinentes ou non, bonnes ou mauvaises. Il faudra donc encourager les élèves à s'exprimer et veiller à éviter la moquerie relativement aux diverses réponses émises en considérant toutes les hypothèses sans les juger, laissant les élèves se justifier, argumenter, revoir les phrases observées ou en considérer de nouvelles lorsque des réponses divergent.

7.2 DES EXEMPLES D'ACTIVITÉS D'APPRENTISSAGE

Dans cette section, nous présentons des activités d'apprentissage destinées à différents niveaux scolaires du primaire, mais certaines pourront facilement être adaptées pour le secondaire. Voici un aperçu de ces activités.

- Le *groupe du nom* par une démarche active de découverte :
  – connaissances : déclaratives et procédurales ;
  – niveau scolaire : 3e cycle du primaire.
- Le *verbe conjugué* par une démarche de réflexion guidée (avec exemples positifs et négatifs) :
  – connaissances : procédurales ;
  – niveau scolaire : 1er cycle du primaire.
- L'*adjectif* par une démarche de réflexion guidée :
  – connaissances : procédurales ;
  – niveau scolaire : 2e cycle du primaire.
- Les *compléments directs et indirects* par une démarche de réflexion guidée (opposant les deux notions) :
  – connaissances : procédurales ;
  – niveau scolaire : 3e cycle du primaire.
- Les *finales de verbes au présent* par une démarche active de découverte (puis variante selon une démarche de réflexion guidée) :
  – connaissances : déclaratives ;
  – niveau scolaire : 2e cycle du primaire.
- Les formes homophoniques *leur* et *leurs* par une démarche de résolution de problème :
  – connaissances : déclaratives et procédurales ;
  – niveau scolaire : 3e cycle du primaire.

7.2.1 La démarche active de découverte

La démarche active de découverte, telle qu'elle est définie par Chartrand (1996), suit une démarche de type expérimental. Elle débute par une mise en situation, puis comporte six étapes. L'auteure illustre la démarche par une séquence d'activités sur le groupe du nom dont nous rapportons les premières étapes, celles qui correspondent à la phase d'apprentissage. Une séquence se déroule sur plusieurs périodes. Les deux dernières étapes constituent une phase assez longue d'exercices et de transfert dont nous traiterons au chapitre 8.

Cette séquence d'activités sur le GN était à l'origine destinée aux élèves de 1re secondaire. Comme on enseigne maintenant la grammaire nouvelle dès le début de la scolarité, nous l'avons adaptée au 3e cycle du primaire.

Activité d'apprentissage

Le groupe du nom (selon Chartrand, 1996)
Démarche active de découverte
Niveau : 3e cycle du primaire ou début du secondaire

Note : En ce qui concerne le groupe du nom, les élèves, au 2e cycle du primaire, auront surtout travaillé l'accord en genre et en nombre. Leur conception du GN risque d'être limitée aux constructions avec déterminant et nom (précédé ou suivi d'adjectifs). Leur connaissance des autres constructions du GN et des autres sortes d'expansion demeure floue, bien qu'ils manipulent à l'occasion des GN de toutes sortes par l'encadrement du groupe sujet avec *c'est... qui*.

Mise en situation

La mise en situation vise à donner du sens à l'étude de la notion grammaticale.

- L'enseignant rappelle les connaissances antérieures en lien avec le groupe du nom et «fait état des lacunes existantes dans les textes des élèves quant à l'utilisation du groupe nominal» (Chartrand, 1996, p. 214).

- Une définition imagée et floue est donnée aux élèves (elle aurait pu venir d'eux, lors de la discussion sur les connaissances antérieures) : «Le groupe du nom est l'ensemble des mots qui accompagnent le nom.» Cette définition trop simple oriente peu les élèves, mais ils ne s'en rendent pas nécessairement compte avant la suite de l'activité.

- À partir de la définition donnée, les élèves, en équipes, doivent constituer un corpus de GN extraits de textes de leur choix et de genres variés (journaux, poèmes, récits, circulaires, titres, lettres, etc.)[3]. Lors de ce premier travail de repérage des GN dans des textes, diverses conceptions et procédures des élèves pour identifier cette notion pourront ressortir. Par exemple, certains identifient seulement les groupes «déterminant + nom»; d'autres incluent à leur liste des groupes prépositionnels; quelques-uns n'auront repéré aucun GN comprenant un nom abstrait.

>>>

---

3. L'enseignant pourrait aussi choisir le corpus ou les textes à observer.

Confrontés à la diversité des résultats de ce repérage, les élèves comprendront mieux le besoin d'approfondir la notion de GN.

Le travail sur des textes de genres variés permet également aux élèves de constater à quel point le GN est une ressource linguistique essentielle à l'expression.

Étape 1 : Observation du phénomène (1er corpus)

Le travail de classement commence véritablement ici.

- À partir du corpus de phrases et des GN identifiés à l'étape précédente (et potentiellement encore imparfaits), les équipes doivent classer les GN selon des critères de leur choix.

- Chaque équipe présentera en plénière ses critères et procédures de reconnaissance des GN ainsi que les questions soulevées ou problèmes éprouvés lors du tri. Cette mise en commun « rend manifeste l'imprécision des critères d'identification et des procédures employés, car les résultats des équipes sont très différents » (Chartrand, 1996, p. 215).

- L'enseignant récapitule les critères utilisés, suggère de distinguer les critères de sens (choses concrètes, abstraites, être animé…) des critères de forme (marques de genre et de nombre, type de construction). Les élèves conviennent de rechercher des critères fiables pour repérer les GN.

Si plusieurs problèmes sont soulevés ou si diverses pistes peuvent être explorées, les élèves, en accord avec l'enseignant, pourront décider des questions à approfondir plus systématiquement, ce qui assure un plus grand engagement de leur part dans l'activité (*voir* le chapitre 5, section 5.5). Cette séquence sur le GN pourrait donc suivre des voies différentes.

Étape 2 : Manipulation des énoncés et formulation d'hypothèses

À cette étape, les élèves procèdent à des manipulations systématiques sur le corpus, ils en déduisent des hypothèses de fonctionnement de la notion dans la langue.

L'enseignant propose quelques manipulations :

- remplacer les GN repérés par un pronom ou par un nom propre ;
- effacer tous les mots qui ne semblent pas obligatoires dans les GN.

Il revient aux élèves de tester ces manipulations et d'en tirer leurs conclusions qui deviendront autant d'hypothèses à vérifier dans un nouveau corpus à l'étape suivante.

Voici quelques hypothèses susceptibles d'être émises (Chartrand, 1996, p. 216) :

- « Le GN est nécessaire à la compréhension et à la bonne construction d'une phrase […]. »
- « Le GN est très souvent composé d'un déterminant et d'un nom, qui sont du même genre et du même nombre. »

>>>

- « Le GN a des grandeurs variables, il peut compter un ou plusieurs mots et, pour le délimiter, on peut souvent lui substituer un pronom ou un nom propre s'il s'agit d'un humain. »

- La préposition ne fait pas partie du GN qui suit, elle ne disparait pas lorsqu'on remplace le GN par un nom propre ou un pronom :

Il joue avec <u>son père</u>.   *Il joue avec <u>Martin</u>/avec <u>lui</u>.*   **Il joue Martin.*

Après <u>la pluie</u> vient le beau temps.   *Après <u>cela</u> vient le beau temps.*

Cette dernière hypothèse ne fait pas l'unanimité dans la classe ; certains élèves argumentent que la préposition disparait parfois lors du remplacement par un pronom (*il parle à son père, il <u>lui</u> parle*). L'enseignant peut décider d'approfondir cette question, par exemple en demandant aux élèves d'essayer de remplacer les GN « sans préposition » par un groupe « avec préposition » pour voir s'il s'agit bien de la même sorte de groupe ou si cette possibilité de remplacer un groupe « préposition + déterminant + nom » par un pronom est un phénomène plutôt rare et limité. L'enseignant peut également décider de laisser cette hypothèse de côté pour y revenir à un autre moment durant l'année.

Étape 3 : Vérification des hypothèses (2ᵉ corpus)

Chaque hypothèse retenue est testée sur un autre corpus pour vérifier s'il s'agit bien de règles ou de régularités (hypothèses généralisables). Ce 2ᵉ corpus est préparé par l'enseignant, qui peut décider d'inclure ou non de nouvelles difficultés que les élèves n'ont pas encore soulevées (par exemple, une plus grande variété de déterminants, des noms plus abstraits, des subordonnées relatives comme expansion du GN).

Chaque vérification pourra mener à de nouvelles manipulations à exécuter systématiquement ou à un nouveau classement à effectuer pour préciser davantage l'hypothèse. Par exemple, des questions plus précises pourront être explorées à propos de la formation du GN, « souvent composé d'un déterminant et d'un nom » :

- Le déterminant est-il obligatoire dans la formation du groupe du nom ?

- Quels GN peuvent contenir un seul mot ?

- De quelle sorte de mot s'agit-il alors ?

Les élèves pourraient également approfondir les relations de genre et de nombre ou encore classer les diverses expansions selon leur construction.

Étape 4 : Formulation de lois, de régularités ou de règles et établissement de procédures

Chaque équipe formule ses règles ou régularités puis, lors d'une mise en commun, les formulations les plus précises sont adoptées. Par exemple, en ce qui concerne le GN :

>>>

- Le GN est composé obligatoirement d'un nom, propre ou commun.

- Le déterminant est toujours à gauche du nom, sa présence est obligatoire, sauf dans quelques cas : le nom est un nom propre, le nom est précédé d'une préposition[4] (avec joie, des ballots de paille), il s'agit d'un titre (*Catastrophe* sur la côte Ouest).

- Les expansions du GN peuvent être : un adjectif, une préposition suivie d'un autre GN, une phrase subordonnée relative (les élèves du primaire ne connaissant pas cette notion, ils pourront paraphraser et donner la liste des pronoms relatifs rencontrés : une phrase « qui commence par les mots de relation *qui, que, dont, où* »).

Les élèves comparent ensuite leurs règles à celles d'un ouvrage de référence. Ils constateront sans doute des différences tout en étant bien armés pour juger de la précision ou de l'imprécision des informations dans leur grammaire. À cet effet, il est utile qu'ils puissent consulter plusieurs ouvrages.

Enfin, pour prévoir le transfert des apprentissages, les élèves devront en plus formuler des procédures qui montrent comment se servir de ces connaissances nouvellement acquises ; par exemple, comment repérer un GN dans un texte, comment enrichir la construction d'un GN.

Avec le grand nombre d'exemples travaillés, de pistes explorées, de manipulations effectuées et de résultats vérifiés, les élèves, à la fin de la démarche, auront acquis une connaissance approfondie et détaillée de la notion de GN. Notons que les élèves dont le français n'est pas la langue première bénéficient grandement de telles activités où ils apprennent comment construire un GN de manière approfondie. ∎

7.2.2 La réflexion guidée avec exemples positifs et négatifs

La démarche de réflexion guidée exploite le contraste des exemples positifs et négatifs. Les étapes de cette démarche sont comparables à celles d'une démarche active de découverte. Une *mise en situation* permet de faire comprendre aux élèves la pertinence d'étudier la notion et de confronter leurs conceptions initiales (souvent au moyen d'une première tâche à effectuer ou d'une question soulevée par l'enseignant). À la suite de l'observation d'une première série d'exemples positifs et négatifs (*1er corpus*), les élèves émettent une *hypothèse* qui sera testée dans de nouvelles phrases (*2e corpus*), puis ajustée et précisée au besoin. Les élèves pourront alors formuler en commun une *procédure* à utiliser dans une phase d'exercices aboutissant au transfert des apprentissages en production de texte. Dans cette démarche, on procède également à un va-et-vient entre travail d'observation en équipes et mise en commun en plénière.

---

4. La construction des GN sans déterminant pourrait faire l'objet d'une exploration plus poussée à un autre moment.

Les exemples d'activités d'apprentissage présentés dans cette section se concentreront donc sur ce qui est spécifique à cette démarche : la phase d'observation et le guidage de la réflexion par le choix des exemples positifs et négatifs. Les élèves doivent identifier autant ce qui caractérise la notion à partir des exemples positifs que ce qui la distingue des exemples négatifs.

On peut exploiter le contraste des exemples positifs et négatifs de diverses façons. Nous utiliserons trois activités d'apprentissage[5] adaptées de Nadeau (1999) : la notion de *verbe conjugué* au 1er cycle, la notion d'*adjectif* au 2e cycle et les notions de *complément direct et indirect*, travaillées en parallèle, au 3e cycle.

Activité d'apprentissage

Le verbe (conjugué)
Démarche de réflexion guidée avec exemples positifs et négatifs
Niveau : 1er cycle du primaire

Note : Identifier la classe des verbes, et plus particulièrement les verbes conjugués, peut rendre de nombreux services aux élèves du 1er cycle. D'abord, leur identification peut contribuer à mieux ponctuer la phrase en définissant celle-ci comme « des mots ou groupes de mots autour d'un verbe ». Lorsque des mots se rattachent plutôt au verbe suivant, c'est le signe qu'il s'agit du début d'une autre phrase (Nadeau, 2003). L'identification des verbes conjugués dans un texte permettra aussi de régler de nombreux problèmes d'ambigüité de catégorie pour des mots qui peuvent être un verbe ou un nom selon le contexte (*porte, montre, lance, juge, fête, danse,* etc.). Cela s'avère utile lorsque les élèves commencent le repérage des noms pour l'accord en genre et en nombre.

Enfin, préalablement à cette activité, il faudra avoir contrasté les phrases négatives à l'oral (comme on les dit lorsqu'on parle avec des amis) et à l'écrit (comme on les trouve dans des livres) pour remarquer la présence de *ne* (ou *n'*) à l'écrit. Les élèves devront également savoir qu'il existe des classes de mots (qu'ils étudieront bientôt une à une). Le recours à l'analogie (par exemple, avec les sortes de vêtements) est un moyen d'aborder cette connaissance générale du système (*voir* la section 7.4).

Mise en situation

La mise en situation fera ressortir les conceptions des élèves sur le verbe et l'utilité de savoir identifier les verbes conjugués lorsqu'on écrit.

Observation d'exemples positifs

Avec les plus jeunes, il n'est pas nécessaire d'opposer immédiatement les exemples positifs et négatifs. Voici donc des *exemples-oui* pour la propriété qu'a le verbe conjugué

>>>

---

5. Pour d'autres exemples de cette démarche, voir les activités d'apprentissage dans Nadeau et Trudeau (2001, 2003), destinées aux 2e et 3e cycles du primaire.

de recevoir la négation ; ils montrent, par paires, une phrase de départ puis la même phrase dans laquelle on a appliqué la manipulation.

Exemples positifs :

Le soleil brille aujourd'hui.
→ Le soleil ne brille pas aujourd'hui.

Alex est très malade.
→ Alex n'est pas très malade.

Les enfants jouent calmement avec le chien.
→ Les enfants ne jouent pas calmement avec le chien.

Les élèves doivent observer les paires de phrases et décrire précisément les changements qu'ils constatent. Il ne suffit pas de dire qu'on ajoute *ne* et *pas* ; il faut préciser où ces mots sont placés dans la phrase.

Formulation d'hypothèses et vérification

Certains élèves diront peut-être que le *ne* est ajouté à la suite d'un nom (s'ils connaissent déjà cette classe de mots). Étant donné les exemples ci-dessus, ces élèves émettent une hypothèse juste. Dans cette situation, il suffit à l'enseignant d'ajouter de nouveaux exemples positifs montrant que cette hypothèse est inexacte :

Les jeunes enfants, souvent, veulent dormir le soir.
→ Les jeunes enfants, souvent, ne veulent pas dormir le soir.

La piste cyclable sera ouverte cette semaine.
→ La piste cyclable ne sera pas ouverte cette semaine.

Les élèves préciseront, par exemple, que les mots *ne* et *pas* se placent autour d'un mot au milieu de la phrase, autour d'un seul mot et non autour d'un groupe de mots… L'idée émerge que ces mots qui s'encadrent de la négation forment une classe différente des noms ou des autres mots.

Il faut alors vérifier si cette caractéristique, « pouvoir être encadré de *ne … pas* », est vraiment spécifique à la classe des « verbes » (que l'enseignant aura nommée à ce point de l'activité). Pour cela, les élèves devront « tester » la même manipulation sur les autres mots de la phrase et l'enseignant pourra se servir de cartons *ne* et *pas* qu'il collera au tableau en encadrant successivement divers mots autres que le verbe dans une phrase.

Lorsqu'on applique cette manipulation à une autre classe de mots que les verbes (comme si l'on faisait une erreur d'analyse), on crée des exemples négatifs. Cela permet de définir le verbe par rapport aux autres classes de mots et de tester en même temps l'efficacité de la manipulation.

Les phrases suivantes constituent des exemples négatifs : les mots sur lesquels on a appliqué la manipulation ne sont pas des verbes.

>>>

Exemples négatifs

Le *ne* soleil *pas* brille aujourd'hui.

Le soleil brille *ne* aujourd'hui *pas*.

Alex est *ne* très *pas* malade.

Alex est très *ne* malade *pas*.

Ne Alex *pas* est très malade.

Les enfants jouent calmement *ne* avec *pas* le chien.

Le jeune élève (même un allophone, s'il sait minimalement s'exprimer à l'oral en français) perçoit facilement que les exemples négatifs forment des phrases impossibles ; en français, on ne parle pas ainsi. Ce contraste extrême lui permet de mieux saisir que les manipulations servent à trier les mots : l'encadrement par la négation établit une distinction entre les mots qui sont des verbes et les mots qui n'en sont pas (même s'il ne connait pas encore toutes les autres classes de mots).

Les élèves devront ensuite montrer leur compréhension de la notion de verbe (conjugué) et de la manipulation observée en trouvant eux-mêmes de nouveaux exemples positifs (en composant des phrases, en les repérant dans des textes divers). Ils doivent être habiles à justifier leur analyse en verbalisant la manipulation et non seulement en mentionnant son résultat. Par exemple : « Dans la phrase *Jean regrette sa colère*, le verbe est *regrette* parce qu'on peut dire *Jean ne regrette pas...* » Les élèves doivent aussi montrer leur capacité à trier les exemples positifs et négatifs. Par exemple, dans la phrase ci-dessus : « *Colère* n'est pas un verbe parce qu'on ne peut pas dire *Jean regrette sa ne colère pas.* » Il faut que les élèves se questionnent autant sur des verbes que sur d'autres mots susceptibles d'être considérés comme tels.

Synthèse sous forme de procédure utile en écriture

Il reste alors à formuler une première procédure simple pour identifier les verbes (conjugués) dans un texte, au moyen de cette manipulation, puis il faut la mettre à l'épreuve dans de nouvelles phrases (*voir* le chapitre 8).

Au fil des cas rencontrés ou des nouvelles observations dans des textes, la procédure sera enrichie peu à peu de nombreux détails : la phrase écrite peut déjà être négative (on fait alors la liste des mots de négation rencontrés, par exemple, *ne ... jamais*) ; lorsque *ne pas* sont ensemble devant un mot, il ne s'agit pas d'un verbe conjugué (*ne pas crier*) ; une phrase avec une seule majuscule et un point peut contenir deux verbes (on établira la liste des mots de relation rencontrés). Plus tard dans le cycle, les élèves observeront d'autres caractéristiques du verbe. ■

Au début du primaire, il n'est pas nécessaire de parler aux élèves d'exemples positifs et négatifs, ni de présenter les exemples côte à côte. Les premières caractéristiques ou manipulations enseignées seront les plus discriminantes. Il suffit alors de bien illustrer la manipulation par des exemples positifs, puis de la mettre à l'épreuve pour montrer qu'une erreur d'analyse mène à un résultat absurde (ou exemple négatif). Toutefois, dans cette démarche exploitant le contraste, les exemples négatifs ne constituent pas nécessairement des phrases « qui ne se disent pas », comme nous le verrons dans les deux activités qui suivent.

Activité d'apprentissage

L'adjectif
Démarche de réflexion guidée avec exemples positifs et négatifs
Niveau : 2e cycle du primaire

Note : Lorsque les élèves abordent l'observation des adjectifs, ils connaissent déjà les classes du verbe, du nom et du déterminant.

Mise en situation

Une séquence d'activités d'apprentissage sur l'adjectif pourrait commencer par l'observation du rôle des adjectifs dans un texte. À cet effet, on peut opposer un court texte sans adjectifs (exemples négatifs) au même texte avec adjectifs (exemples positifs), par exemple :

> *Félix va à la plage avec ses cousines. […] Sur la plage, ils marchent dans le sable. Ensuite, ils s'avancent dans la mer. […]* (Nadeau et Trudeau, 2001, p. 110)

Ce texte devrait évoquer chez les élèves des images proches des clichés sur la plage et la mer. L'enseignant peut les questionner sur ce qu'ils s'imaginent ou leur demander de dessiner la scène. On présente ensuite le texte qui contient des adjectifs :

> *Félix va à la plage publique avec ses cousines japonaises. […] Sur la plage polluée, ils marchent dans le sable noir. Ensuite, ils s'avancent dans la mer glacée. […]*
> (Nadeau et Trudeau, 2001, p. 110)

Les élèves constateront alors l'importance des adjectifs dans un texte pour bien rendre l'image que l'auteur a en tête. Certains se rendront déjà compte que l'adjectif décrit un nom (caractéristique sémantique).

Observation de la variation en genre des adjectifs

La variation en genre est l'une des caractéristiques des adjectifs. L'observation peut commencer avec des exemples clairs tels qu'énoncés dans le tableau suivant.

>>>

Exemples positifs Ces phrases contiennent un adjectif :	Exemples négatifs Ces phrases ne contiennent pas d'adjectif :
Luc a acheté une chemise brune. *Hier, j'ai mis un pantalon brun.*	*Regarde la lune !* *Regarde le *lun.*
Il pleut, c'est une mauvaise journée pour patiner dehors.	*Lisa joue avec une poupée de papier.* *Lisa joue avec une poupée de *papière.*
Éric est un mauvais joueur, il se fâche quand il perd.	*Benjamin court lentement.* *Chloé court *lentemente.*

Les élèves doivent d'abord identifier l'adjectif dans les paires de phrases et décrire ce qui se passe d'une phrase à l'autre, soit la possibilité d'employer l'adjectif avec ou sans *−e* final, une variation qu'on entend à l'oral. Les autres classes de mots ne partagent pas cette caractéristique, comme le montrent les exemples négatifs. Nous exposons ici la façon de démarrer chaque observation qui devra être étoffée (*voir* le chapitre 5, section 5.1.5). L'enseignant peut poursuivre en donnant aux élèves d'autres mots avec lesquels ils devront faire une phrase et tester la variation en genre en cherchant à employer le mot avec et sans *−e* final.

Malgré l'utilité du *−e* final pour distinguer cette classe de nombreux autres mots, la variation en genre est une caractéristique qu'on trouve aussi pour un sous-groupe de noms (*fermier/fermière*). L'observation se poursuivra de la façon suivante.

Exemples positifs Ces phrases contiennent un adjectif :	Exemples négatifs Ces phrases ne contiennent pas d'adjectif :
Connais-tu un bon jeu de société ?	*J'ai rencontré ma gardienne dans la rue.*
Jules nous a raconté une bonne blague !	*Le gardien du parc surveille les enfants.*
Max a perdu sa première dent à quatre ans.	*Plus tard, Élise veut devenir fermière.*
Dès le premier jour, Jules a adoré l'école.	*Ce fermier se lève très tôt tout l'été.*

Les élèves doivent alors trouver un moyen pour distinguer les adjectifs (*exemples-oui*) des autres mots qui varient en genre dans la colonne des *exemples-non* puisque ces autres mots ne sont pas des adjectifs et que le « test » de la variation masculin/féminin n'est pas discriminant. Ils devront alors se servir de leurs autres connaissances grammaticales et émettre des hypothèses qui seront mises à l'épreuve afin d'être vérifiées. Les élèves reconnaitront sans doute que les exemples négatifs qui varient en genre sont des noms (notion déjà vue) et prouveront leur analyse par

>>>

les manipulations qui caractérisent cette classe de mots. Ils pourront aussi observer que l'adjectif s'efface dans le groupe du nom et que le nom reste obligatoire.

Plusieurs autres activités seront nécessaires dans une séquence sur l'adjectif: la variation en genre de l'adjectif ne s'entend pas toujours à l'oral (*joli/jolie* ; *glacial/glaciale*), et certains adjectifs ne varient même pas en genre à l'écrit (*scolaire*, *jaune*). À ce propos, les élèves pourront remarquer que ces adjectifs se terminent toujours par un *–e* final, qu'on peut les remplacer par un autre adjectif qui variera en genre à l'oral, que ces adjectifs s'emploient autant que les autres «autour du nom» (autre caractéristique des adjectifs à faire observer).

Pour terminer la séquence, des exemples très proches pourront être opposés (*voir* le chapitre 5, section 5.1.5).

Exemples positifs Ces phrases contiennent un adjectif :	Exemples négatifs Ces phrases ne contiennent pas d'adjectif :
Un engin inconnu a été déterré dans un champ en Australie.	*Il ne faut jamais monter dans la voiture d'un inconnu.*
Voici une substance inconnue.	*Qui est cette inconnue à ma fête ?*
Sa petite sœur respire la joie de vivre.	*Cette petite aime vraiment la musique.*
J'ai perdu mon petit livre.	*J'ai trouvé une marmotte et son petit dans le parc.*

Les élèves devront justifier pourquoi certains mots sont des adjectifs dans les phrases de gauche et des noms dans celles de droite. ■

Après l'observation de ces caractéristiques de l'adjectif et leur vérification dans de nombreuses phrases, les élèves seront en mesure de rédiger une procédure pour identifier les adjectifs dans un texte en combinant plusieurs tests. Ces nouvelles connaissances seront alors mises en pratique dans des exercices et l'écriture de textes (*voir* le chapitre 8).

Dans le 3e exemple d'activité qui exploite le contraste des exemples positifs et négatifs, on travaille deux notions de grammaire en même temps : les compléments directs et indirects du verbe.

Activité d'apprentissage

Le complément direct et le complément indirect du verbe
Démarche de réflexion guidée avec exemples positifs et négatifs
Niveau : 3e cycle du primaire

Note : Au moment d'aborder ces deux fonctions en parallèle, l'élève devra déjà connaitre la fonction sujet et le complément de phrase.

Mise en situation

On peut annoncer aux élèves que la notion de CD sera utile dans l'accord du participe passé, mais aussi (surtout en présence d'élèves allophones) que ces deux structures sont fondamentales dans la construction du groupe verbe. Il faut donc les connaitre ou les vérifier dans le dictionnaire (par exemple, on dit *j'invite quelqu'un*, et non *j'invite *à quelqu'un*).

En ces années de transition grammaticale, il faudra également confronter les conceptions et procédures des élèves et montrer, au besoin, les limites de la procédure traditionnelle (*voir* le chapitre 2).

Observation d'exemples opposant deux notions : le CD et le CI

Nous illustrerons la possibilité pour le complément direct d'être pronominalisé par *le*, *la* ou *les* par rapport à *lui* ou *leur* pour les compléments indirects. Cette activité ne constitue pas nécessairement la première de la séquence sur ces compléments.

Dans ces phrases, les pronoms sont des compléments directs (CD) :	Dans ces phrases, les pronoms sont des compléments indirects (CI) :
Julie l'offre à son institutrice.	*Julie lui offre ce livre.*
Les élèves les observent avec attention.	*Julie lui téléphone.*
Maxime le connait.	*Les parents leur ont interdit les jeux vidéo.*
Les enfants la nettoient.	*Julien leur tire souvent les tresses.*

Les élèves observeront facilement la différence de pronoms : *le*, *la*, *les* pour les CD et *lui* ou *leur* pour les CI. Encore faut-il qu'ils prouvent que les pronoms CD ne peuvent pas être utilisés avec les verbes qui exigent un CI et vice-versa *(Max *lui connait, Julie *les téléphone)*. Ensuite, les élèves pourront « dépronominaliser » ces phrases (en inventant un référent) pour voir ce qui se passe. Ils constateront alors la position des compléments à droite du verbe et la présence de la préposition (seulement *à* dans ce cas) pour les compléments indirects.

>>>

La pronominalisation par *le*, *la* ou *les* des CD fonctionne bien dans de nombreuses phrases, mais le CD peut aussi être pronominalisé par des pronoms qui sont parfois CD, parfois CI ; c'est le cas des pronoms *me*, *te*, *nous*, *vous* et *en*.

Dans ces phrases, les pronoms compléments sont des CD :	Dans ces phrases, les pronoms compléments sont des CI :
Jean aime les pommes, il en mange tous les jours.	*Jean aime son frère, il en parle tous les jours.*
Je t'ai vu.	*Je t'ai téléphoné.*

Ces subtilités seront abordées plus tard, lorsque les élèves connaitront d'autres caractéristiques des CD et des CI, comme le recours à la structure de base du verbe (*je t'ai vu/j'ai vu quelqu'un* ; *il en mange/il mange quelque chose*, par rapport à *il en parle/il parle de quelqu'un* et non *il parle *quelqu'un*).

Comme dans les activités précédentes, les élèves devront montrer leur compréhension de ces deux fonctions et des manipulations qui les caractérisent en trouvant eux-mêmes de nouveaux exemples de CD et de CI et en justifiant leur analyse par l'utilisation des manipulations. ■

Dans les trois activités exploitant le contraste des exemples positifs et négatifs, diverses façons de travailler ont été illustrées. Les deux types d'exemples peuvent être présentés l'un après l'autre ou soumis à l'observation en même temps, dans deux colonnes qui s'opposent. Il est aussi possible de travailler deux notions en même temps. Les exemples négatifs peuvent montrer des manipulations dont le résultat « ne se dit pas » ou tout simplement des phrases bien construites, mais dont la notion à l'étude est absente.

7.2.3 Les activités d'apprentissage pour des connaissances déclaratives

La connaissance des finales de verbes relève des connaissances déclaratives. S'il est possible (et même souhaitable) d'apprendre par cœur, dès le début du primaire, la conjugaison au présent de l'indicatif de quelques verbes très utilisés (notamment *être* et *avoir*), la complexité du système verbal ne peut être entièrement mémorisée au cas par cas. Les terminaisons doivent être classées selon la personne, le temps, le mode et l'infinitif du verbe (verbes réguliers en –*er* ou les autres[6]).

---

6. Plus de 12 000 verbes font partie des traditionnels verbes du 1er groupe. On compte seulement 500 autres verbes : environ 250 dans le 2e groupe en –*ir/issant* et autant dans le 3e groupe (Marchand, 2001). Il est utile de distinguer les verbes du 2e et du 3e groupe, surtout pour les variations du radical, pour des élèves qui ne sauraient pas conjuguer ces verbes à l'oral.

Par où commencer? Étant donné le jeune âge des élèves soumis à cet apprentissage (au programme dès le 2ᵉ cycle), ces derniers ne peuvent tout démêler d'un coup, mais on évitera également une simplification à outrance (*voir* l'encadré 7.1) qui n'assure pas une bonne compréhension. Par ailleurs, puisqu'il est nécessaire d'établir des liens entre la grammaire et l'écriture de textes, la fréquence d'utilisation doit être considérée. Ainsi, bien que les finales des 1ʳᵉ et 3ᵉ personnes du présent de l'indicatif soient les plus irrégulières du système verbal, ce seront les premières à l'étude, une personne à la fois. Les terminaisons aux autres personnes du présent nécessiteront moins de temps, car elles sont plus régulières. Une fois la conjugaison aux six personnes établie pour le présent de l'indicatif, les finales pourront être observées pour chaque temps à toutes les personnes en une seule activité.

Encadré 7.1   Le truc de la terminaison *sexai* à la 1ʳᵉ personne du singulier

Doit-on donner aux élèves le truc: «Avec je, c'est s e x ai»?

s, *e*, *x* ou *ai* sont en effet les terminaisons possibles des verbes conjugués à la 1ʳᵉ personne du singulier, quel que soit le temps ou le mode; mais donnée telle quelle, cette information est trop simplifiée, pas assez expliquée ni hiérarchisée.

- Le véritable problème est le choix entre *e* ou *s* (*je crie* et non *je *cris*, *je finis* et non *je *finie*, *je vois* et non *je *voie*, mais *il faut que je voie*). Le recours à l'infinitif du verbe, à son temps et à son mode est ici indispensable.

- La finale *–x* est une exception pour trois verbes au présent de l'indicatif (*je peux, je veux, je vaux*).

- La finale *–ai* est celle du futur et du passé simple (un temps non étudié à cette personne au niveau primaire).

- Il existe quelques exceptions aux régularités des finales de verbes en *–e* et en *–s* à la 1ʳᵉ personne. Elles concernent toutes le présent de l'indicatif: il s'agit du verbe avoir (*j'ai*), du verbe aller (*je vais*) et d'une dizaine de verbes en *–ir* dont la finale est *–e* (*j'ouvre, je cueille, j'offre*, etc.).

Cette phrase qui place toutes les finales sur un pied d'égalité pourrait donc servir de truc mnémotechnique à la condition d'être le fruit d'une récapitulation, par les élèves, de l'étude des finales de la 1ʳᵉ personne, donc après avoir étudié les temps, les modes et les exceptions. Malheureusement, on a souvent donné ce truc aux élèves dès le début de l'apprentissage, avant même l'étude des temps, en pensant qu'il suffisait pour trouver la bonne finale.

L'activité présentée plus loin ne concerne que la recherche des finales par les élèves. Toutefois, l'étude d'un temps de verbe devrait toujours être jumelée à la lecture et à l'écriture d'au moins un genre de texte qui sollicite grandement ce temps et ce mode afin d'en montrer aussi l'usage, et non seulement la conjugaison. Voici quelques exemples de contextes d'utilisation :

- Pour le présent de l'indicatif : histoire racontée au présent, textes informatifs ou descriptifs.
- Pour l'imparfait : description dans le passé (habitudes de jeunesse des grands-parents, description d'un lieu à une certaine époque, extraits à l'imparfait dans une histoire).
- Pour le passé composé : séquence d'actions réalisées dans le passé (le récit de ses activités lors du dernier congé, extraits au passé composé dans une histoire).
- Pour le conditionnel : description d'un monde idéal ou tel que souhaité.
- Pour le conditionnel et le présent du subjonctif : lettre argumentative (par exemple, pour demander des modifications de la cour de récréation à la direction de l'école). Le conditionnel et le présent du subjonctif donnent alors un ton de politesse aux réclamations et à l'argumentation : *il faudrait que vous ajoutiez des jeux…* ; *les élèves seraient alors plus…* ; *on aimerait que la cour soit mieux aménagée…* (en comparaison avec l'impératif : *aménagez mieux la cour*, *ajoutez des jeux !*).

Ainsi, l'usage d'un temps ou d'un mode devrait aussi donner lieu à une activité d'apprentissage, par l'observation de divers textes qui contiennent le temps ou le mode à l'étude, la comparaison ou la transformation de textes à divers modes ou temps. Le contraste fait alors ressortir le sens apporté par un temps ou un mode par rapport à l'autre.

Activité d'apprentissage

Quelle finale pour quels verbes à la 1re personne du présent de l'indicatif ?
Démarche active de découverte (variante : exemples positifs et négatifs)
Niveau : 2e cycle du primaire

Note : Lorsque, au 2e cycle, les élèves commencent l'apprentissage des notions grammaticales liées à l'accord sujet-verbe, ils devraient savoir appliquer avec une certaine aisance l'accord dans le GN dans leurs productions écrites. En somme, cette première règle devrait être suffisamment automatisée pour ne pas entrainer de surcharge cognitive en révision de texte. La notion de verbe comme classe de mots avec ses caractéristiques (négation, finales variables) ainsi que celles de verbe conjugué et de verbe à l'infinitif devraient également faire partie des connaissances déjà vues au moment d'aborder cette activité sur les finales de verbes au présent.

>>>

Mise en situation

Faire prendre conscience aux élèves de la pertinence de comprendre le système des terminaisons verbales par un constat de leurs erreurs fréquentes ou un questionnement sur leur façon de déterminer la finale des verbes conjugués à telle personne.

Suggestion : Préparer un mini-test ou une dictée du jour (*voir* le chapitre 8) qui contient quelques verbes réguliers, mais difficiles à accorder à la 1re personne du présent. Écrire au tableau toutes les graphies des élèves (par exemple, *je crie/ cris/crit/cri*) pour faire ressortir le besoin de découvrir « le secret des terminaisons » (un peu d'intrigue en stimulera quelques-uns !).

Observation/classement des données

Présenter aux élèves une liste d'une trentaine de phrases (ou un texte écrit à cet effet) avec des verbes conjugués au présent à la 1re personne du singulier, des verbes de tous les groupes, mais sans exceptions comme *j'ai*, *je veux* ou *je cueille*, car on cherche d'abord à faire observer les régularités. Demander aux élèves d'établir en équipe une liste de ces verbes, puis de les classer de façon à étudier leur terminaison.

Une mise en commun sera nécessaire pour comparer les classements établis et retenir le plus pertinent par rapport au but de l'activité : trouver la règle qui permet de connaitre la terminaison de n'importe quel verbe à la 1re personne du présent (sauf les quelques exceptions). Par exemple, une équipe aura classé les verbes selon trois catégories : les finales en *−e*, en *−s* et en *−is*. En comparant les divers classements et en discutant de ceux-ci, les élèves cerneront mieux la notion de terminaison par rapport au radical. L'enseignant pourra les guider vers la recherche des terminaisons qui distinguent la personne verbale en opposant, par exemple, *je lis*, *je finis*, *je vois*, *je pars* à *il lit*, *il finit*, *il voit*, *il part*.

Voici des variantes possibles de cette activité :

Plus difficile :

- Demander aux élèves de relever les verbes conjugués à la 1re personne (avec *je*), au présent de l'indicatif, dans divers textes de leur choix, puis de mettre cette liste en commun. Cette tâche sera plus difficile, car les élèves devront probablement trier ces verbes parmi d'autres écrits à divers temps. De plus, des exceptions risquent bien de se retrouver parmi les verbes à l'étude.

Plus facile :

- Fournir aux élèves le critère de classement, soit la dernière lettre (muette) du verbe : *s* ou *e* (les élèves auront quand même à trouver le critère qui explique la terminaison, soit l'infinitif du verbe).
- Fournir aux élèves des verbes déjà classés en deux colonnes selon leur terminaison en *−e* ou en *−s*. Cette variante correspond à une activité de réflexion guidée exploitant directement le contraste des deux terminaisons.

>>>

Manipulation des énoncés et formulation d'hypothèses

Les élèves, en équipes, doivent trouver un ou des critères qui permettraient d'expliquer la finale en −*e* ou en −*s* d'un verbe à la 1re personne. Ils peuvent relire les phrases d'où viennent les verbes, observer leur classement une colonne à la fois et rechercher ce que ces verbes ont en commun en plus de la terminaison (« Le secret s'y cache ! »). C'est à cette étape de l'activité que les élèves peuvent recourir à toutes les caractéristiques du verbe qu'ils connaissent et aux manipulations qui y sont associées (changer le temps, la personne, transformer à l'infinitif – par l'ajout du verbe aller : *je pars / je vais partir*). Lorsqu'ils trouvent un point commun entre les verbes d'une colonne, il est important pour eux de vérifier que les verbes de l'autre colonne (avec l'autre terminaison) ne partagent pas cette caractéristique.

Il est possible de trouver d'autres facteurs explicatifs. Par tradition, on classe les verbes en groupes selon leur forme à l'infinitif, mais, pour expliquer la finale des verbes à la 1re personne, on pourrait tout aussi bien utiliser la forme du participe passé :

- participe passé en −*é* lorsque la finale au présent est −*e* ;
- pour toutes les autres formes de participe passé, la terminaison à la 1re personne du présent est −*s*.

Vérification des hypothèses

Lorsque chaque équipe a trouvé une caractéristique permettant d'expliquer les finales régulières, une mise en commun s'impose. Les critères qui fonctionnent sur les verbes observés sont alors retenus comme hypothèses à vérifier avec d'autres verbes dans de nouvelles phrases que les élèves peuvent composer ou rechercher dans des textes de lecture. Les critères toujours valides seront retenus pour le tableau synthèse. À propos de l'hypothèse de règle « participe passé en −*é* donc finale en −*e* », trois exceptions devraient ressortir : *été / je suis ; allé / je vais ; né / je nais*. Les élèves pourraient décider d'abandonner ce critère ou de le conserver (en plus de celui de l'infinitif) en inscrivant ces exceptions. Enfin, ils compareront leur règle avec celle d'une grammaire (afin de connaitre cet outil de référence, il est bon qu'ils le feuillètent souvent). Par cette consultation, les élèves pourront constater la justesse (plus ou moins grande) de leur règle ou observation et trouver la liste des exceptions. Ils retirent toujours beaucoup de fierté lorsqu'ils se trouvent aussi bons que le livre de grammaire…

Synthèse des nouvelles connaissances

Les élèves rédigent la synthèse de leurs nouvelles connaissances qui pourra servir d'aide-mémoire par la suite (affiche pour la classe, cahier de grammaire personnel). Cette synthèse devrait être rédigée sous forme de procédure utile pour l'écriture ou sous forme de problème / solution. Par exemple : *Que faire pour trouver la finale d'un*

>>>

toujours facile pour les élèves de passer de la formulation d'une règle comme celles indiquées dans les grammaires à l'utilisation de cette règle en écriture.

Un tableau complet des terminaisons sera rempli peu à peu au fil de telles activités sur les finales de verbes. Il contiendra toutes les informations permettant de répondre aux questions de départ (quelles finales pour quels verbes ?) en utilisant les critères explicatifs comme le temps, la personne, le groupe du verbe (ou sa forme à l'infinitif). ■

7.2.4 L'activité de résolution de problème

Les élèves sont généralement motivés par une activité de résolution de problème à cause du défi qu'elle suscite. Comme activité d'apprentissage de la grammaire, le « problème » sera bien circonscrit, et l'activité restera ponctuelle ; elle ne s'inscrit pas nécessairement dans une séquence (comme c'est le cas lorsque les élèves travaillent une règle comme celle de l'accord sujet-verbe). Cette activité diffère aussi grandement d'une démarche de résolution de problème dans une pédagogie de projet dans laquelle le « problème » à résoudre est à la fois plus vaste et plus flou (ex. : Comment réduire le bruit dans l'école, aux périodes de récréation ?).

Dans un premier temps, les problèmes à traiter en grammaire correspondront à des difficultés orthographiques concrètes qu'éprouvent les élèves et feront appel à des notions grammaticales qu'ils connaissent, comme dans l'activité présentée ci-après.

Au primaire, les mots homophones pourront être traités de cette manière ; ils correspondent à des difficultés d'écriture concrètes et nécessitent des connaissances générales en grammaire sur les classes de mots, les groupes et les fonctions dans la phrase pour distinguer les graphies en jeu. Ainsi, les élèves pourront établir des liens entre des connaissances générales en grammaire et des connaissances spécifiques sur la façon de résoudre un problème d'homophone[7]. Dans le cas des graphies *leur* et *leurs*, la position du mot dans la phrase permettra de savoir s'il s'agit d'un déterminant (dans un GN, il varie alors en nombre) ou d'un pronom toujours écrit *leur* (à gauche d'un verbe). Comme tout déterminant, *leur* et *leurs* peuvent être remplacés par d'autres déterminants singuliers ou pluriels selon le nombre du nom qu'ils déterminent (*les jeunes montent leur tente/ils montent la tente ; ils dormiront sans leurs parents/sans les parents*). Quant au pronom *leur*, s'il référait à un nom singulier, on le remplacerait par *lui* (*Tristan*

---

7. On évite ainsi que les homophones ne deviennent une classe de mots au même titre que les noms, les déterminants ou les verbes, comme c'était la tendance par le passé (*voir* le chapitre 3).

Activité d'apprentissage

Leur ou leurs ?
Démarche de résolution de problème
Niveau : 3e cycle du primaire

Exemple de consigne et de texte d'observation

Quand écrit-on *leur* (sans *s*) et *leurs* (avec un *s*) ? Observe les phrases ci-dessous et utilise tes connaissances en grammaire pour trouver comment choisir la bonne graphie.

Tristan invite ses amis à dormir chez lui. Il leur promet une nuit bien spéciale. Ce soir, ils feront du camping, sans leurs parents ! Les jeunes montent leur tente au fond du jardin.

Tout à coup, ils entendent un bruit. Ils se précipitent sur leur unique lampe de poche et sortent de la tente en criant. Un raton laveur détale. Ce petit animal leur a vraiment donné la frousse ! Les amis peuvent enfin dormir sur leurs deux oreilles.

La suite de l'activité

La suite de l'activité ne sera pas différente d'une autre démarche active. Les élèves familiarisés avec cette façon de faire de la grammaire trieront d'eux-mêmes les phrases, chercheront des points communs entre les exemples semblables, testeront des manipulations utiles pour distinguer les graphies, etc.

Les diverses explications et solutions seront examinées en plénière, et toutes celles qui se vérifient seront consignées dans un tableau synthèse construit par les élèves. Ils disposeront ainsi de plusieurs façons de résoudre le problème posé. ■

Remarques

Le problème peut avoir été soulevé par l'enseignant ou les élèves (cela suffit comme mise en situation).

Un texte ou un ensemble de phrases à observer est fourni[8] aux élèves. On y trouve plusieurs occurrences de *leur* comme déterminant singulier ou comme pronom complément indirect, et de *leurs* comme déterminant pluriel.

Dans une activité de résolution de problème, aucune autre piste ne sera fournie aux élèves.

---

8. Suggestion pour créer rapidement des corpus de phrases pour ce type d'activités : constituer une banque de textes (par un collage dans un même document de textes d'élèves écrits à l'ordinateur ou de textes trouvés sur Internet). Pour créer le corpus d'observation de l'activité, rechercher les mots *leur* et *leurs* à l'aide de la fonction appropriée puis copier-coller les extraits choisis pour constituer le corpus. Cela peut être fait par l'enseignant ou les élèves.

invite ses amis, il <u>leur</u> promet… / Tristan invite son ami, il <u>lui</u> promet…).
Notons que, lors d'un tel changement du référent, les déterminants *leur* et *leurs*
se trouvent remplacés par *sa* ou *ses* (*le jeune monte <u>sa</u> tente ; il dormira sans <u>ses</u>
parents*).

Ces activités de résolution de problème peuvent difficilement avoir lieu
avant le 3ᵉ cycle du primaire justement à cause de la base de connaissances grammaticales nécessaire. Plus tard, au secondaire, les problèmes pourront à l'occasion devenir plus abstraits, en ce sens qu'ils ne poursuivront pas toujours un but
d'utilité en écriture, une question et un corpus pouvant suffire à intriguer les
élèves (*voir* l'encadré 7.2).

Encadré 7.2 Une petite énigme grammaticale…

Quelle différence y a-t-il dans les phrases suivantes ?

Max est tombé parce que Joël l'a distrait.

Max est tombé, car Joël l'a distrait.

Vous vous souvenez sans doute que le mot *car* est un coordonnant puisqu'il fait partie
de la liste apprise par cœur (*mais où et donc or ni car*)… mais encore ?

Trouvez un moyen de prouver que la première phrase contient une subordonnée et la
seconde, une coordonnée.

7.3 L'ENSEIGNEMENT MAGISTRAL

Nous examinerons dans cette section un exemple de « leçon » de grammaire dans
laquelle l'élève n'est pas actif sur le plan cognitif, puis nous transformerons cette
leçon en diverses activités qui amènent l'élève à une véritable compréhension des
informations présentées de façon magistrale dans la leçon.

7.3.1 Un exemple d'une leçon qui ne rend pas l'élève actif

Fidèles aux principes exposés dans la deuxième partie de ce manuel, nous
cernerons la notion de « démarche qui rend l'élève actif sur le plan cognitif »
en l'opposant à un exemple négatif : la leçon magistrale, qui suscite peu l'activité cognitive des élèves, ou qui le fait seulement chez un nombre restreint
d'entre eux[9].

---

9. Il va de soi qu'en éducation rien n'est jamais tout noir ou tout blanc, comme nous le laissons peut-être supposer en cari-
caturant les faits afin de faire ressortir certaines caractéristiques importantes. La réalité est plus nuancée. Ainsi, certains
élèves apprennent bien, quelle que soit la démarche, et la meilleure démarche du monde ne garantit jamais que tous les
élèves vont apprendre… mais seulement que plus d'élèves y parviendront.

Simard (1997, p. 22) définit ainsi l'enseignement magistral dans la classe de français :

L'acquisition de la langue en classe dépend principalement de la transmission verbale des connaissances par le maître ou son substitut, le manuel. Comme dans le cas des autres matières scolaires, l'apprentissage du français se ramène à un acte d'information : une fois que les notions ou les règles de la langue ont été exposées par l'enseignant, l'élève n'a plus qu'à les emmagasiner dans sa mémoire et à les répéter au moyen d'exercices pour les assimiler.

En nous basant sur les manuels scolaires comme «substituts du maitre», nous constatons que les leçons magistrales existent toujours, même dans le matériel didactique récent. Il revient donc à l'enseignant de savoir les reconnaitre et les transformer pour que les élèves deviennent plus actifs dans l'apprentissage de la grammaire. Voici donc un exemple de «leçon magistrale».

Exemple d'une « leçon magistrale » qui ne rend pas l'élève actif dans l'apprentissage de la grammaire

Le passé composé
Niveau : 2e cycle

La page de la leçon commence par une rubrique «Observe» qui présente les exemples suivants :

*Des animaux **ont lancé** un appel.*

*Cette chouette **est venue** près de la maison.*

*Le crocodile **a nagé** dans cette rivière.*

La rubrique «Retiens» suit immédiatement les exemples. On y trouve les informations suivantes :

Les mots en gras sont des verbes conjugués au passé composé.

Le passé composé indique un fait qui a eu lieu dans le passé et qui est maintenant terminé.

On constate que...
– Le titre de la rubrique pourrait laisser croire à une démarche active, mais peu d'exemples sont soumis à l'observation, et ce, dans des phrases sans aucun contexte qui les situe dans le temps.

– Plusieurs informations sont fournies en quelques lignes :

1. On nomme le temps de verbe ;

2. On explique le sens exprimé par le passé composé ;

>>>

> *Le passé composé est constitué de deux éléments:*
>
> • *l'auxiliaire* avoir *ou l'auxiliaire* être *conjugué au présent de l'indicatif;*
>
> • *le participe passé du verbe conjugué.*
>
> *Le passé composé se conjugue le plus souvent avec l'auxiliaire* avoir. *Mais certains verbes qui expriment un changement d'état (*devenir, naitre, rester, mourir…*) ou un mouvement (*aller, arriver, partir, tomber…*) se conjuguent avec l'auxiliaire* être.
>
>   *L'ourse <u>est restée</u> dans sa tanière.*
>
>   *L'aigle <u>est arrivé</u> tôt.*

3. On traite de sa formation;

4. On précise le choix de l'auxiliaire de conjugaison.

Source : Adapté de Lussier, 2002, p. 84.

Il est clair que les trois exemples observés ne conduisent aucunement à toutes les informations énoncées à la rubrique « Retiens » qui suit immédiatement la supposée observation. Pourtant, dans le guide du maitre, on ne trouve aucune piste en ce sens, on indique seulement :

> *Présenter le passé composé. Établir avec eux [les élèves] des stratégies pour retenir l'orthographe d'un verbe et noter ces stratégies.*
>
> *Proposer les exercices suggérés.*

(Lussier, 2002, p. 80)

Pour que l'élève comprenne (et retienne) tout ce qui est « déclaré » dans cette leçon magistrale concernant le passé composé, plusieurs activités d'apprentissage seraient nécessaires.

7.3.2 Un exemple de transformation d'une leçon magistrale en activités d'apprentissage

Nous proposons ci-après des pistes pour transformer la leçon magistrale sur le passé composé en activités d'apprentissage qui traitent des mêmes informations. Le texte de la leçon comporte de plus quelques erreurs du point de vue grammatical provenant sans doute d'une trop grande volonté de simplifier la notion[10]. Nous signalerons ces erreurs au fil des activités suggérées.

---

10. Voilà un signe que l'esprit (les principes) des grammaires dites fonctionnelles (*voir* le chapitre 3) peut encore être présent dans du matériel didactique qui emploie pourtant la terminologie de la grammaire nouvelle.

7.3.2.1 Pour identifier le passé composé et sa formation

■ Faire observer un texte dont les verbes sont écrits au passé composé. On pourrait se servir du texte d'un des exercices qui accompagne la « leçon[11] » en l'écrivant tout simplement au tableau avec les verbes conjugués comme il se doit, sans soulignement ou autre moyen graphique qui permet de les identifier visuellement. Demander aux élèves de les repérer et confronter les réponses : certains auront repéré seulement les auxiliaires, d'autres auront vu que le sens exprimé correspond à celui du participe passé ou se seront rendu compte qu'en transformant le texte au présent les auxiliaires disparaissent (sinon, demander aux élèves de faire cette transformation). Proposer de consulter un dictionnaire de verbes pour identifier ce temps et le nommer.

■ Demander aux élèves de trouver et d'expliquer comment se forme le passé composé en travaillant à partir de la liste des verbes repérés et de la consultation de leur dictionnaire de verbes : reconnaitre les auxiliaires *avoir* et *être*, constater qu'ils sont en fait conjugués au présent de l'indicatif (temps qu'ils connaissent déjà), noter que l'autre partie correspond au participe passé du verbe conjugué au passé composé.

7.3.2.2 Pour comprendre le sens exprimé par le passé composé

■ Comparer le texte au passé composé avec celui transformé au présent pour situer le passé composé sur la ligne du temps.

Dans la leçon, il est de plus précisé que le passé composé indique un fait « qui est maintenant terminé ». Cela fait référence à l'aspect accompli du verbe, mais sans plus d'explications, cette information ne sera pas comprise ou elle sera assimilée à « situé dans le passé[12] ». L'aspect accompli ou non accompli d'un temps de verbe est une notion de grammaire qui est ébauchée au secondaire et qui permet d'expliquer, entre autres, l'usage de l'imparfait par rapport au passé composé dans un texte narratif : *Lisa jouait au ballon quand son ami l'a appelée*[13]. Puisqu'on ne songe pas à approfondir la concordance des temps au 2ᵉ cycle du primaire, cette allusion à l'aspect accompli du passé composé n'est pas nécessaire.

---

11. Mentionnons que le texte de lecture du chapitre dans lequel se trouve la « leçon » sur le passé composé ne pourrait pas servir de texte à observer pour ce temps à ce niveau scolaire, car il contient seulement deux verbes au passé composé tels que vus dans la leçon ; on y trouve de plus des participes passés employés comme adjectif attribut du sujet (*ils sont menacés d'extinction*) et des passés composés dans des phrases à la forme passive (*nos habitats ont été dérangés par la construction de routes*).

12. Or, ce n'est pas le cas : l'aspect accompli ou non accompli est indépendant du moment présent, passé ou futur. Par exemple : *je jouerai* (aspect non accompli) et *j'aurai joué* (aspect accompli).

13. L'aspect non accompli de l'imparfait montre qu'on considère l'action de *jouer* comme étant en cours de déroulement, tandis que l'aspect accompli du passé composé nous fait considérer l'action d'*arriver* comme étant terminée, finie.

7.3.2.3 Pour travailler le choix de l'auxiliaire

Dans la leçon analysée, les explications sur les verbes qui se conjuguent avec l'auxiliaire *être* sont basées sur des considérations sémantiques trop simples une fois de plus, ce qui conduit à de nombreuses confusions : en quoi *rester* exprime-t-il un changement d'état ? Pourquoi le verbe *transformer* ne prend-il pas l'auxiliaire *être* au passé composé (*la sorcière a transformé le prince en crapaud*) ? Pourquoi *sauter*, qui exprime un mouvement, prend-il l'auxiliaire *avoir (il a sauté la clôture*) ? On ne peut que constater la perplexité dans laquelle se trouverait l'élève dont le français n'est peut-être pas la langue première et qui essaierait de réfléchir au choix de l'auxiliaire à partir de ce qui est enseigné dans cette leçon. Les activités qui suivent permettent, au contraire, de faire travailler en profondeur le choix de l'auxiliaire dans les temps composés.

- Faire consulter le dictionnaire de verbes (en séparant l'ouvrage entre les équipes) pour établir la liste des verbes qui se conjuguent avec l'auxiliaire *être* au passé composé (une vingtaine seulement [14]). Discuter en grand groupe des différences à l'oral et à l'écrit dans la conjugaison de ces verbes à ce temps précis : quels élèves ont tendance à dire plutôt *j'ai tombé, j'ai resté* ? Quels sont ceux qui se font corriger ou reprendre par leurs parents ou les personnes de leur entourage lorsqu'ils disent *j'ai tombé* au lieu de *je suis tombé* ? Il ne s'agit pas ici de porter un jugement négatif sur l'oral des élèves ni sur celui de leur entourage, mais plutôt de leur faire prendre conscience des différences oral-écrit et de la norme écrite.

- Faire produire une affiche qui indique la liste de ces verbes ou, du moins, ceux pour lesquels les élèves constatent une différence entre l'oral et l'écrit.

Enfin, pour que la notion de passé composé puisse être bien comprise, il conviendrait de l'observer en opposition aux autres temps composés ainsi qu'à des séquences dans lesquelles on trouve le verbe *être* au présent suivi d'un participe passé, sans qu'il s'agisse d'un verbe au passé composé (participes passés devenus adjectifs attributs, phrases à la forme passive). Toutefois, il serait prématuré de présenter de telles activités d'apprentissage au 2ᵉ cycle. Tout ce qui concerne le participe passé, dont les temps composés, est en effet si complexe que ces notions ne devraient pas être travaillées avant le 3ᵉ cycle, voire au secondaire. Cela n'empêche nullement les élèves plus jeunes de les utiliser spontanément dans leurs textes ni les enseignants de les corriger (sans pénaliser les élèves).

---

14. Seulement une vingtaine de verbes se conjuguent avec l'auxiliaire *être* aux temps du passé. À ce nombre, il faut toutefois ajouter les verbes toujours pronominaux (*il s'est évanoui*) et ceux, nombreux, occasionnellement pronominaux (il a levé.../il s'est levé). Une autre activité serait nécessaire pour observer ces verbes et ce qui différencie l'emploi de l'un ou l'autre auxiliaire, mais les verbes pronominaux ne sont pas au programme du primaire. Les élèves peuvent tout simplement observer la présence des pronoms *je me, tu te, il se*... lorsque ces verbes sont conjugués au passé composé avec l'auxiliaire *être*.

Encadré 7.3 Une grille d'évaluation des activités d'apprentissage en grammaire

Les questions suivantes fournissent des pistes pour évaluer les activités d'apprentissage[15] de la grammaire qu'on trouve dans le matériel didactique.

■ Trouve-t-on des activités d'apprentissage en grammaire qui se distinguent des exercices (ou de la mise en pratique des notions) ? À quoi le voit-on ?

■ Les activités d'apprentissage rendent-elles l'élève actif sur le plan cognitif ? Comment ?

■ Lorsqu'il s'agit de notions nouvelles pour l'élève du niveau concerné, les activités d'apprentissage sont-elles traitées de manière plus approfondie que celles concernant des notions vues au cours des années antérieures ?

■ Si les activités d'apprentissage de la grammaire doivent être créées ou retravaillées pour rendre l'élève plus actif, le guide pédagogique fournit-il des pistes dans ce sens ? Lesquelles ?

■ Si le matériel examiné ne contient que des « leçons magistrales », pourriez-vous quand même vous en servir dans de véritables activités d'apprentissage ?

Pour répondre à cette question, choisissez deux notions, l'une relevant d'une connaissance procédurale et l'autre, d'une connaissance déclarative ; puis, exercez-vous à transformer ces « leçons » en démarche active pour l'élève.

  ■ Les textes de lecture du chapitre où se trouve la leçon choisie peuvent-ils servir de textes d'observation ? Autrement dit, ces textes peuvent-ils fournir plusieurs exemples de la notion aux élèves ?

  ■ À défaut du texte de lecture, pouvez-vous utiliser le texte d'un exercice en modifiant sa fonction ?

Nous avons présenté une « leçon magistrale » comme un exemple négatif par rapport à une activité d'apprentissage dans laquelle l'élève est actif sur le plan cognitif. Le but n'est pas de faire le procès d'une collection particulière de matériel didactique ; nous voulons plutôt montrer, d'une part, que, malgré l'adoption d'une nouvelle grammaire dans les programmes, son enseignement a été peu renouvelé et, d'autre part, qu'il est possible de transformer ces leçons en véritables activités d'apprentissage.

7.4 L'ORGANISATION DES CONNAISSANCES GRAMMATICALES

Tout classement implique une hiérarchie : une organisation selon des ensembles divisés en sous-ensembles. Il est alors plus facile de retenir une information bien classée (*voir* le chapitre 5).

---

15. Une grille pour évaluer les indispensables exercices, les activités de mise en pratique et leur potentiel de transfert des connaissances en production de texte sera présentée au chapitre 8.

Pour aider l'apprenant dans cette tâche, l'enseignant peut donner une vue d'ensemble du système, des concepts généraux, qui permettront ensuite à l'élève d'organiser des informations particulières. Par exemple, savoir qu'il existe différentes classes de mots avant de parler de noms et de verbes, connaitre le principe du donneur et du receveur dans toute règle d'accord, ou l'organisation générale d'un groupe de mots (noyau + expansions).

Par ailleurs, l'analogie est un moyen puissant pour aider les plus jeunes élèves à comprendre et à créer des liens entre les informations. L'enseignant pourra en suggérer ou encourager les élèves à en proposer, créant ainsi leurs propres liens. Par exemple, une enseignante de 2e année expliquait à ses élèves qu'on peut classer les mots comme on peut classer les vêtements en rangeant chaque sorte dans un tiroir différent. Elle abordait ensuite une première classe de mots, les verbes, en mentionnant aux élèves qu'ils apprendraient plus tard à distinguer les autres classes de mots, comme si l'on avait lavé seulement les chandails et que le reste du linge était encore tout ensemble dans le panier. Ces mêmes élèves, plus tard, comparaient l'adjectif qui s'accorde au nom à un enfant qui veut s'habiller comme son meilleur ami.

Dans une activité sur l'accord dans le groupe du nom de Bertrand-Poirier (2000), les donneurs et les receveurs d'accords grammaticaux dans le GN sont comparés aux lanceurs et receveurs de ballon dans un jeu d'équipe. Les élèves peuvent visualiser (et dessiner!) le ballon qui transporte les caractéristiques de genre et nombre dans le GN.

Une autre façon d'aider les élèves à organiser les informations est de leur faire concevoir des démarches qui récapitulent toutes les notions en jeu dans l'atteinte d'un but. Par exemple, pour réaliser l'accord dans le groupe du nom, la démarche commencera par les divers moyens d'identification des mots du groupe (les déterminants, noms et adjectifs) et se terminera par les marques de genre et de nombre dans tout le GN.

Enfin, l'enseignant devra intervenir régulièrement sur l'organisation des connaissances en expliquant, voire en répétant, la raison pour laquelle on travaille telle notion et où cela s'insère dans la démarche d'écriture ou de révision de texte.

CONCLUSION

Les activités d'apprentissage de la grammaire nouvelle présentées dans ce chapitre permettent aux élèves de construire leurs savoirs grammaticaux en tenant compte de leurs conceptions et représentations antérieures. C'est par cette confrontation qu'une réorganisation des connaissances est possible au lieu d'un empilement des savoirs à travers lequel les conceptions erronées ont tendance à persister. Ces activités ne négligent pas l'aspect social de l'apprentissage pour autant puisqu'elles accordent beaucoup d'importance aux discussions entre pairs et entre les élèves et l'enseignant.

En explorant les hypothèses que les élèves sont en mesure d'émettre, l'enseignant situe ainsi ses interventions à l'intérieur de la zone proximale de développement d'un maximum d'entre eux. Toutes les hypothèses étant prises au sérieux et soigneusement vérifiées, les erreurs sont non seulement permises, mais traitées.

Par la place laissée à la réflexion et tout le temps passé à trier, à classer, à manipuler des phrases, à vérifier des hypothèses, les élèves traitent l'information en profondeur pour une meilleure compréhension et une plus grande rétention en mémoire. La considération d'exemples négatifs autant que positifs dans l'élaboration des activités, qu'on les présente dès le travail d'observation ou au fil du traitement des erreurs d'analyse, permet aux élèves d'approfondir encore leur compréhension des notions grammaticales en les délimitant plus précisément.

Par ailleurs, les connaissances procédurales se trouvent prises en compte autant que les connaissances déclaratives. À la fin d'une séquence d'activités d'apprentissage, la rédaction de procédures conçues par les élèves les aide à mieux organiser les informations en grammaire et à s'en servir dans d'autres situations.

Enfin, ces activités d'apprentissage sont plus motivantes que l'enseignement magistral de la grammaire. Par le travail cognitif qu'elles exigent, elles posent un plus grand défi aux élèves. De plus, en travaillant à partir des hypothèses que proposent les élèves, l'enseignant leur permet d'exercer un certain contrôle sur le déroulement des activités.

Il reste néanmoins à mettre en pratique les nouvelles connaissances acquises dans des situations allant des exercices au transfert en production écrite. Ces activités assurant le suivi des apprentissages grammaticaux permettront aux élèves d'acquérir des automatismes d'analyse essentiels à une véritable maitrise de l'écrit. Elles font l'objet du dernier chapitre.

CHAPITRE 8

DES ACTIVITÉS POUR LE SUIVI DES APPRENTISSAGES

Lorsque les élèves ont déjà travaillé des notions de grammaire en profondeur dans des activités d'apprentissage, comme celles suggérées au chapitre précédent, leurs connaissances grammaticales doivent alors être mises en pratique dans diverses activités qui assurent le suivi de ces apprentissages jusqu'à leur transfert en production de texte. Les activités présentées dans ce chapitre accompagnent les élèves dans cette maitrise de l'écrit. Nous proposons non seulement une variété d'exercices, mais aussi des activités qui favorisent les discussions et l'argumentation en grammaire ainsi que l'utilisation de traces de révision et de codes de correction.

8.1 LES ACTIVITÉS DE GRAMMAIRE ET LES PROJETS D'ÉCRITURE

Les activités de suivi sont importantes dans l'acquisition des notions grammaticales, autant que les activités d'apprentissage, d'ailleurs, mais il ne faut jamais perdre de vue le but de cet enseignement, soit la maitrise de la langue écrite. Il convient donc d'accorder à ces activités la place qui leur revient : aucune d'elles ne saurait remplacer l'écriture régulière de textes pour acquérir « la compétence orthographique nécessaire au processus rédactionnel », comme l'indique Simard (1996, p. 384). Par conséquent, on ne doit pas sacrifier les projets d'écriture au profit des exercices et autres activités de grammaire.

La pédagogie de projet a l'avantage de créer des situations d'écriture motivantes pour l'élève et propices à l'apprentissage de nouvelles connaissances, tout en donnant pleinement du sens à ces apprentissages. Cependant, plusieurs auteurs qui préconisent cette pédagogie (Bordallo et Ginestet, 1993 ; Huber, 1999 ; Rochex et Bautier, 1995) insistent sur l'importance de l'action, mais aussi de la réflexion sur cette action, sans quoi il n'y aura pas d'apprentissages réels, transférables. Selon Rochex et Bautier (1995), c'est l'activité réflexive qui permet d'abstraire les connaissances, une étape nécessaire à leur transfert dans de nouveaux contextes. Ces propos rejoignent ceux de Paret (2000) qui parle, pour l'enseignement de la grammaire, d'un mouvement de contextualisation, décontextualisation et recontextualisation.

Peut-on alors penser intégrer la grammaire aux projets d'écriture ? Reconnaissons que toutes les notions de grammaire ne pourront pas y être intégrées. Il ne sert à rien de greffer artificiellement des apprentissages, mais il est possible de planifier un certain enseignement de la grammaire en lien avec le genre de texte à produire.

Il peut être pertinent d'insérer une séquence d'activités d'apprentissage portant sur des notions nouvelles pour les élèves si elle correspond à un besoin réel pour mener à bien un projet d'écriture ou pour l'améliorer. Les notions de grammaire qu'il est possible de traiter toucheront surtout le contenu du texte ou l'expression des idées. Elles seront en lien direct avec le genre de texte à écrire. Les notions qui s'intègrent facilement concernent donc surtout la syntaxe ou construction de phrases (ex. : types et formes de phrases, structures dans lesquelles s'emploient tels mots de relation) ou la grammaire du texte (structure du texte, d'un paragraphe, procédés de reprise de l'information) et, parfois, les temps de verbes (ex. : temps du passé dans le récit).

Il sera toujours plus difficile de convaincre les élèves de la pertinence d'insérer une séquence d'activités à propos d'une nouvelle règle d'accord dans la réalisation d'un projet d'écriture. Ces notions, à notre avis, s'y intègrent mal ; mieux vaut prévoir un temps d'apprentissage et de suivi en dehors des projets, car les notions liées aux règles d'accord sont toujours utiles en écriture, mais non spécifiques à un genre de texte particulier.

Par contre, les notions et les règles de grammaire déjà vues devront s'y retrouver. La révision de texte est en effet le terrain privilégié pour mettre en pratique les connaissances grammaticales. Avant que les élèves ne parviennent à l'autonomie dans cette tâche, l'enseignant devrait exiger, en situation d'écriture, des traces de révision pour les règles apprises. Ces traces, dont nous traiterons à la section 8.4, font le lien entre les activités de suivi présentées aux sections suivantes et le réinvestissement des apprentissages en écriture.

8.2 LES EXERCICES

L'exercice apparait indissociable de l'apprentissage grammatical. Il convient toutefois de connaitre les différents types d'exercices, afin de pouvoir les utiliser à bon escient et d'être en mesure d'en évaluer la valeur.

8.2.1 Les types d'exercices et leur répartition

Les exercices sont difficilement contournables dans l'atteinte d'une maitrise de l'écrit. Ils permettent en effet d'automatiser les procédures apprises. Nous n'insisterons jamais assez cependant sur le fait que, pour développer ces automatismes, l'élève doit d'abord passer par l'analyse consciente. C'est à force d'en faire que l'analyse devient moins accaparante sur le plan cognitif. Ainsi, comme nous l'avons vu au chapitre 5, les exercices que l'élève peut réussir sans réfléchir et qui portent sur un aspect très partiel de la procédure à appliquer en révision de texte n'ont à peu près aucun impact sur son apprentissage. Pour Chartrand (1996, p. 206), «une phase plus ou moins longue d'exercisation est nécessaire pour consolider les nouvelles connaissances, les mettre à l'épreuve et développer des automatismes sur le plan du raisonnement ainsi que des procédures de résolution de problèmes». L'auteure ajoute, à cette phase d'exercisation, une phase de réinvestissement contrôlé dans laquelle on demande aux élèves de produire des textes avec des contraintes qui visent l'utilisation de la notion. Les exercices types déjà présentés au chapitre 5 (*voir* la section 5.4.2) vont dans ce sens. Ils permettent d'amener progressivement l'élève au transfert en production de texte; il s'agit d'exercices d'identification, de repérage d'une notion grammaticale, puis d'exercices de transformation, de correction, de production de phrases ou de textes.

La plus grande part des exercices que font les élèves devrait mettre en pratique une procédure complète pour une règle d'accord, faisant donc intervenir l'ensemble des connaissances déclaratives et procédurales liées à cette règle. En effet, lorsqu'on considère les quatre règles d'accord du français[1], les élèves ont tôt fait de les avoir vues. Les exercices seront utiles à la suite d'un nouvel apprentissage. Ils le seront également pour maintenir la pratique d'un raisonnement grammatical complet dans les années postérieures, à partir de phrases de plus en plus élaborées, en lien avec la maturité des élèves. Par rapport à la révision de texte, les exercices ont l'avantage de pouvoir mener à des discussions grammaticales à partir de phrases sur lesquelles tous les élèves se seront penchés. Plus les élèves avancent dans leur scolarité, plus les exercices de production et de correction devraient être nombreux, car ils font toujours intervenir un ensemble de connaissances grammaticales. Dès que l'élève corrige ou construit des phrases, il doit en effet en réviser les accords.

Toutefois, à l'occasion, il peut être pertinent de travailler une notion de grammaire isolément d'une procédure complète d'accord; en voici des exemples, pour des connaissances procédurales.

Exercices de repérage, d'identification (à faire, sans excès, dans une période limitée):

- au 1er cycle du primaire, identifier les verbes conjugués dans un texte comme support à la ponctuation des phrases[2] (Nadeau, 2003);
- au 2e cycle du primaire, rechercher tous les verbes conjugués d'un texte dans un jeu de «chasse aux verbes» (en petit groupe, pour stimuler la vitesse de raisonnement);
- au 3e cycle du primaire ou au secondaire, identifier les groupes occupant la fonction de complément de phrase dans un texte non ponctué afin d'ajouter les virgules lorsqu'un groupe a été déplacé par rapport à l'ordre dans la phrase de base.

---

1. Il s'agit de l'accord en genre et en nombre dans le GN, l'accord du verbe avec le sujet, l'accord de l'attribut (avec le sujet ou le CD) et l'accord du participe passé.

2. Vérifier la présence d'un verbe dans chaque phrase aide l'élève à la délimiter.

Exercices de transformation (à tous les niveaux – selon les connaissances des élèves, les accords grammaticaux seront exigés ou non) :

- identifier les adjectifs d'un texte et les remplacer (par exemple, transformer l'image qu'on se fait d'un personnage ou d'un lieu) ;
- identifier les noms dans un texte et ajouter un adjectif pour chacun (ou ajouter des expansions de toutes sortes) ;
- identifier les compléments de phrase et les changer de manière à transformer le texte : transposer l'action dans un autre temps, en d'autres lieux, changer les motifs des actions, etc. ;
- ajouter des compléments de phrase dans un texte qui n'en contient pas.

Les connaissances déclaratives, particulièrement les finales de verbes aux divers temps et modes de même que le genre et nombre des noms et adjectifs, doivent être apprises par cœur. Elles peuvent aussi faire l'objet d'exercices isolés. Dans un premier temps, on pourra entrainer les élèves à consulter avec aisance divers tableaux de synthèse. Ensuite, les concours de toutes sortes, à l'oral (avec épellation) comme à l'écrit, peuvent contribuer à l'atteinte d'une certaine rapidité d'accès en mémoire (savoir « sur le bout des doigts »). Mentionnons, à titre d'exemple, les concours de conjugaison où des équipes s'affrontent à l'oral, chaque élève devant, à tour de rôle, conjuguer et épeler rapidement un verbe à tel temps et à telle personne. Une activité à l'écrit poursuivant le même but consisterait en un test d'un certain nombre d'éléments, que les élèves doivent exécuter avec succès dans un laps de temps de plus en plus restreint[3]. Par exemple, réussir au moins 25 conjugaisons sur 30 en 4 minutes, puis en 3½ minutes, puis en 3 minutes, etc. L'élève reçoit une récompense à chaque seuil de 30 secondes qu'il franchit. La difficulté de ces tests peut être augmentée, pour des élèves plus avancés, par la variété des verbes, des temps et des modes. Les élèves peuvent eux-mêmes préparer ces tests en équipe.

8.2.2 La variété linguistique dans les exercices

Pour garder les élèves en alerte sur le plan cognitif, il convient de toujours les faire travailler sur des phrases ou des textes, et non sur des groupes de mots isolés. De plus, afin de confronter les connaissances et les représentations des élèves, et de rendre incontournable un raisonnement grammatical complet (et éviter ainsi que l'élève réussisse la tâche sans réfléchir), les exercices devraient présenter une grande variété linguistique, tant par la structure des phrases que par le sens et la forme des mots utilisés (*voir* l'encadré 8.1).

---

3. Les élèves font souvent ce genre de test en mathématique pour les opérations de base.

Encadré 8.1 Des exemples de la variété linguistique recherchée dans les exercices

1. Exercices touchant l'accord sujet-verbe

   Variété sémantique recherchée :

   ▦ Les sujets évoquent parfois des objets inanimés (*Cette nouvelle bouleverse Olivier* ; *La solution semble avantageuse*).

   ▦ Les verbes représentent parfois des « actions invisibles » (*promettre, croire, regretter*).

   ▦ Il y a présence de leurres (ou de pièges) ; par exemple, un nom que l'élève pourrait confondre avec un verbe parce qu'il exprime une action : *danse, colère*.

   Variété syntaxique recherchée :

   ▦ La structure des phrases est variée : le groupe sujet se trouve parfois au début de la phrase, il est parfois précédé d'un complément de phrase, certaines phrases comportent plus d'un verbe, le sujet est à l'occasion séparé du verbe par un pronom ou un groupe complément de phrase, il peut être inversé dans une interrogative, etc.

   ▦ La structure du groupe sujet est variée : parfois un GN simple, parfois avec diverses expansions (au secondaire : un groupe du verbe à l'infinitif, une subordonnée...).

   Variété morphologique recherchée :

   ▦ L'accord bénéficiera rarement d'un appui à l'oral (comme dans *elles allaient*, où l'on entend le pluriel par la liaison, ou dans *ils partent*, prononcé avec un *t* final, ce qui n'est pas le cas du singulier *il part*), les marques seront le plus souvent inaudibles (*elle rit, elles rient* : aucune différence à l'oral entre le singulier et le pluriel).

   ▦ Il y a présence de leurres : un nom que l'élève pourrait confondre avec un verbe à cause de sa forme : *moment, porte*.

2. Exercices touchant l'accord en genre et en nombre des déterminants, noms et adjectifs

   Variété sémantique recherchée :

   ▦ Toute une gamme de noms est représentée : concrets, abstraits, animés, inanimés, exprimant une action (*saut, construction*), un sentiment (*honte, amitié*), une qualité (*courage, beauté, laideur*), etc.

   ▦ Il y a des adjectifs dits « qualifiants », mais qui n'expriment pas nécessairement une « qualité » (*beau, gentil* ; *vert, rond* ; *laid, méchant*) et des adjectifs « classifiants » (*cyclable, solaire, volcanique*).

   ▦ Diverses sortes de déterminants sont utilisées (*des, certains, quelques, une foule de*, etc.).

   Variété syntaxique recherchée :

   ▦ La structure des GN est variée : avec et sans expansions, parfois sans déterminant (*une maison en briques, sans fenêtres*), parfois avec plusieurs déterminants (*tous les deux jours*), avec un ou plusieurs adjectifs à droite ou à gauche du nom (*une vraie petite peste, des pieds noirs et poilus*).

   >>>

- Il y a présence d'attributs (avec variété de verbes attributifs) : adjectifs et groupes du nom.
- Les adjectifs peuvent avoir une expansion (*fier de sa réussite*).

Variété morphologique recherchée :

- L'accord aura parfois un appui oral (*ce/cette, attentif/attentive, chanteur/chanteuse, ce/ces, amical/amicaux, travail/travaux*) ; mais, le plus souvent, les marques de genre ou de nombre seront inaudibles (*quel/quelle, glacial/glaciale, ami/amie, au/aux, nouveau/nouveaux, chat/chats*), et quelques déterminants, noms et adjectifs seront invariables en genre (*notre, acrobate, rouge*) ou en nombre (*plein de, heureux, prix*).
- Il y a présence de leurres : un verbe que l'élève pourrait confondre avec un nom (*porte, juge*), un complément du nom que l'élève pourrait prendre pour un adjectif (*une bague en or*), un adverbe qui peut être confondu avec un adjectif (*elle chante fort, ils marchent vite*).

La variété linguistique selon ces divers aspects oblige l'élève à poursuivre son raisonnement grammatical jusqu'au bout à chaque phrase de l'exercice au lieu d'analyser seulement la première, puis de continuer mécaniquement, car toutes les autres phrases sont construites sur le même modèle, comme c'est souvent le cas. On risque alors de croire que l'élève qui a réussi 9 numéros sur 10 dans un exercice a bien compris la notion grammaticale ; mais on ne remarque pas que l'exercice est peu varié sur le plan linguistique et que la phrase manquée est la seule qui présente une structure différente des autres, ce qui révèle plutôt l'incompréhension de l'élève.

8.2.3 L'évaluation de la valeur des exercices et de leur potentiel de transfert

L'enseignant peut facilement créer des exercices à donner aux élèves en puisant à diverses sources : des phrases ou des textes publiés, des textes produits par les élèves de la classe ou ceux d'une autre classe d'un niveau de scolarité antérieur ou postérieur ; les élèves peuvent aussi concevoir des exercices pour leurs camarades. L'enseignant trouvera également de nombreux exercices dans le matériel didactique. Afin de récapituler l'ensemble des caractéristiques préconisées dans les exercices pour favoriser le transfert en production de texte, nous présentons une grille (*voir* l'encadré 8.2) pour guider l'évaluation du matériel ou pour mieux concevoir des exercices.

Encadré 8.2 Une grille pour évaluer des exercices ou pour en concevoir

1. Quelle est la proportion d'exercices qui mettent en pratique un raisonnement grammatical complet ?

   On recherche le plus possible des exercices qui rendent nécessaires l'application de procédures complètes, le recours au raisonnement grammatical, aux manipulations travaillées pour le niveau scolaire concerné. Il faut donc examiner les points suivants :

   Pour une règle d'accord, l'exercice permet-il de mettre en pratique toutes les étapes d'un raisonnement grammatical ? C'est-à-dire :
   - identifier la classe des mots impliqués dans la règle d'accord (les receveurs) ;
   - trouver avec quel mot ou groupe de mots doit se faire l'accord (les donneurs) ;
   - écrire la marque d'accord appropriée (de genre, de nombre ou de personne, selon la règle).

2. Les exercices présentent-ils une variété suffisante au plan linguistique ?

   Pour chaque étape du raisonnement, quels facteurs permettent à l'élève de répondre de façon mécanique, sans grand besoin de réflexion ou, au contraire, rendent nécessaire le raisonnement grammatical ? Ces facteurs sont de deux ordres :
   - facteurs non linguistiques : présence ou non de moyens graphiques facilitants (gras, pointillés, parenthèses...), de consignes qui orientent trop l'élève (par exemple, on le prévient de la présence de mots qui font écran entre le sujet et le verbe, on annonce que les verbes sont à la 3e personne du présent de l'indicatif) ;
   - facteurs linguistiques : la plus ou moins grande variété des phrases de l'exercice sur les plans sémantique, syntaxique et morphologique telle qu'exposée dans l'encadré 8.1.

3. Quels types d'exercices trouve-t-on ? À quel point permettent-ils de faire cheminer l'élève jusqu'au transfert de ses connaissances en production de texte ?
   - On recherche la présence d'exercices de repérage, de transformation, de correction de phrases ou de textes, et d'exercices de production avec diverses contraintes grammaticales.
   - L'exigence de traces du raisonnement grammatical dans tous les exercices favorisera également le transfert puisqu'on les demandera aussi en révision de texte (*voir* la section 8.4).

À la lumière de ces critères, examinons quelques exercices, tous destinés au 2e cycle du primaire (*voir* le tableau 8.1). Nous considérons ici des exercices isolés ; nos commentaires ne sauraient donc constituer une évaluation de l'ensemble des exercices proposés dans le matériel cité.

Tableau 8.1	Un examen critique de quelques exercices

Exercices	Commentaires
Exemple 1 « Transcris les phrases suivantes dans ton cahier. Souligne les verbes qui sont au présent de l'indicatif. a) La planète est bien visible au télescope. b) L'astronaute pratique des exercices bien spéciaux. c) Les ingénieurs préparent des programmes informatisés pour la mission. d) La diététicienne choisit des menus équilibrés pour le cosmonaute. e) Nous observons le ciel étoilé durant cette nuit très claire. f) Vous lisez des livres d'astronomie très intéressants. » Source : Létourneau, 2002, p. 74.	■ L'exercice met en pratique la recherche d'une classe de mots (le verbe) sans travailler l'accord, alors que la leçon portait sur les terminaisons au présent. L'élève n'a pas à réaliser un raisonnement complet. ■ Le travail de repérage du verbe est facilité par la structure des phrases : le sujet est un GN simple ou un pronom toujours placé en début de phrase ; aucune phrase ne contient deux verbes conjugués. ■ L'élève n'aura pas à réfléchir sur le présent de l'indicatif pour faire l'exercice puisque tous les verbes sont conjugués à ce temps. ■ Les verbes présentent une variété sémantique, ils n'évoquent pas toujours des actions avec mouvement visible.
Exemple 2 « Conjugue au présent les verbes à l'infinitif qui sont entre parenthèses. ex. : Le bruit m'(agacer) *agace.* a) Louise (dépenser) _____ toutes ses économies. b) René (utiliser) _____ bien ses forces. c) Les poules (pondre) _____ combien de fois par jour ? d) Est-ce que les témoins (répondre) _____ aux questions ? e) Tu n'(avoir) ___ pas peur. f) Est-ce que dans les pays chauds les feuilles des arbres (tomber) ____ ? g) Quand je (visiter) ____ un pays, j'(écouter) _____ et je (regarder) _____. h) Ma sœur se (marier) _____ pour la troisième fois. » Source : Chartrand, 2000, p. 41.	■ L'étape d'identification du verbe est absente de l'exercice, car celui-ci est placé entre parenthèses. L'élève accomplit les deux étapes suivantes de l'accord sujet-verbe : trouver le sujet et écrire la forme du verbe qui convient. ■ Les phrases présentent des structures variées : déclaratives, interrogatives et une négative ; une phrase contient plusieurs verbes. ■ Dans plusieurs phrases, la recherche du sujet est facilitée par une structure simple : des pronoms ou des groupes du nom sans expansion, placés juste devant le verbe. Certaines phrases présentent cependant plus de difficulté : un mot fait écran entre le sujet et le verbe dans les phrases e) et h), le groupe sujet comporte une expansion dans la phrase f), *les feuilles des arbres,* mais les deux noms sont au pluriel (l'élève peut donc se tromper dans l'analyse, sans conséquence sur l'accord). ■ Sur le plan sémantique, les verbes sont variés, mais les sujets évoquent tous des êtres animés, sauf un, dans f) (et dans l'exemple donné au début).

Exemple 3

« 1- Souligne en jaune chaque verbe conjugué et en bleu chaque groupe du nom ou chaque pronom sujet.

2- Récris les phrases en mettant le sujet au singulier.

3- Accorde le verbe avec le sujet singulier. Attention ! Tu ne dois pas changer le temps du verbe.

a) Les élèves joueront une pièce de théâtre.

b) Les moteurs tournaient à une vitesse folle.

c) Les oiseaux boivent de l'eau de pluie.

d) Les élèves répondront à votre lettre le plus tôt possible.

e) Dans cet accident, les passagers ont été chanceux.

f) Les plus jeunes garçons de l'équipe ont six ans.

g) Vous avez bien compris les explications ?

h) Autrefois, ces lacs contenaient beaucoup de poissons. »

Source : Chartrand, 2000, p. 37.

- Les trois étapes de l'accord sujet-verbe sont présentes dans l'exercice et rien n'est identifié par des moyens graphiques.

- Les phrases présentent une certaine variété de structures : deux phrases avec complément de phrase au début, une interrogative (mais sans inversion du sujet).

- La structure du sujet facilite souvent sa recherche : pronoms ou groupes du nom simples ; un seul sujet, dans la phrase f), présente une structure difficile (*Les plus jeunes garçons de l'équipe*) ; un sujet, dans g), n'est pas à la 3e personne du pluriel (*vous*).

- Les temps de verbes sont variés.

- Au plan sémantique, deux sujets sont inanimés, et les verbes sont variés.

Dans cet exercice, l'élève met en pratique un raisonnement grammatical complet dans des phrases qui présentent une certaine variété linguistique tout en demeurant d'un niveau de difficulté adapté à ce cycle du primaire.

Les exercices qui favorisent un raisonnement grammatical complet ne sont jamais des exercices « à trous », comme l'exemple 2 du tableau 8.1. Les exercices de transformation de phrases ou de textes permettent le raisonnement complet, mais la consigne même de transformation facilite souvent la tâche de l'élève. Les exercices les plus complets et les plus difficiles sont plutôt des exercices de correction ou de production avec contraintes. On en trouve de plus en plus fréquemment dans le matériel scolaire. Ceux qui présentent une grande variété linguistique restent toutefois rares. Il revient à l'enseignant de combler les lacunes du matériel en usage dans sa classe.

Généralement, les exercices portent sur une seule notion grammaticale ou sur l'application complète d'une seule règle. Les activités présentées au point suivant permettent d'apprendre à articuler l'ensemble des connaissances grammaticales et orthographiques.

8.3 DES SITUATIONS POUR DISCUTER GRAMMAIRE

Au chapitre 6, nous avons vu que les habiletés métalinguistiques constituent autant des produits de l'interaction avec l'écrit que des clés pour se l'approprier. On ne les développe donc pas à vide, préalablement à l'écriture ou à la maitrise de la grammaire ni en dehors d'interactions avec les autres. Comme l'écrivent Cogis et Ros (2003, p. 91), «l'échange entre élèves et le dialogue avec l'adulte, l'absence de jugement […] favorisent une réelle communication fondée sur une non moins réelle réflexion métalinguistique d'autant plus sécurisée que l'objectif manifeste n'est pas de recevoir et de restituer un savoir constitué, mais de se confronter à ce savoir avec le soutien des autres».

Réalisables à tous les niveaux scolaires, au primaire comme au secondaire, les activités présentées dans cette section favorisent de tels échanges grâce auxquels «les élèves apprennent ensemble ce qu'ils ont à faire seuls, dans un mouvement qui, selon Vygotsky, va de l'extérieur vers l'intérieur» (Cogis et Ros, 2003, p. 97). Plus précisément, les élèves apprennent, dans ces activités, à gérer leurs connaissances grammaticales et à résoudre des problèmes orthographiques liés à la grammaire.

8.3.1 Le modelage

Le modelage, en grammaire, consiste à verbaliser tout le raisonnement nécessaire pour justifier une analyse en utilisant à voix haute les manipulations et procédures enseignées. L'enseignant doit souvent et régulièrement servir de modèle, mais les élèves peuvent aussi le faire, devant la classe ou entre eux. Cette pratique se trouve en fait intégrée aux activités de suivi présentées dans cette section, qui incitent aux discussions grammaticales. Le modelage peut également avoir lieu à tout moment, lors de la correction collective d'un exercice ou d'un texte d'élève.

8.3.2 L'atelier de négociation graphique

Cette activité occupe une place importante parmi les innovations pédagogiques qui, depuis une dizaine d'années, contribuent à transformer en profondeur l'enseignement de l'orthographe. Résultat d'un long travail de recherche didactique par une équipe d'enseignants, d'universitaires et de formateurs d'enseignants de Dijon, l'atelier de négociation graphique (ANG) fait partie d'un dispositif plus large d'aide à l'apprentissage de l'orthographe[4]. L'activité est adaptable tant au primaire qu'au secondaire (Haas, 2002). L'ANG a été amplement expérimenté

---

4. Le dispositif comprend quatre axes : la découverte des systèmes d'écriture, des activités de systématisation sur l'orthographe, des classements d'erreurs et les ateliers de négociation graphique.

dans les classes, ce qui a permis de constater son intérêt pour l'apprentissage de l'orthographe grammaticale. La démarche de l'ANG est présentée à l'encadré 8.3.

Encadré 8.3 Comment réaliser un ANG

– Un court texte (ou quelques phrases) non préparé est dicté à un groupe de cinq ou six élèves par l'enseignant. Pendant ce temps, le reste de la classe est occupé à un autre travail.

– Les textes produits par les élèves sont affichés et une discussion s'instaure à partir des différentes graphies. Comme l'indique Lorrot :

Ce sont ces échanges qui constituent la tâche majeure de l'ANG par la mobilisation intellectuelle des élèves, les confrontations qui se mettent en place et les argumentations qu'elles font se développer.

– À la fin de l'atelier, l'enseignant affiche la graphie correcte, sans commentaire.

– Une fois que tous les groupes ont fait l'activité, une synthèse en grand groupe est réalisée.

Source : Adapté de Lorrot, 1998, p. 91.

Les groupes peuvent être homogènes ou modérément hétérogènes. Quant au texte dicté, il est construit autour de quelques problèmes, tels que l'accord en nombre, les terminaisons verbales, et proposé à tous les groupes (Haas, 2002).

L'ANG offre ainsi aux élèves un espace de parole et de travail (comme dans un atelier), qui les amène à se questionner sur un écrit qu'ils ont produit en confrontant leurs choix à ceux de leurs camarades. L'activité poursuit deux grands objectifs. D'une part, modifier l'attitude des élèves à l'égard des activités d'orthographe, en évitant le sentiment de culpabilité et la crainte de la « faute » qui, comme l'explique Lorrot (1998, p. 91), a un effet inhibiteur sur l'écriture. D'autre part, l'activité vise à modifier le comportement intellectuel des élèves en les amenant à développer des habitudes de réflexion devant l'écrit et à se doter de méthodes efficaces pour résoudre des problèmes graphiques. Car ce n'est pas tout de réfléchir, « encore faut-il que cette réflexion soit efficace et comprendre que certaines stratégies s'avèrent plus payantes que d'autres ».

L'intérêt de cette activité, sa richesse, tient particulièrement au fait qu'elle est centrée sur le raisonnement grammatical. Il ne s'agit donc pas seulement ici de faire émerger les représentations des élèves, éventuellement pour les modifier, mais bien « d'aider l'élève à s'approprier des raisonnements » (Haas, 2002, p. 54). On touche là le cœur de la compétence orthographique, ce que Haas et Lorrot (1996, p. 162) appellent « une grammaire en action ». Nous avons vu, en effet, que la mobilisation des connaissances et des savoir-faire, leur mise en relation, était tout aussi importante dans la tâche d'écriture que les savoirs eux-mêmes.

Cet entrainement au raisonnement se fait à l'oral, en petit groupe (ce qui favorise la participation) et avec le soutien de l'enseignant. Cela signifie que l'élève commence par faire à voix haute, avec ses camarades et, en grande partie, grâce à l'étayage de l'adulte, un raisonnement grammatical plus ou moins complexe qu'il intériorisera progressivement, pour en venir à le pratiquer de manière autonome, « dans sa tête ». Et c'est cette pratique autonome répétée qui conduira ensuite à l'automatisation de certains aspects du processus. Dans la mesure où les problèmes proposés aux élèves sont adéquats, l'ANG nous place ainsi au cœur de la « zone proximale de développement » telle que la conçoit Vygotsky.

Comme pour les autres approches centrées sur le processus d'acquisition du système graphique (*voir* le chapitre 6, section 6.2.4), plutôt que sur le produit, l'erreur est considérée comme « une étape essentielle dans l'apprentissage, à partir de laquelle il devient possible de progresser dans le raisonnement et la sûreté du savoir orthographique » (Lorrot, 1998, p. 92). L'activité accorde une place centrale aux interactions entre élèves, surtout sous la forme de questions et de justifications. Ce sont les élèves qui amorcent le questionnement, qui choisissent les problèmes à débattre. Par le fait même, leur rythme est respecté, « les problèmes arrivent à leur heure », observe Haas (2002, p. 56).

L'enseignant qui introduit l'ANG dans sa classe doit accepter de « donner du temps au temps », comme dirait Gilles Vigneault. Réfléchir sur la langue est un travail exigeant. Les questions posées éveillent de nombreux éléments dans l'esprit de l'élève qui doit établir des distinctions, faire des liens, retrouver des connaissances dans sa mémoire. Le groupe chemine à petits pas ; Haas et Lorrot (1996, p. 174) parlent « d'une lenteur nécessaire dans la progression du raisonnement ». Par exemple, pour une longue série d'échanges à propos de la graphie *elle souris* (dans *elle sourit pleine de gaieté*), Isidore-Prégent (2002, p. 65) résume le cheminement des élèves (4ᵉ année) : « Ce n'est pas un nom (une souris) – c'est au singulier – ça se conjugue – c'est un verbe – il a un infinitif "sourire" – c'est au féminin – on peut le conjuguer avec "il" – c'est du troisième groupe – c'est au présent. » Donner la réponse serait plus rapide ! Mais derrière ce cheminement souvent tâtonnant et hésitant qu'on observe dans les ateliers, un réel travail de compréhension et d'appropriation se fait en profondeur.

L'équipe qui a suivi des groupes d'élèves sur plus d'une année scolaire constate les progrès réalisés. Chez les débutants, les raisonnements sont peu centrés sur la langue, très dépendants du support de l'enseignant et font peu appel à la déduction, comme on peut le voir à l'encadré 8.4.

Un exemple d'ANG avec des élèves novices

L'extrait suivant montre des élèves de 3ᵉ année (E) qui débutent dans la pratique de l'ANG. On constate que leurs commentaires sont encore peu centrés sur la langue et que les questions de l'enseignant (M) sont nécessaires pour soutenir leur réflexion.

À propos de *moustachu* dans *Un petit museau pointu et moustachu* :

    E - Dans le 4, à *moustachu*, il a mis un *t* à la fin.

    M - Et alors ?

    E - Il en faut pas.

    E - C'est comme *surgit*.

    M - Toi tu penses que c'est comme *surgit* ?

    E - C'est comme ça.

    M - Et là, il y a un *e* ?

    E - Peut-être que c'est une fille.

    E - Ça peut être mâle ou femelle.

    M - Mais *moustachu*, ça parle de quoi ?

    E - Un petit museau.

    M - Alors ça se rapporte à quoi ?

    E - À petit.

Source : Haas et Lorrot, 1996, p. 173.

Mais 18 mois plus tard, la situation a considérablement évolué. Les élèves sont moins dépendants de l'enseignant, ils confondent moins la langue et la réalité, et commencent à faire appel à la déduction. Par exemple, ils peuvent raisonner par élimination de possibilités ; ainsi l'élève qui écarte la graphie *–er* pour *sont tombés* en disant : «Y'a des choses qui peuvent pas se faire… ça peut pas être un infinitif» (Haas et Lorrot, 1996, p. 176). Des changements se manifestent aussi dans les aspects considérés par les élèves. La zone des morphogrammes prend beaucoup plus d'importance, et l'on assiste à des débats sur les chaines d'accord. Parallèlement, l'utilisation du métalangage augmente. Cela ne signifie pas que les notions sont pour autant construites, mais on peut y voir l'indice que «les phénomènes morphosyntaxiques de l'écrit sont en voie d'apprivoisement puisque les élèves utilisent sans sollicitation les termes qui les désignent» (*ibid.*, p. 172).

On ne saurait terminer cette présentation sans souligner le rôle majeur que joue l'enseignant dans cette activité, comme dans toute activité impliquant l'animation d'une discussion. L'observation des interventions d'enseignants sur une longue période montre qu'ils évoluent aussi dans leur manière d'animer l'atelier (Lorrot, 1998). Sans doute parce qu'ils s'adaptent aux capacités des élèves, mais également parce qu'ils développent des stratégies plus efficaces. En s'appuyant sur ces observations, on peut formuler les propositions suivantes pour guider l'enseignant :

■ De manière générale, l'enseignant doit veiller à éviter les marques d'approbation ou de désapprobation. Son rôle n'est pas de sanctionner, mais d'aider les élèves à se questionner pour résoudre un problème. Son objectif doit être de « les épaule[r] dans leur démarche argumentative en ayant soin de rester au plus près de leurs propres cheminements » (Haas et Lorrot, 1996, p. 176).

■ Au cours de l'échange, l'observation menée par Lorrot (1998) des stratégies d'une enseignante expérimentée suggère :

– de solliciter les élèves individuellement, de manière à encourager l'engagement dans une démarche personnelle ;

– de formuler des questions qui font moins appel à des réponses strictement orthographiques, comme « Est-ce qu'on doit mettre un –e à pointu ? » (*ibid.*, p. 94), qu'au raisonnement qui y conduit. Il s'agit de baliser le parcours de raisonnement que doit faire l'élève. L'enseignante expérimentée formule des questions telles que :

« Alors, "élève", c'est un nom ? » ou « Et si vous deviez souligner le verbe, qu'est-ce que vous souligneriez ? » […] « Comment on trouve une terminaison d'adjectif ? » (*ibid.*, p. 97).

Il s'agit, comme l'écrit Lorrot, de « faire émerger un raisonnement dans toutes ses étapes » (*ibid.*, p. 97). Les questions viennent mettre en évidence les points stratégiques de ce cheminement.

■ Pour encourager la progression du raisonnement, il est approprié :

– de réintroduire dans le débat la remarque d'un élève pour qu'elle soit confirmée ou remise en question, par lui ou par un autre ;

– de susciter les interactions entre les participants du groupe ; par exemple : « Tu as compris ce qu'il vient de dire ? » (*ibid.*, p. 94) ;

– d'inciter l'élève à poursuivre son raisonnement (« Pourquoi tu penses que c'est un déterminant ? », *ibid.*, p. 94), à ne pas s'arrêter où il est (« Continue, va jusqu'au bout de ton raisonnement »).

Il est aussi nécessaire de s'assurer que les élèves gardent à l'esprit l'objet du débat (surtout lorsque les discussions se font plus longues) en le réactivant (« Mais pourquoi on posait cette question ? »). Il convient aussi de ménager des synthèses en cours d'activité afin de mettre en lumière les problèmes soulevés et les solutions trouvées.

■ Enfin, l'enseignant fournira des encouragements aux élèves, surtout parce qu'ils acceptent l'effort intellectuel qu'on leur demande en s'engageant dans un raisonnement, ou en le poussant plus loin, et en exprimant ce qu'ils comprennent.

En terminant, voici le bilan que Ghislaine Haas dressait, en 2002 (p. 58), des ateliers de négociation graphique :

> *Nous menons des ANG depuis presque 10 ans. Nous avons enregistré, analysé de nombreux cycles d'ANG. Nous constatons des progrès certains au fil des ANG : les plus faibles prennent de l'assurance, sont capables en fin d'année de formuler des raisonnements valides, argumentent avec les autres, font preuve d'un développement manifeste de leurs capacités métacognitives. Cela se traduit dans les productions d'écrit par une plus grande efficacité des procédures de relecture, et de façon générale, par l'amélioration du traitement des accords.*

8.3.3 Des dictées qui innovent

Nous avons vu, au chapitre 5 (*voir* la section 5.4), que pour favoriser le transfert des apprentissages, les élèves doivent exercer les habiletés complexes que représente la maitrise de l'orthographe dans des contextes qui se rapprochent de la situation cible, la production de texte. Pour ces raisons, la dictée constitue un exercice orthographique plus complet que l'exercice « à trous » et plus proche d'une situation d'écriture (en particulier, l'étape de la révision/correction de texte). Toutefois, il ne faut pas abuser de la dictée traditionnelle qui, selon Simard (1996), n'a qu'une valeur d'évaluation, et seulement à de nombreuses conditions[5]. Il est par contre possible de transformer la dictée en un puissant outil d'apprentissage en modifiant la manière de procéder. Nous en présentons deux variantes : la dictée zéro faute et la phrase dictée du jour.

8.3.3.1 La dictée zéro faute

La dictée zéro faute[6] consiste à donner une dictée en permettant aux élèves de poser toutes les questions qu'ils désirent pendant la dictée même ! Cette pratique en fait une dictée particulièrement appréciée des élèves, mais il ne s'agit pas là de son principal avantage. Tout l'intérêt de cette dictée vient du fait que les élèves y apprennent à douter et à exprimer leurs doutes orthographiques.

---

5. À propos de la fonction d'évaluation de la dictée, Simard (1996, p. 389), qui fait un bilan de cette tradition scolaire, écrit : « Elle peut constituer un moyen de contrôle des acquis acceptable dans la mesure où sont prises les précautions docimologiques susmentionnées (contenu conforme aux buts visés et au niveau des élèves, barème de correction tenant compte de la structure de l'orthographe française et de ses difficultés d'application dans la multiplicité des contextes possibles, évaluation à la fois positive et négative, complétée pour des fins diagnostiques par l'analyse des verbalisations de l'élève). Malgré tout, il reste qu'elle ne saurait suffire à évaluer la compétence orthographique d'un apprenti scripteur [...]. »

6. Selon les auteurs qui la préconisent (Angoujard, 1994 ; Nadeau, 1999b. ; Simard, 1996), elle a pris diverses appellations : dictée sans fautes, dictée-consultation, dictée assistée, dictée avec questions permises.

C'est alors l'occasion de montrer à articuler toutes les connaissances grammaticales (ou orthographiques) nécessaires à la résolution d'un problème orthographique, au moment où les élèves en ont besoin. Cette dictée conduit à de nombreuses discussions grammaticales dans lesquelles les élèves ont droit à l'erreur, qui se trouve alors expliquée au lieu d'être pénalisée.

Pendant la dictée, le moindre doute des élèves doit être exprimé le plus précisément possible, tant en orthographe lexicale que grammaticale, mais généralement, l'enseignant ne fournira pas directement la réponse… En réalité, cette dictée est l'occasion de se servir intensivement du modelage. Le rôle de l'enseignant consiste ainsi à amener les élèves à réfléchir à ce qu'ils connaissent en grammaire, c'est-à-dire aux connaissances tant déclaratives que procédurales qu'ils pourraient utiliser pour résoudre la difficulté exprimée.

Certains enseignants évaluent ces dictées avec un barème de correction beaucoup plus élevé que lors d'une dictée normale (c'est la « tolérance zéro faute »… ou presque) afin d'inciter les élèves à être très attentifs aux questions de leurs camarades et aux réponses fournies. D'autres enseignants font de cette dictée un exercice collectif non évalué, sans nécessairement constater des difficultés d'attention chez les élèves, après quelques séances.

Les textes dictés seront plus courts que d'habitude et plus brefs encore les premières fois, car l'activité nécessitera du temps : les élèves n'ont généralement pas l'habitude de suivre de telles « discussions » grammaticales.

Voyons maintenant de plus près la façon de procéder pour cette dictée. Pour l'orthographe grammaticale, c'est-à-dire les accords, les discussions que ce genre de dictée entraine permettent de verbaliser l'ensemble du raisonnement nécessaire à l'application d'une règle d'accord[7] (*voir* l'encadré 8.5).

Selon le niveau des élèves, l'enseignant modélisera le raisonnement grammatical ou questionnera les élèves dans ce sens pour que le modelage vienne d'eux. Il est clair que les connaissances et les stratégies travaillées au cours de ce type de dictée ne sont pas nouvelles pour les élèves.

Les enseignants qui donnent une telle dictée à leurs élèves pour la première fois constatent généralement ce qui suit :

- ▪ malgré les questions permises, plusieurs élèves commettent encore un grand nombre d'erreurs ;
- ▪ le nombre peu élevé de questions posées par les élèves montre qu'ils ne doutent pas suffisamment de l'orthographe des mots ;
- ▪ les doutes sont exprimés de façon bien vague ;

---

7. Toutes les stratégies utilisables et connues des élèves en orthographe lexicale (dérivation, famille de mots, etc.) peuvent aussi être travaillées de cette manière. Lorsqu'il n'y a pas de stratégie pour un mot, l'enseignant donne tout simplement la réponse (ex. : « *commence* s'écrit avec *e-n* ou *a-n* ? »… « avec *e-n* »).

Encadré 8.5 Un exemple de dialogue entre l'enseignant et les élèves pendant une dictée zéro faute

La phrase dictée était la suivante :

Le lendemain, les marins du navire portugais s'aventurent au large des côtes.

Élève 1 : *aventurent* est au singulier ou au pluriel ?

> Note : Cette question de l'élève 1 n'est pas assez précise, on ne sait pas si le verbe a été bien identifié (une simple réponse, « au pluriel », pourrait entrainer chez certains l'ajout d'un –s).

Enseignant : Fais le raisonnement habituel : de quelle classe de mot s'agit-il ?

Élève 1 : C'est un verbe.

Enseignant : Donne-moi une preuve qu'il s'agit bien d'un verbe.

Élève 1 : On peut dire… *s'aventuraient*…

Enseignant : Avec quoi dois-tu accorder le verbe ?… Comment fais-tu pour trouver le groupe sujet ?

Élève 2 : On l'encadre de *c'est… qui.*

Élève 1 : *C'est le lendemain que les marins du navire…*

Enseignant : Attention ! Ce que tu dis est une phrase bien construite, mais tu as encadré le groupe de *c'est… que.* Pour trouver le sujet, il faut toujours l'encadrer de *c'est… qui.*

Élève 1 : *C'est les marins du navire portugais qui s'aventurent…*

Enseignant : Tu as bien trouvé le GN sujet ; quelle est la difficulté ici ? Le GN sujet contient plus d'un nom, il faut trouver le nom noyau. On a deux moyens :

> 1 - remplacer le groupe sujet par un pronom ;

> 2 - effacer les expansions du GN sujet.

Félix, peux-tu nous identifier le noyau du GN sujet ?

…

Le raisonnement se poursuit sur le genre, le nombre et la personne du sujet, puis sur la finale de verbe à écrire.

■ les élèves font des erreurs même lorsque des explications ont été fournies pour un mot, ce qui révèle une difficulté à maintenir leur attention lors de ces échanges.

Après quelques mois d'une pratique régulière[8], les enseignants observent habituellement une diminution du nombre d'erreurs lors de ces dictées, mais

---

8. L'expérience nous a montré que les enseignants qui essaient la dictée zéro faute l'adoptent et l'insèrent dans leur pratique régulière (Cogis et Ros, 2003, constatent la même chose en France à propos de la dictée du jour) ; mais, à notre connaissance, aucune recherche n'a encore été menée pour mesurer l'effet de cette pratique sur les performances d'élèves.

surtout des changements très positifs chez leurs élèves : ils apprennent à douter de leurs graphies et à exprimer plus précisément ces doutes ; ils deviennent plus habiles à résoudre eux-mêmes les problèmes orthographiques, que ce soit en consultant des sources ou en utilisant les manipulations dans leur raisonnement grammatical. En dehors de cette activité, ils se montrent plus motivés à apprendre la grammaire, ils réfléchissent davantage à leurs propres graphies lorsqu'ils écrivent. Par ailleurs, des discussions plus ouvertes s'installent ; il n'est plus honteux de ne pas savoir : certains élèves se mettent à poser plus de questions (et pas seulement en grammaire), alors que d'autres semblent augmenter leur capacité d'attention. En somme, la dictée zéro faute favoriserait l'apprentissage et le transfert des connaissances grammaticales tout en amenant un certain changement d'attitude chez les élèves (voire chez les enseignants) à l'égard de la grammaire et de l'orthographe.

8.3.3.2 La phrase dictée du jour

Cette activité convient à tous les niveaux. Elle a l'avantage d'être courte ; elle peut donc avoir lieu quelques fois par semaine. Comme les ANG, elle engage les élèves dans une discussion autour de variantes graphiques, mais dans ce cas, l'activité se pratique avec toute la classe. La démarche est présentée par Cogis et Ros (2003) de même que Cogis et Brissaud (2003). L'enseignant dicte d'abord une phrase aux élèves. Les différentes graphies produites pour chacun des mots sont ensuite inscrites au tableau les unes en dessous des autres comme dans cet exemple donné par Cogis et Ros (2003, p. 95) :

Les	*vents*	*les*	*avez*	*détourné*	*de*	*leur*	*routes*
			avait	*détourner*		*leur*	*route*
			avaient	*détournées*		*leurs*	*routes*
				détournés			

Les élèves font part de leurs observations et font valoir leurs arguments pour l'une ou l'autre des graphies. L'enseignant laisse la parole aux élèves, car dans cette pratique, il ne fait pas de modelage lui-même. L'examen de la phrase se fait mot par mot en mettant à profit les connaissances de chacun. Pour qu'une graphie soit validée, les élèves doivent fournir des arguments convaincants, et l'enseignant doit la confirmer. À mesure que les élèves écartent des graphies, elles sont effacées du tableau. À la fin de la séance, la phrase correctement orthographiée est recopiée par les élèves et elle peut servir « d'outil de référence analogique » (Cogis et Ros, 2003, p. 94).

Cogis et Ros notent que la disposition des graphies les unes en dessous des autres fait ressortir le problème : « plusieurs graphies, une seule légale ». Certains problèmes sont résolus rapidement, d'autres demandent plus de temps. L'enseignant pourra être surpris de constater qu'un accord qui lui semble relativement simple peut donner lieu à une longue discussion et à des hypothèses inattendues. Mais en étant attentif aux verbalisations et aux arguments des élèves, il comprendra mieux les obstacles qu'ils rencontrent. Ce type d'activité montre bien que « [si] on veut faire évoluer les conceptions, il est nécessaire de leur donner droit de cité sur les lieux mêmes de l'apprentissage » (Cogis et Brissaud, 2003, p. 53).

8.3.4 L'activité *Formot* pour soutenir la réflexion grammaticale

Cette activité fait appel à un matériel, simple à réaliser, qui consiste en des formes géométriques représentant les classes de mots, d'où le nom de *Formot*[9] (*voir* l'encadré 8.6). Les figures sont découpées dans du carton, dans un format qui convient pour le travail en grand groupe ; une bande aimantée collée au verso permet de fixer les formes au tableau, au-dessus des mots de la phrase que l'on travaille. Les élèves peuvent disposer d'un jeu de formes plus petit pour le travail individuel ou d'équipe. L'emploi des formes permet de visualiser l'analyse et facilite ainsi la réflexion et la discussion.

Les liens entre les figures ne sont pas fortuits : taille plus grande du nom et du verbe (noyaux des deux groupes obligatoires de la phrase) ; même forme pour le nom et le pronom qui remplissent les mêmes rôles syntaxiques ; équivalence fonctionnelle des formes verbales simples et composées illustrée par le fait que lorsqu'elles sont placées côte à côte, les formes de l'auxiliaire et du verbe recomposent un trapèze (plus grand que celui du verbe seul). On voit aussi que les classes invariables sont représentées par des figures sans angles, contrairement aux classes variables. Toutefois, il n'y a pas lieu d'insister sur ces relations qui seront éventuellement remarquées par les élèves. Dans une classe, une forme pour le participe passé a été ajoutée, à l'initiative des élèves, en combinant la moitié du rectangle de l'adjectif et la moitié du trapèze du verbe. Bien entendu, le système est ouvert, mais le but n'est pas de tout étiqueter ; il s'agit de pouvoir représenter les classes de mots que les élèves connaissent ou qu'ils sont en train d'apprendre, le matériel servant avant tout de support à la réflexion grammaticale.

Précisons que cet outil a été mis au point il y a une dizaine d'années, pour des élèves de 6e année qui connaissaient mal les classes de mots et qui éprouvaient de grandes difficultés dans la réalisation des accords. À cette époque (totalement révolue ?), on se préoccupait peu de faire construire explicitement aux élèves les notions de nom, de verbe, etc. (*voir* Nadeau, 1995). Par la suite, *Formot* a été utilisé avec profit dans d'autres classes, dès la 2e année, comme moyen pour mettre les connaissances en application et favoriser la discussion.

---

9. Cet outil a été mis au point par Réjeanne Doré et Jacques Pilote, alors enseignants à la Commission scolaire du Lac-Saint-Jean, avec la collaboration de Carole Fisher. Il a été présenté au milieu des années 1990 dans différentes rencontres pédagogiques et colloques, et il fut utilisé dans plusieurs classes de la 2e année du primaire jusqu'au début du secondaire.

Encadré 8.6 Le matériel de *Formot*

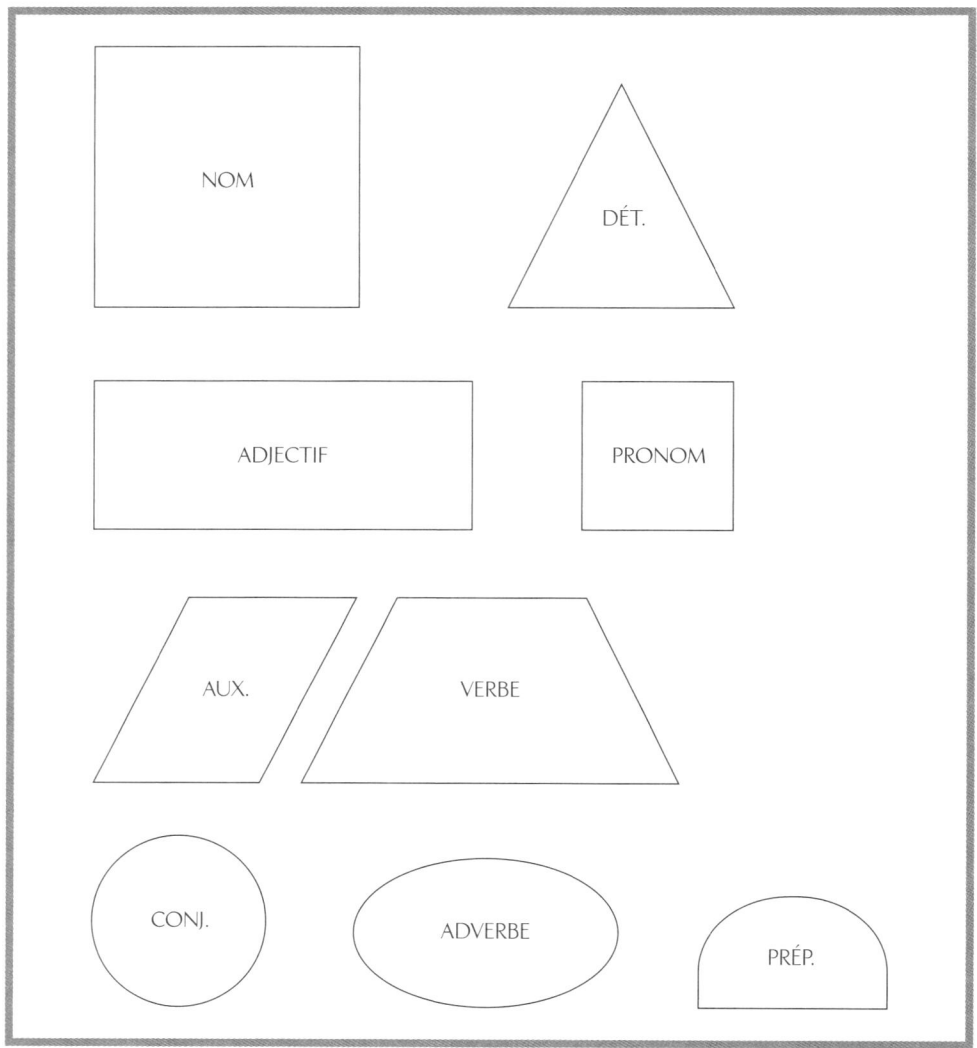

Les formes ne servent pas à remplacer le métalangage, mais plutôt à imager une terminologie qui demeure très abstraite pour les élèves. La construction des notions de nom, de verbe, de déterminant, etc., demande du temps et suppose que les élèves ont à les repérer dans des phrases en faisant appel à leurs connaissances déclaratives et procédurales. Les formes apportent à ce travail d'analyse une dimension ludique et motivante. Mais l'intérêt de l'outil est avant tout de faciliter la réflexion grammaticale en permettant aux élèves d'avoir à l'esprit les deux éléments d'un choix. Par exemple, on a au tableau la phrase *Il la chasse de la classe*. Des élèves voient dans *chasse* un nom, d'autres un verbe. La discussion s'engage, mais du fait qu'on a placé au-dessus du mot *chasse* les formes du carré (nom) et du trapèze (verbe), le contraste est plus net. L'attention conjointe des élèves sur le problème est plus facilement maintenue que si l'on avait écrit les « mots » *nom* et *verbe* au-dessus du mot de la phrase. Le problème devient plus évident : il faut faire un choix et le justifier. Autrement dit, les formes concrétisent la terminologie grammaticale, elles lui donnent une visibilité qui aide les élèves à percevoir des différences ou à faire des liens. Quand la terminologie aura revêtu plus de sens pour lui, l'élève n'aura plus besoin de ce support ; il pourra analyser une phrase mentalement en gardant en tête les résultats de son analyse. C'est dans cet esprit qu'il convient d'utiliser cet outil figuratif tout en se rappelant qu'il s'agit de travailler sur des phrases simples, en privilégiant celles qui proviennent des élèves, car elles fournissent amplement matière à réflexion.

Examinons les principales situations où *Formot* peut être utilisé.

1. Comme soutien à la discussion en grand groupe

L'utilisation de *Formot* s'intègre à une démarche de construction des notions grammaticales. Au cours d'une étape qui consiste, par exemple, à distinguer *avoir* comme auxiliaire et comme verbe, l'enseignant demande aux élèves de composer deux ou trois phrases contenant l'auxiliaire *avoir*. Il demande ensuite à un élève qui est certain de sa réponse de venir écrire une de ses phrases au tableau et d'en faire l'analyse en utilisant les formes. S'il y a des désaccords, les autres propositions sont aussi représentées par les formes, et la discussion s'engage afin de déterminer l'analyse qui est juste. L'enseignant anime les échanges en veillant à ce que chacun puisse exprimer son point de vue et en exigeant que les élèves justifient leurs affirmations. Il procède continuellement par questionnement, car c'est le groupe qui doit se frayer un chemin jusqu'à la solution. Il invite ensuite les élèves à faire une synthèse, en dégageant s'il y a lieu la procédure qui a permis de résoudre le problème. Certaines des phrases travaillées en grand groupe peuvent être recopiées sur des affiches. Comme elles ont fait l'objet de réflexion et d'échanges, elles constituent des repères significatifs pour les élèves.

2. Partir des formes comme « squelette » d'une phrase

Utiliser les formes pour générer des phrases constitue un défi stimulant pour les élèves s'il est bien dosé. Voici une démarche expérimentée : les élèves écrivent une phrase, ils placent (ou dessinent) les formes au-dessus des mots. Un élève place uniquement les formes de sa phrase au tableau, après avoir fait valider son analyse par l'enseignant. Les autres élèves tentent alors, individuellement ou en dyade, de composer une phrase possédant la même structure. On copie ensuite au tableau les phrases proposées et on les vérifie en groupe. Cette activité sensibilise les élèves au fait que des phrases d'apparence très diverse correspondent à une même organisation grammaticale. Ils sont motivés par ce genre d'activité, en particulier les plus vieux qui s'efforcent de trouver des séquences inhabituelles. On peut aussi limiter le « dessin de la phrase » à un groupe fonctionnel, pour travailler le groupe du nom ou le groupe prépositionnel, par exemple. Ainsi, à partir de :

Pierrot travaille (forme préposition) (forme déterminant) (forme nom)

on pourra obtenir : *Pierrot travaille dans un dépanneur.*

Pierrot travaille avec son père.

Pierrot travaille à la campagne.

3. En révision

Les élèves peuvent aussi utiliser les formes en révision, pour identifier certains éléments. Par exemple, à la suite d'une séquence d'activités sur l'adjectif, l'enseignant donne une dictée. En relecture, les élèves dessinent alors uniquement les formes du nom et de l'adjectif sur leur copie afin de vérifier s'ils ont bien reconnu les adjectifs et s'ils les ont bien accordés. Certains enseignants ajoutent à cela le fléchage (*voir* la section suivante) ou l'indication des marques de genre et de nombre à l'intérieur ou au-dessus de la forme du nom. L'utilisation des formes contribue à exercer l'analyse syntaxique et à améliorer la réussite des accords.

8.4 LES TRACES DE RÉVISION

Une fois que les élèves ont effectué les activités d'apprentissage et les exercices appropriés pour les notions et procédures impliquées dans une règle d'accord, il faut exiger leur application dans les situations d'écriture. On s'attend à ce qu'ils fassent l'effort d'analyse requis pour réussir l'accord dans leurs textes, en consultant au besoin une grammaire, leurs procédures ou les tableaux de synthèse. Pour s'assurer de cet effort, il faut exiger des traces de révision qui témoignent du raisonnement grammatical[10] (*voir* l'encadré 8.7). Les traces seront d'ailleurs les mêmes que celles exigées dans les exercices.

Cette démarche de révision systématique des textes pour une règle grammaticale précise sera très longue à exécuter au début. Il est important d'accorder suffisamment de temps aux élèves. En effet, c'est bien le raisonnement grammatical qu'on cherche à automatiser afin que la vigilance ou le contrôle orthographique devienne peu à peu moins couteux sur le plan cognitif (Jaffré, 1995) (*voir* le chapitre 6, section 6.2.4). En l'utilisant régulièrement dans ses textes,

---

10. Il s'agit d'une tâche très différente et beaucoup plus exigeante que la pratique des « lunettes », très en vogue dans les classes des années 1980-1990. L'élève encerclait alors les déterminants pluriels et les –s à la fin des mots qui suivaient le « signal » de pluriel en reliant les cercles, d'où l'allure de lunettes. Comme l'expliquait Nadeau (1996a.), les élèves en arrivaient à fonctionner par stimulus-réponse, sans réflexion grammaticale : « [...] il y a *les*, je mets un *s* au mot à côté [...]. » Même l'enseignant en venait à dire à ses élèves « Faites vos lunettes ! » au lieu d'utiliser le métalangage de la grammaire (accord, déterminant, nom, etc.).

l'élève sera en mesure d'appliquer la procédure d'accord de plus en plus rapidement. Selon Rillard et Sandon (1989), il est important, pour la qualité de la révision d'un texte, que l'élève prenne une certaine distance par rapport à celui-ci. Il peut le faire de trois manières : par le *temps*, par la *tâche* ou en consultant un *tiers*. Exiger des traces de révision aide l'élève à prendre cette distance nécessaire par la tâche. En lui demandant de réviser à un moment différent de celui de la rédaction, on y ajoute la distance que procure le temps. Pour varier, le travail de révision avec traces peut aussi bien se faire sur le texte d'un autre élève (distance par un tiers).

Revenons maintenant au facteur temps : il s'agit non seulement du temps nécessaire aux élèves pour terminer le travail de révision requis dans un texte, mais aussi de la période de temps nécessaire pour que les élèves parviennent à une aisance dans l'application d'une règle. Trop souvent, dans le milieu scolaire, on croit que quelques exercices suffisent ; puis on passe à l'enseignement d'autres notions de grammaire (pour varier un peu !), alors que l'expérience nous montre qu'il faut de trois à six mois pour que cette tâche de révision devienne aisée, et ce, dans des phrases dont la structure ne présente pas de difficulté particulière que les élèves ne sauraient résoudre. Cela révèle à quel point les élèves n'ont pas tendance à mobiliser leurs connaissances grammaticales de façon systématique en révision de texte, lorsqu'on n'exige pas de traces[11]. Ce constat conduit également à repenser la progression des apprentissages en grammaire.

Pendant ces quelques mois de « rodage » du raisonnement pour l'application d'une règle, il devrait y avoir un temps d'arrêt dans les activités d'apprentissage des autres notions de grammaire. Les diverses activités de suivi portant sur cette règle et sur celles déjà vues ainsi que la grande variété des cas qui y seront travaillés suffisent amplement, sans oublier le temps alloué aux projets d'écriture qui soutiennent tout ce travail de révision.

Les traces dans les textes que les élèves écrivent permettent de plus à l'enseignant de repérer facilement les difficultés particulières des élèves (*voir* le chapitre 5, encadré 5.3) et les cas d'analyse qu'il serait pertinent de travailler collectivement.

Les traces de révision évolueront selon le niveau des élèves, d'une année scolaire à l'autre, mais aussi à l'intérieur d'une classe, lorsqu'un groupe d'élèves sera prêt à passer à l'étape suivante. Avec le temps, les traces seront complexifiées ou simplifiées, comme on peut le voir dans l'encadré 8.7. Lorsque des élèves réussissent très bien l'application d'une règle d'accord dans leurs textes, on peut lever l'exigence des traces pour cette règle, tant que dure cette réussite. S'ils se remettent à faire de nombreuses erreurs, l'enseignant pourra demander la reprise des traces de révision.

---

11. Questionnez des élèves d'âge divers sur leur façon de corriger leurs textes ; vous serez sans doute surpris de constater à quel point les plus jeunes (et souvent les plus vieux, si on ne leur enseigne pas comment réviser) n'ont aucune méthode, n'activent aucun raisonnement... comme s'ils attendaient que les mots mal écrits scintillent comme par magie !

Encadré 8.7   Des exemples de traces de révision et de leur évolution possible

1. Pour l'accord dans le GN

   Au 1er cycle, lorsque l'élève commence l'accord des déterminants et des noms :

   Il était une ⎡*fois*⎤ *une petite* ⎡*fille*⎤ *qui voulait aller au* ⎡*cirque*⎤*.*
         D f.s. N f.s.   D f.s.   N f.s.   D m.s. N m.s.

   Au début du 2e cycle :

   Soudain, des grands bonhommes verts apparaissent dans ma cour !
            D   A   N   A   D   N
                   GN m.pl.   GN f.s.

   À la fin du 2e cycle, ou lorsque les élèves sont à l'aise avec l'accord dans le GN :

   Soudain, des grands bonhommes verts apparaissent dans ma cour !
           GN m.pl.   GN f.s.

2. Pour l'accord du verbe avec le groupe sujet, à la fin du 2e cycle

   Ils 3e pers. pl. ⎯⎯⎯⎯⎯⎯⎯⎯⎯⎯⎮
                                     ▼

   Soudain, [des grands bonhommes verts] apparaissent dans ma cour !
          GN m.pl.-S   V   GN f.s.

   Comme les traces de révision changent au fil du temps, les enseignants d'une même école devraient s'entendre sur la forme des traces et leur évolution, du 1er au 3e cycle[12].

Au début de l'utilisation des traces pour une règle d'accord, il est également souhaitable d'exiger de laisser des preuves de l'usage des manipulations au-dessus des mots, en plus des traces de repérage (*voir* l'encadré 8.8). À cette fin, il faut prévoir de faire écrire les élèves sur des feuilles de brouillon à triple interligne. Comme l'application d'une règle devrait être aisée avant d'en appliquer une autre, toutes les preuves pour toutes les règles ne se trouveront jamais exigées simultanément.

Toutefois, si la tâche de révision avec traces (avec ou sans preuve) semble trop ardue pour un groupe d'élèves, il est possible de la moduler en demandant d'utiliser ces traces seulement dans une portion du texte, qu'on augmentera peu à peu. Ainsi, on évite de tuer le gout d'écrire chez l'élève ou de le voir adopter la stratégie d'écrire des textes très courts afin de faire un minimum de révision. Des élèves plus rapides pourront compléter le travail des élèves plus lents, ce qui

---

12. Par exemple, des grilles de révision, de la 1re à la 6e année, préparées par F. Mearns sont à la disposition des enseignants de la commission scolaire Marie-Victorin.

constituera du même coup une leçon par le modelage des pairs. L'enseignant pourrait aussi décider de corriger directement la suite du texte de l'élève avant une mise au propre pour diffusion. Ainsi, la difficulté de la tâche se trouve modulée sans faire de compromis sur la pratique d'un raisonnement grammatical complet, car lui seul peut mener, à long terme, à une bonne maitrise de la règle.

Encadré 8.8   Des preuves en plus des traces

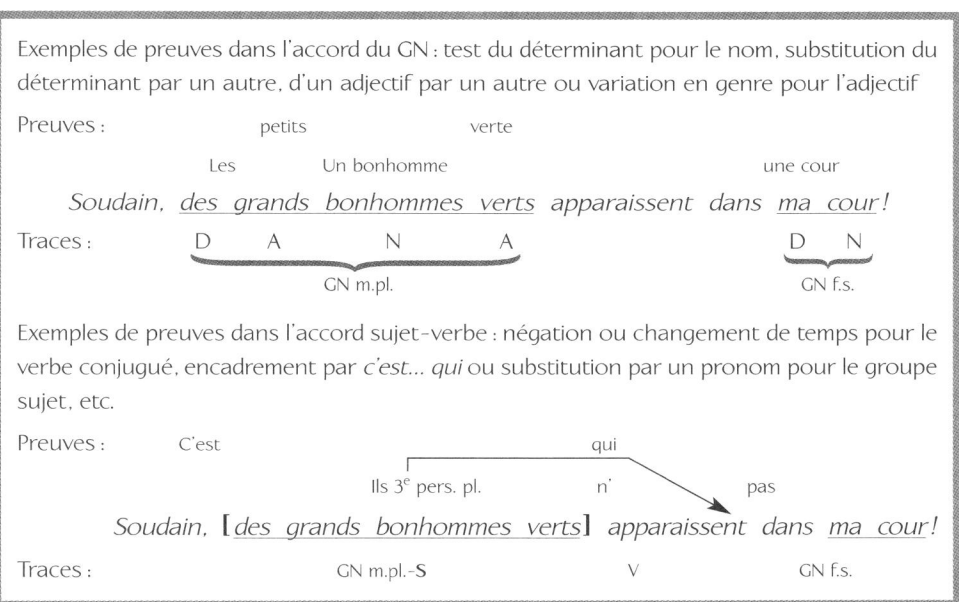

Au début de cet apprentissage systématique de la révision de texte, on observe certains comportements chez les élèves qui pourraient désemparer l'enseignant. Il n'est pas rare de voir des traces parfaites d'analyse (GN bien identifié avec genre et nombre ou relation sujet-verbe bien établie), mais la marque d'accord (en particulier le −s ou le −nt) n'a pas été ajoutée aux mots concernés. Certains élèves oublient en cours de route de terminer la tâche, d'autres ne semblent pas faire de liens entre les traces et la révision des accords dans leur texte (ils laissent des traces parce que l'enseignant le leur demande, c'est tout !).

Les élèves oublieront moins souvent de marquer les accords si l'on exige d'eux qu'ils repassent systématiquement sur les marques d'accord des mots, même si elles sont déjà présentes et correctes (comme s'ils les mettaient en caractère gras). Ainsi, l'élève s'habitue, avec son crayon (possiblement de couleur), à revenir sur les mots du texte et non seulement à l'utiliser pour des traces en dessous des mots. Chez les plus jeunes, l'enseignant peut même guider les étapes de révision pas à pas : « Lisez votre première phrase, repérez les déterminants et les noms, faites vos traces

(D et N), soulignez chaque GN, trouvez son genre et son nombre, écrivez-les en dessous, vérifiez si tous les mots du GN ont le même genre et nombre. »

Dans l'accord en genre et nombre des GN, certains élèves montrent, par leur façon de procéder, qu'ils n'ont aucune vision des groupes[13] : ils repèrent tous les déterminants du texte, ensuite ils recherchent les noms, etc. Il en résulte des déterminants repérés sans le nom qui suit (*le* est marqué D, mais *bonheur* n'est pas étiqueté) ou l'inverse (*leur* est non identifié, mais *professeur* l'est) et, bien sûr, des erreurs d'analyse : le verbe *sont* est écrit *son* par l'élève et est identifié mécaniquement comme déterminant même sans nom qui suit ; un pronom comme *le*, *la* ou *les* est également marqué D ; ou un verbe comme *fête* est marqué en tant que nom. Pour favoriser la recherche et le repérage des GN[14], on peut demander de souligner d'abord le groupe et ensuite de détailler les classes de mots (D, N et A). Les élèves doivent ainsi prendre l'habitude de rechercher un groupe de mots pour chaque nom (ou déterminant) qu'ils identifient. Trouver le verbe dans la phrase peut également les aider à situer les groupes du nom par la suite, levant des ambigüités possibles (comme le verbe *fête*).

Enfin, un rappel régulier du but de ces traces (la révision/correction des accords), le modelage par l'enseignant ou un élève, et des activités qui stimulent les discussions grammaticales (en somme, toutes les activités qui assurent le suivi de l'enseignement d'une règle) aideront les élèves à établir des liens entre les diverses connaissances grammaticales en jeu et à transférer les habiletés acquises jusqu'à la réalisation des accords dans leurs propres textes.

8.5 LES CODES DE CORRECTION

En lien avec les traces de révision, l'enseignant pourra convenir avec ses élèves d'un code de correction qui classe les erreurs selon la règle ou la procédure concernée. Le code oriente l'élève vers la procédure qu'il doit reprendre pour se corriger. Il permet également à l'enseignant d'évaluer précisément les forces et les faiblesses de ses élèves en orthographe. Ces codes sont d'ailleurs déjà très répandus dans le milieu scolaire (*voir* l'encadré 8.9).

Un code sera marqué sur une copie d'élève pour une erreur qu'il est en mesure de régler avec l'application des procédures apprises. L'enseignant pourra corriger directement une erreur pour un cas particulier d'une règle ; par exemple, pour un élève de 3e année qui a écrit *il y a pleins d'enfants*, on biffera le *s* de *pleins* sans coder une erreur d'accord du déterminant avec le nom. L'enseignant pourra juger

---

13. Nous avons observé ce même comportement dans une classe d'adultes faibles en français à qui l'on n'avait jamais enseigné la révision de texte.

14. En réalité, il s'agit des « GN pour l'accord en genre et nombre », c'est-à-dire les déterminants, noms et adjectifs (et non des GN avec d'autres sortes d'expansion).

Encadré 8.9 Des exemples de codes de correction et de leur évolution possible

Comme les traces de révision, les codes de correction évolueront au cours de la scolarité.

■ Au Ier cycle du primaire, les élèves auront travaillé la ponctuation des phrases et l'accord en genre et en nombre des déterminants et des noms. Le code contiendra trois symboles liés aux connaissances en grammaire :

P pour signaler une erreur de ponctuation ;

D pour signaler une erreur dans l'accord du déterminant ;

N pour signaler une erreur d'accord du nom.

Il y aura toujours un autre symbole (comme O) pour indiquer les erreurs d'orthographe d'usage.

■ Au 2e cycle du primaire, les élèves verront le GN pour l'accord en incluant les adjectifs et commenceront l'étude de l'accord du verbe avec le groupe sujet.

– Dans un premier temps, pour l'accord dans le groupe du nom, on continuera à détailler les erreurs selon la catégorie du mot affecté :

D le déterminant ;

N le nom ;

A pour une erreur d'accord de l'adjectif dans le GN[15].

Les codes P (ponctuation) et O (orthographe) seront aussi toujours présents.

– Ensuite, lorsque les élèves seront à l'aise avec l'accord au sein du GN, les symboles D, N et A pourront être regroupés. On adoptera :

GN pour signaler une erreur d'accord des déterminants, des noms ou des adjectifs dans le groupe du nom.

– Lorsque les élèves auront travaillé l'accord sujet-verbe, on ajoutera :

V pour signaler une erreur d'accord du verbe avec le groupe sujet.

■ Au 3e cycle du primaire, des codes seront ajoutés progressivement :

A ou At pour l'accord de l'adjectif attribut du sujet ;

I – PP pour signaler une erreur de confusion entre infinitif et participe passé ou une erreur d'accord du participe passé (dans un premier temps, ces deux sortes d'erreurs pourraient être codées séparément).

>>>

---

15. Si toutes les positions de l'adjectif dans la phrase sont travaillées dès ce niveau, le code A indiquera alors une erreur d'accord de l'adjectif, quelle que soit sa position (dans le GN, en apposition, attribut du sujet). Plus tard, ce code A se limitera à ses fonctions en dehors du GN.

Encadré 8.9 *(Suite)*

> ■ Au secondaire, les codes pour les erreurs travaillées au primaire pourraient être rassemblés en catégories plus vastes :
>
> > *gn*   signifiant cette fois genre et nombre, pour signaler toute erreur d'accord des déterminants, noms et adjectifs (où qu'ils soient dans la phrase, donc incluant l'attribut) ;
> >
> > *V*   pour signaler toutes les erreurs concernant une forme verbale conjuguée ou non conjuguée (accord du verbe avec le sujet, accord du participe passé, confusion entre participe passé et infinitif).
>
> Comme pour les traces, l'idéal est que tous les enseignants d'une école se concertent sur le code à adopter et la façon de le faire évoluer.

bon d'amener le cas devant la classe pour de nouvelles observations ou de laisser cet apprentissage pour un autre niveau scolaire. De même, les erreurs d'accord pour des règles non apprises seront directement corrigées[16].

Les codes seront progressivement implantés au fil des apprentissages réalisés, mais il faut également savoir les retirer. Nous avons déjà vu que la détection des erreurs est l'étape la plus difficile de la révision/correction de texte. Les manipulations de la grammaire nouvelle et les traces de révision donnent des moyens aux élèves pour détecter leurs erreurs. Mais selon la manière dont l'enseignant utilise les codes de correction, il est possible de travailler davantage cette détection. Voyons deux façons de procéder.

Une première façon est de coder les erreurs dans la marge, sur la ligne où elles se trouvent, au lieu de les coder directement sous les mots concernés, en soulignant l'erreur. Cette pratique courante court-circuite en effet le travail de détection et oriente trop les élèves dans leur correction. Si le code correspondant à une erreur est inscrit dans la marge, l'élève devra encore appliquer l'ensemble du raisonnement lié à cette règle pour trouver et corriger son erreur, le travail de détection sera exercé même s'il se trouve facilité par l'indication d'une zone restreinte où chercher l'erreur. Pour augmenter la difficulté du travail de détection, le même code sera employé dans la marge, mais pour une quantité de texte plus grande (par exemple, pour deux lignes, puis trois, puis par paragraphe).

---

16. Cela parait moins fastidieux lorsqu'on songe que les règles d'accord en français se résument à quatre (faisant intervenir chacune de nombreuses notions grammaticales) : accord dans le GN, accord sujet-verbe, accord de l'attribut, accord du participe passé (incluant les difficultés à distinguer le participe passé en –*é* de l'infinitif en –*er*).

La deuxième façon est de faire évoluer le code de manière à le rendre plus vague en regroupant des codes sous un seul, comme le montre l'encadré 8.9. On peut à la fois faire évoluer les codes et la portion de texte dans laquelle les erreurs se situent.

L'utilisation d'un code de correction permet également d'impliquer l'élève dans l'évaluation de sa compétence orthographique. En faisant périodiquement un bilan de ses erreurs par catégorie, il devient plus conscient de ses forces et de ses faiblesses dans l'application de l'une ou l'autre règle. Il est ainsi en mesure de se fixer lui-même un défi particulier pour améliorer un aspect de sa compétence orthographique au cours d'une étape scolaire. En exerçant ainsi plus de contrôle sur ses apprentissages, l'élève pourra en être plus motivé.

Enfin, puisque traiter des codes de correction, c'est aussi traiter de notes attribuées aux élèves, on ne peut passer sous silence le fait que l'orthographe soit la compétence la plus négativement évaluée du système scolaire. En effet, on ne considère que les erreurs[17] et non les réussites qui, dans un texte, sont pourtant bien plus nombreuses. En somme, toute la façon de noter les élèves est à repenser. La réforme scolaire actuelle favorise cette réflexion. Par exemple, l'usage du portfolio permet d'y inclure les bilans que feraient les élèves de l'état de leur compétence orthographique, l'atteinte des défis fixés, bref, de considérer dans l'évaluation autre chose que la somme des erreurs de l'élève. Waddell (1999) soumet une proposition intéressante dans ce sens, qui valorise la révision et la correction de textes dans le processus d'écriture : il s'agit de l'évaluation du taux de correction de l'élève. Pour chaque catégorie d'erreur, on calcule la différence entre le nombre d'erreurs dans le brouillon (ou premier jet du texte) et le nombre d'erreurs dans la version révisée. Le nombre de corrections effectuées par l'élève est ensuite ramené en pourcentage de correction. Par exemple, l'élève qui a fait cinq erreurs dans l'accord du GN au brouillon et trois dans le texte final obtiendra un taux de correction de 2/5 soit 40 % pour cette catégorie d'erreur ; pour trois erreurs d'accord du verbe au brouillon et deux au propre, le taux de correction sera de 1/3 ou 33 %. Waddell (1999) calcule ensuite un taux de correction global :

$$\frac{\text{Total des corrections effectuées dans toutes les catégories}}{\text{Total des erreurs dans le brouillon}}$$

---

17. Le comble de ce système, c'est lorsqu'un enseignant décide de modifier son barème en cours d'année « parce que sinon, il y aurait trop de A ». Quoi de plus décourageant pour les élèves qui se sont pourtant améliorés de se retrouver encore avec une cote C !

Dans notre exemple, si seules ces deux catégories sont considérées, l'élève obtiendrait un résultat global de 3/8 ou 37,5 % d'erreurs corrigées. À titre d'exemple, voici les seuils[18] que l'auteur propose :

■ un taux de correction de moins de 15 % : l'élève n'a pas fait de progrès ;

■ un taux de correction entre 15 et 40 % : l'élève est en situation de progrès ;

■ un taux de correction de plus de 40 % : l'élève effectue une excellente correction.

L'enseignant remplit ainsi un petit tableau pour chaque texte avec mention de deux corrections : celle du brouillon et celle du propre. Waddell signale que cette façon de procéder ne demande pas plus de temps qu'une correction habituelle pour l'enseignant.

Le calcul du taux de correction est plus encourageant pour l'élève qu'une correction traditionnelle, car cette méthode valorise le processus d'écriture et les efforts que l'élève fournit. De plus, précise Waddell, en considérant aussi les modifications apportées au contenu (selon un taux de modifications : nombre d'ajouts, de déplacements, de remplacements de mots, de groupes de phrases par 100 mots de texte), l'élève en vient à concevoir un texte comme un objet à améliorer au lieu d'un produit fini. L'étape de révision et de correction devient moins rébarbative.

CONCLUSION

Les diverses activités de suivi présentées dans ce chapitre permettent aux élèves de travailler chaque type de connaissances et d'apprendre à les articuler ensemble, d'abord dans des exercices qui suscitent une véritable réflexion grammaticale, puis dans leurs propres textes. Les traces de révision et les codes de correction, qui s'adaptent au niveau des élèves, constituent le dernier maillon de la chaine qui mène au transfert des apprentissages grammaticaux en production de texte. Tout ce travail est extrêmement exigeant, comme le sont d'ailleurs les activités d'apprentissage présentées au chapitre 7.

Les pratiques exposées dans cette 3ᵉ partie de l'ouvrage sont assez éloignées de celles qu'on observe dans la plupart des classes ; elles n'en sont pas moins cohérentes avec ce que l'on sait aujourd'hui de l'apprentissage et de l'élève qui apprend à écrire. Ces pratiques et leurs fondements remettent d'ailleurs en question la façon de concevoir la progression des apprentissages en grammaire.

---

18. Yves Waddell donne ces seuils à titre indicatif ; il ne prétend aucunement à leur scientificité, mais témoigne tout simplement de sa propre pratique dans une classe du primaire après quelques années de mise au point de cette méthode dans la « ligue d'improvisation écrite ».

Au lieu d'un enseignement magistral, portant sur de trop nombreuses notions, suivi d'exercices dont le potentiel de transfert reste faible, nous proposons en effet une tout autre façon de travailler la grammaire. Il s'agit d'enseigner en profondeur un moins grand nombre de notions, voire une seule règle d'accord à chaque année scolaire, par des activités d'apprentissage qui rendent l'élève actif sur le plan cognitif. Ensuite, les connaissances grammaticales sont mises en pratique dans des activités qui permettent d'automatiser les procédures liées à l'application de cette règle jusqu'à l'atteinte d'une aisance qui mobilise moins les ressources cognitives de l'élève. Enfin, l'évaluation sera également plus exigeante dans les textes produits, mais pour moins d'éléments, les autres erreurs pouvant être corrigées sans être pénalisées.

Ces exigences élevées se trouvent cependant contrebalancées par de longues périodes de quelques mois sans aucun nouvel apprentissage grammatical lié aux accords, pour laisser un temps nécessaire au processus d'automatisation, d'une part, et, d'autre part, à la production de textes qui soutient toutes ces activités de grammaire.

Par ailleurs, l'adoption d'une nouvelle grammaire, structurale, ayant recours aux manipulations morphosyntaxiques, permet de travailler plus tôt des cas auparavant considérés comme difficiles. Les sujets inanimés, les actions invisibles, les objets intouchables ne présentent pas nécessairement de difficultés aux élèves lorsqu'on les traite au moyen des manipulations. Il devient alors important que les élèves rencontrent ces cas fréquemment dans les activités d'apprentissage et dans les exercices.

Nous espérons que les liens établis entre la théorie et la pratique tout au long de cet ouvrage faciliteront le renouvèlement des pratiques dans l'enseignement de la grammaire de manière à construire chez les élèves des connaissances grammaticales solides et durables grâce auxquelles ils pourront mieux relever le défi de la maitrise du français écrit.

Note à propos de l'orthographe dans ce livre

Nous appliquons les rectifications orthographiques de 1990, élaborées par le Conseil supérieur de la langue française de Paris et approuvées par l'Académie française et les instances francophones compétentes, comme l'Office québécois de la langue française. Quinze ans après leur adoption, bien peu d'enseignants connaissent ces rectifications. Bien que le ministère de l'Éducation au Québec en tienne compte dans la correction des examens en ne pénalisant ni les nouvelles graphies ni les anciennes, aucune information ne semble être parvenue à ce sujet dans le milieu scolaire. Pourtant, en Belgique et en Suisse, une directive a été émise pour promouvoir l'enseignement des nouvelles graphies. De plus, elles se trouvent maintenant intégrées dans les dictionnaires et les correcteurs orthographiques récents. Pour que ces quelques rectifications passent dans l'usage courant, rien de mieux que de les employer soi-même !

Pour en savoir plus: www.orthographe-recommandee.info

Liste des mots employés selon leur orthographe rectifiée

Suppression de l'accent circonflexe (y compris dans les formes conjuguées des verbes et les formes plurielles ou féminines des noms et adjectifs) :

apparaitre	maitre	bruler
boite	maitrise	couter
chaine	maitriser	couteux
connaitre	naitre	dégouter
disparaitre	paraitre	gout
emboiter	rafraichir	muri
entrainement	reconnaitre	sureté
entrainer	surcroit	surs, sure (sûr *conserve l'accent au masculin singulier pour se distinguer de la préposition* sur)

Accent grave :	**Autres rectifications :**
évènement	ambigüité
imprègnera	bienêtre
libèrera	interpelé
morcèlement	persifflant
renouvèlement	

Anderson, J. R. 1996. « ACT, A Simple Theory of Complex Cognition ». *American Psychologist,* vol. 51, n° 4, p. 355-365.

Arnauld, A. et C. Lancelot. 1969. *Grammaire générale et raisonnée*. Paris : Republications Paulet, 157 p.

Asselin, C. et S. Francoeur-Bellavance. 1992. « L'enseignement de la grammaire au primaire ». *Québec français,* n° 84, p. 38-40.

Asselin, C. et A. McLaughlin. 1992. « Les erreurs linguistiques dans les écrits des étudiants universitaires : analyse et conséquences ». *Revue de l'ACLA,* vol. 14, n° 1, p. 13-30.

Astolfi, J.-P., A. Giordan et collab. 1978. *Quelle éducation scientifique pour quelle société*. Collection « L'Éducateur ». Paris : PUF, 229 p.

Auroux, S. 1989. *Histoire des idées linguistiques*. Tome 1, Liège : Pierre Mardaga, 510 p.

Barbera, C., C. Boivin, M. Careau et collab. 1976. « La place de l'enseignement de la grammaire au 2e cycle du primaire ». *Québec français,* (octobre 1976), p. 37-43.

Barré-de Miniac, C. 2000. *Le rapport à l'écriture : aspects théoriques et didactiques*. Villeneuve d'Ascq, France : Presses Universitaires du Septentrion, 140 p.

Barth, B.-M. 1987. *L'apprentissage de l'abstraction*. Paris : Retz, 191 p.

_____ . 2002. *Le savoir en construction*. Paris : Retz, 208 p.

Béguelin, M.-J. (dir.). 2000. *De la phrase aux énoncés : grammaire scolaire et descriptions linguistiques*. Bruxelles : De Boeck-Duculot, 342 p.

Berthoud-Papandropoulou, I. 1991. « Conceptions constructivistes et rôle des connaissances métalinguistiques dans l'acquisition du langage ». *Revue française de pédagogie,* n° 96, p. 47-53.

Bertrand-Poirier, D. et collab. 2001. *Grammaire*. Montréal : Chenelière/ McGraw-Hill, 71 p.

Bisaillon, J. 1991. « Les stratégies de révision ». *Enjeux,* n° 22, p. 39-54.

_____ . 1992. « La révision de textes : un processus à enseigner pour l'amélioration des productions écrites ». *Revue canadienne des langues vivantes,* vol. 48, n° 2, p. 277-291.

Boisvert, J. 1999. *La formation de la pensée critique*. Montréal : ERPI, 152 p.

Bonnet, C. et J. Tamine-Gardes. 1984. *Quand l'enfant parle du langage*. Bruxelles : Pierre Mardaga, 145 p.

Bordallo, I. et J.-P. Ginestet. 1993. *Pour une pédagogie du projet*. Paris : Hachette, 191 p.

Boudreau, Guy. 1995. « Les processus cognitifs en production de textes et l'intervention pédagogique ». *In La production de textes, vers un modèle de l'enseignement de l'écriture,* J.-Y. Boyer, J.-P. Dionne et P. Raymond (dir.). Montréal : Éditions Logiques, p. 221-255.

Boulanger, A., S. Francoeur-Bellavance et L. Pepin. 1999. *Construire la grammaire*. Montréal : Les Éditions de la Chenelière, 364 p.

Bousman-Kosowski, I. 1985. « La reconnaissance du sujet dans une phrase écrite au sortir de l'enseignement primaire ». *Revue belge de psychologie et de pédagogie,* n° 47, p. 145-152.

Bousquet, S., S. Cogis, D. Ducard et collab. 1999. « Acquisition de l'orthographe et mondes cognitifs ». *Revue Française de Pédagogie,* n° 126, p. 23-37.

Boutet, J., F. Gauthier et M. Saint-Pierre. 1983. « Savoir dire sur la phrase ». *Archives de psychologie,* vol. 51, n° 197, p. 205-228.

Boyer, P. 2005. « Analyse de contenu du cahier d'activités grammaticales conçu pour l'enseignement secondaire, depuis le rapport Parent (1960-2003) ». Mémoire de maîtrise, Montréal, Université du Québec à Montréal, 257 p.

Breton, R. 1987. *Le petit guide grammatical au primaire*. Montréal : HRW, 186 p.

_____ . 1988. *Le petit guide grammatical, cahier d'activités 4e année*. Montréal : HRW, 122 p.

Brissaud, C. et D. Bessonnat. 2001. *L'orthographe au collège, pour une autre approche*. Grenoble : CRDP de l'Académie de Grenoble et Delagrave, 255 p.

Brissaud, C. et D. Cogis. 2003. « Pour un réexamen des relations entre grammaire et orthographe : l'exemple de la notion de sujet ». *In Langue et études de la langue,* C. Vargas (dir.). Aix-en-Provence : Publications de l'Université de Provence, p. 247-256.

Brossard, M. et G. Lambelin. 1985. « Problèmes posés par l'acquisition de quelques notions grammaticales ». *Revue française de pédagogie,* n° 71, p. 23-28.

Candelier, M. 2003. *EVLANG : l'éveil aux langues à l'école primaire*. Bruxelles : De Boeck-Duculot, 379 p.

Carrier, L. et C. Marcoux. 1994. *Le code vert, petite grammaire pour le primaire*. Montréal : HRW, 170 p.

Chartrand, S.-G. 1993. « Les manuels favorisent-ils un apprentissage rigoureux de la syntaxe de la phrase ? ». *Québec français,* n° 89, p. 47-49.

_____ . 1996a. *Pour un nouvel enseignement de la grammaire : propositions didactiques*. 2e éd. Montréal : Éditions Logiques, 447 p.

_____ . 1996b. « Apprendre la grammaire par une démarche active de découverte ». *In Pour un nouvel enseignement de la grammaire,* S.-G. Chartrand (dir.). Montréal : Éditions Logiques, p. 197-225.

_____ . 2000. *Grammaire de base, cahier A*. Montréal : ERPI, 50 p.

Chartrand, S.-G., D. Aubin, R. Blain et collab. 1999. *Grammaire pédagogique du français d'aujourd'hui*. Boucherville : Graficor, 397 p.

Chartrand, S.-G. et M.-C. Paret. 1989. « Enseignement de la grammaire : quels objectifs ? quelles démarches ? ». *Bulletin de l'ACLA,* vol. 11, n° 1, p. 31-38.

Chartrand, S.-G et C. Simard. 2000. *Grammaire de base.* Montréal : ERPI, 328 p.

Chervel, A. 1977. *Histoire de la grammaire scolaire... et il fallut apprendre à écrire à tous les petits Français.* Paris : Payot, 304 p.

Chervel, A. et D. Manesse. 1989. *La dictée : les Français et l'orthographe : 1873-1987.* Paris : Calmann-Lévy, 287 p.

Chevalier, J.-C. 1970. « La grammaire française du xvie au xixe ». *In La grammaire. Lectures.* Paris : Klincksieck, p. 13-120.

_____ . 1979a. « Analyse grammaticale et analyse logique. Esquisse de la naissance d'un dispositif scolaire ». *Langue française,* n° 41, p. 20-34.

_____ . 1979b. « Analyse grammaticale et analyse logique. Examen d'un dispositif scolaire ». *Pratiques,* n°s 22-23, p. 147-159.

_____ . 1994. *Histoire de la grammaire française.* Collection « Que sais-je ? », n° 2904. Paris : PUF, 128 p.

Chiss, J.-L. et J. Filliolet. 1982. « Des changements théoriques dans la linguistique au renouveau de l'exercice de grammaire ». *Études de linguistique appliquée,* n° 48, p. 46-61.

Cogis, D. et C. Brissaud. 2003. « L'orthographe : une clé pour l'observation réfléchie de la langue ? ». *Repères,* n° 28, p. 47-65.

Cogis, D. et M. Ros. 2003. « Les verbalisations métagraphiques : un outil didactique en orthographe ? ». *In L'orthographe, une construction cognitive et sociale : Les Dossiers des Sciences de l'Éducation,* n° 9. Toulouse : Presses Universitaires du Mirail, p. 89-98.

Coquidé-Cantor, M. et A. Giordan. 1997. *L'enseignement scientifique à l'école maternelle.* Nice, Z'éditions, 248 p.

Coquin-Viennot, D. et D. Gaonac'h. 1995. « Psychologie et didactique : les notions fondamentales ». *In Manuel de psychologie pour l'enseignement,* D. Gaonac'h et C. Golder (éd.). Paris : Hachette, p. 294-311.

Corblin, F. 1988. « Savoir la grammaire et faire de la grammaire ». *In La grammaire scientifique à la grammaire scolaire,* H. Huot (éd.). Paris : Laboratoire de Linguistique Formelle et UFRL, p. 9-20.

Court, G. 1968. *La grammaire nouvelle à l'école.* Paris : PUF, 162 p.

Dabène, L. 1992. « Le développement de la conscience métalinguistique : un objectif commun pour l'enseignement de la langue maternelle et des langues étrangères ». *Repères,* n° 6, p. 13-21.

De Pietro, J.-F. 1999. « La diversité des langues : un outil pour mieux comprendre la grammaire ? ». *Travaux neuchatelois de linguistique,* n° 31, p. 179-202.

De Vecchi, G. 1992. *Aider les élèves à apprendre.* Paris : Hachette, 221 p.

Demont, E. et J.-É. Gombert. 1996. « Phonological awareness as a predictor of recoding skills and syntactic awareness as a pre-dictor of comprehension skills ». *British Journal of Educational Psychology,* n° 66, p. 315-332.

Éluerd, R. 1979. *L'usage de la linguistique en classe de français.* Paris : ESF, 149 p.

Fayol, M. 2003. « L'apprentissage de l'accord en genre et en nombre en français écrit, connaissances déclaratives et procédurales ». *Faits de Langues,* n° 22, p. 47-56.

Fayol, M. et C. Got. 1991. « Automatisme et contrôle dans la production écrite : les erreurs d'accord sujet-verbe chez l'enfant et l'adulte ». *L'Année psychologique,* n° 91, p. 187-205.

Fayol, M., P. Largy et C. Totereau. 1993. « Apprentissage et mise en œuvre de l'accord sujet-verbe chez les enfants de sept (sic) à quatorze ans ». *In Lecture, écriture, acquisition. Les actes de la Villette,* J.-P. Jaffré, L. Sprenger-Charolles et M. Fayol. Paris : Nathan, p. 193-202.

Ferreiro, E. 1986. *Apprendre à lire et à écrire.* Marseille : CRDP Marseille, 56 p.

_____ . 1994. « Remarques sur la précocité des apprentissages précoces ». *In Enseigner, apprendre, comprendre : Les entretiens Nathan,* IV, A. Bentolila (dir.). Paris : Nathan, p. 119-134.

Fisher, C. 1994. « Les homophones dans l'enseignement de l'écrit ». *Dialangue,* vol. 5, p. 9-17.

_____ . 1996a. « Les connaissances grammaticales au primaire : à quoi ressemblent-elles ? ». Communication au 64e Congrès de l'Acfas, Montréal, (mai 1996).

_____ . 1996b. « Les savoirs grammaticaux des élèves du primaire : le cas de l'adjectif ». *In Pour un nouvel enseignement de la grammaire,* S.-G. Chartrand (dir.). Montréal : Éditions Logiques, p. 315-340.

Freinet, C. 1937. « La grammaire en quatre pages par l'imprimerie à l'école ». *Brochure d'Éducation Nouvelle Populaire,* n° 2, (octobre 1937).

Gaonac'h, D. et J.-M. Passerault. 1995. « La psychologie cognitive ». *In Manuel de psychologie pour l'enseignement,* D. Gaonac'h et C. Golder (éd.). Paris : Hachette, p. 50-91.

Gaulmyn, M.-M. de, S. Gonnand et collab. 1996. « S'il te plaît, écris-moi l'histoire du Petit Chaperon rouge – Construction de la norme orthographique et grammaticale du CP au CE2 ». *Repères,* n° 14, p. 121-139.

Gaux, C. et J.-É. Gombert. 1999. « Implicit and explicit syntactic knowledge and reading in pre-adolescents ». *British Journal of Developmental Psychology,* n° 17, p. 169-188.

Genevay, É. 1996a. « S'il vous plaît... invente-moi une grammaire ». *In Pour un nouvel enseignement de la grammaire,* S.-G. Chartrand (dir.). Montréal : Éditions Logiques, p. 53-84.

_____ . 1996b. *Ouvrir la grammaire.* Lausanne : Éditions L.E.P et Chenelière, 274 p.

Genouvrier, É. et C. Gruwez. 1987. *Grammaire pour enseigner le français à l'école élémentaire.* Paris : Larousse, 544 p.

Genouvrier, É. et J. Peytard. 1970. *Linguistique et enseignement du français.* Paris : Larousse. 285 p.

Germain, C. et H. Séguin. 1995. *Le Point sur... La grammaire en didactique des langues*. Anjou : Centre éducatif et culturel. 227 p.

Giasson, J. 1990. *La compréhension en lecture*. Boucherville : G. Morin, 255 p.

———. 2003. *La lecture, de la théorie à la pratique*. 2ᵉ éd., Boucherville : G. Morin, 398 p.

Giordan, A. 1998. *Apprendre !* Paris : Belin, 255 p.

Giordan, A. et G. De Vecchi. 1987. *Les origines du savoir*. Paris : Delachaux et Niestlé, 212 p.

Gombert, J.-É. 1990. *Le développement métalinguistique*. Paris : PUF, 296 p.

———. 1991. « Le rôle des capacités métalinguistiques dans l'acquisition de la langue écrite ». *Repères*, nº 3, p. 143-156.

———. 1996. « Activités métalinguistiques et acquisition d'une langue ». *Aile*, nº 8, p. 41 à 55.

Grevisse, M. 1993. *Précis de grammaire française*. 29ᵉ éd. Paris : Duculot, 291 p.

Grevisse, M. et A. Goosse. 1980. *Nouvelle grammaire française*. Paris : Duculot, 352 p.

Grossmann, F. 1996. « La mise en texte de la théorie grammaticale dans les manuels de grammaire ». *Repères*, n° 14, p. 57-82.

Groupe DIEPE. 1995. *Savoir écrire au secondaire : étude comparative auprès de quatre populations francophones d'Europe et d'Amérique*. Bruxelles : De Boeck, 273 p.

Guimier, C. 1993. *1001 Circonstants*. CNRS URA 1234, Caen : Presses Universitaires de Caen, 283 p.

Guiraud, P. 1964. *La grammaire*. Collection « Que sais-je ? », nº 788. Paris : PUF, 124 p.

Guyon, O. 1997. « Acquisition de l'orthographe du CE1 à la 5ᵉ : les morphogrammes grammaticaux *s* et *nt* ». *La linguistique*, vol. 33, nº 1, 23-40.

———. 1998. « Compétences orthographiques au CE1 : le cas du *-s* grammatical ». *Le Français aujourd'hui*, nº 122, p. 71-78.

———. 2003. « Évolution des procédures d'accord nominal et verbal en français : perspective psycholinguistique ». *Les dossiers des Sciences de l'Éducation*, nº 9, p. 55-66.

Haas, G. 2002. « Une nouvelle activité orthographique : l'Atelier de Négociation Graphique ». *In Actes de la journée d'études : Apprendre/comprendre l'orthographe autrement de la maternelle au lycée*, G. Haas (dir.). CNDP/CRDP de Bourgogne, p. 51-58.

Haas, G. et D. Lorrot. 1996. « De la grammaire à la linguistique par une pratique réflexive de l'orthographe ». *Repères*, nº 14, p. 161-181.

Halté, J.-F. 1993. *La didactique du français*. Collection « Que sais-je ? », nº 2656. Paris : PUF, 128 p.

Hawkins, É. 1992. « La réflexion sur le langage comme "matière-pont" dans le programme scolaire ». *Repères*, n° 6, p. 41-56.

Hirschbüler, P. et M. Labelle. 1994. *Syntaxe du français, l'universel et le particulier dans la langue*. Polycopié non publié, Montréal.

Huber, M. 1999. *Apprendre en projets : la pédagogie du projet-élèves*. Lyon : Chronique sociale, 192 p.

Inisan, J.-F. 1991. « Pourquoi as-tu écrit "aucune empreintes ?" (comment les élèves raisonnent en orthographe ?) ». *Recherches*, nº 15, p. 159-167.

Isidore-Prégent, J. 2002. « Apprendre l'orthographe en argumentant dans le cadre des ateliers de négociation graphique ». *In Actes de la journée d'études : Apprendre/comprendre l'orthographe autrement de la maternelle au lycée*, G. Haas (dir.). CNDP/CRDP de Bourgogne, p. 62-68.

Jaffré, J.-P. 1991. « Les recherches en didactique de l'orthographe ». *Études de linguistique appliquée*, nº 84, p. 55-63.

———. 1995. « Compétence orthographique et acquisition ». *In L'orthographe en trois dimensions*, D. Ducard, R. Honvault et J.-P. Jaffré. Paris : Nathan, p. 93-158.

———. 1998. « Procédures métagraphiques et acquisition de l'écrit ». *In Activités métalangagières et enseignement du français*, J. Dolz et J.-C. Meyer (dir.). Berne : Peter Lang, p. 47-62.

Jaffré, J.-P. et D. Bessonnat. 1993. « Accord ou pas d'accord ? Les chaînes morphologiques ». *Pratiques*, nº 77, p. 25-42.

Jaffré, J.-P. et J. David. 1999. « Le nombre : essai d'analyse génétique ». *Langue française*, nº 124, p. 7-22.

Jaffré, J.-P. et M. Fayol. 1997. *Orthographes : Des systèmes aux usages*. Collection « Dominos ». Paris : Flammarion, 126 p.

Jensen, E. 2001. *Le cerveau et l'apprentissage : mieux comprendre le fonctionnement du cerveau pour mieux enseigner*. Montréal : Chenelière/McGraw-Hill, 137 p.

Kilcher-Hagedorn, H., C. Othenin-Girard et G. de Weck. 1987. *Le savoir grammatical des élèves*. Berne : Peter Lang, 246 p.

Kristeva, J. 1981. *Le langage, cet inconnu*. Collection « Points ». Paris : Seuil, 334 p.

Lahire, B. 1993. *Culture écrite et inégalités scolaires : Sociologie de « l'échec scolaire » à l'école primaire*. Lyon : PUL, 310 p.

Laurent, J.-P. et A. Fossion. 1978. *Pour comprendre la grammaire nouvelle*. 2ᵉ éd. Paris : Duculot, 94 p.

Lebrun, M. et P. Boyer. 2004. « La grammaire scolaire à l'épreuve des programmes ». *In Langue et études de la langue : approches linguistiques et didactiques*, C. Vargas (dir.). Aix-en-Provence : Publications de l'Université de Provence, p. 153-162.

Legrand, L. 1970. *L'enseignement du français à l'école élémentaire*. Neuchâtel : Delachaux et Niestlé, 151 p.

Lenoir, Y. 1991. « Relations entre interdisciplinarité et intégration des apprentissages dans l'enseignement des programmes d'études du primaire au Québec ». Thèse de doctorat d'État, Paris, Université de Paris VII, 1461 p.

Létourneau, F. 2002. *Les Clés du savoir : Français 2ᵉ cycle primaire, fascicule 1*. Montréal : Guérin, 128 p.

Lindsay, P. H. et D. A. Norman. 1980. *Traitement de l'information et comportement humain : une introduction à la psychologie*. Montréal : Études Vivantes, 754 p.

Lorrot, D. 1998. « Pour l'orthographe : une nouvelle conception de l'apprentissage ». *Le français aujourd'hui*, n° 122, p. 90-99.

Lussier, S. 2002. *Les Clés du savoir : Français 2ᵉ cycle primaire, fascicule 7 (et guide d'enseignement)*. Montréal : Guérin, 117 p.

Marchand, F. 2001. *Pratique de la langue française à l'école*, tome 2. Paris : Hachette, 224 p.

Marchand-Cliche, N. 1977. *Les contextes dans l'enseignement de la grammaire de la langue maternelle au secondaire*. Mémoire de maîtrise, Faculté des lettres, Québec, Université Laval, 128 p.

Mareuil, A. 1979. « Quelques conditions psychologiques et pédagogiques d'un renouveau de l'enseignement grammatical ». *Québec français*, (décembre 1979), p. 50-52.

Martin, S. et J.-P. Issenhuth. 1986. *Le petit code : code syntaxique et orthographique*. Montréal : HRW, 226 p.

Milot, J.-G. 1977. « L'enseignement de l'orthographe grammaticale et les cahiers d'exercices ». *Québec français*, (octobre 1977), p. 24-26.

_____ . 1978. *L'enseignement de la grammaire au secondaire*. Montréal : Faculté des sciences de l'éducation de l'Université de Montréal, PPMF secondaire, 142 p.

_____ . 1984. « Une façon de voir l'enseignement de la grammaire ». *Québec français*, n° 54, p. 54-56.

Milot, J.-G. et G. Primeau. 1975. *Grammaire et orthographe. Manuel pédagogique*. Montréal : Service des études, CÉCM, 76 p.

Ministère de l'Éducation, Direction générale du développement pédagogique. 1979. *Programme d'études. Primaire. Français*, 334 p.

_____ . 1980. *Programme d'études. Français langue maternelle* (1 vol. par degré).

Ministère de l'Éducation, Direction de la formation générale des jeunes. 1995. *Programme d'études. Le français : enseignement secondaire*. Québec, 178 p.

Ministère de l'Éducation. 2001. *Programme de formation de l'école québécoise, éducation préscolaire, enseignement primaire*. Québec, 350 p.

Moffet, J.-D. 1994. « Enseigner pour le transfert de l'habileté d'écriture ». *In Enseigner le français. Pourquoi ? Pour qui ? Comment ?*, C. Préfontaine et G. Fortier (dir.). Montréal : Éditions Logiques, p. 184-190.

Mounin, G. 1967. *Histoire de la linguistique des origines au xxᵉ siècle*. Paris : PUF, 226 p.

Mousty, P. et J. Alegria. 1999. « L'acquisition de l'orthographe : données comparatives entre enfants normo-lecteurs et dyslexiques ». *Revue française de pédagogie*, n° 126, p. 7-22.

Nadeau, M. 1995. « Le matériel scolaire et sa part de responsabilité dans les performances des écoliers en orthographe grammaticale ». *Revue de l'ACLA*, vol. 17, n° 2, p. 65-84.

_____ . 1996a. « La réussite des accords grammaticaux au primaire, comment relever le défi ? ». *In Pour un nouvel enseignement de la grammaire*, S.-G. Chartrand (dir.). Montréal : Éditions Logiques, p. 279-314.

_____ . 1996b. « Identification des catégories et accord des mots : une expérimentation en troisième année primaire ». *Repères*, n° 14, p. 141-159.

_____ . 1999a. « Propositions pour améliorer le transfert des connaissances en orthographe grammaticale ». *In La grammaire au cœur du texte*. *Québec français*, n° hors série, p. 48-52.

_____ . 1999b. *La nouvelle grammaire au primaire : la comprendre, l'enseigner*. En ligne. <http://www.recitlangues.org/ress/documents/nouvgram.pdf>.

_____ . 2003. « La grammaire au 1ᵉʳ cycle du primaire ». *Québec français*, n° 129, p. 60-63.

Nadeau, M., E. Matute et A. Gonzales-Reyes. 2005. « Conocimiento gramatical y aprendizaje de la escritura : un estudio comparativo entre escolares quebequenses y mexicanos ». *In Aprender a leer y escribir en diferentes lenguas y realidades*, E. Matute (dir.). Guadalajara : Universidad de Guadalajara, p. 87-122.

Nadeau, M. et S. Trudeau. 2001. *Grammaire du 2ᵉ cycle, pour apprendre, s'exercer, consulter*. Boucherville : Graficor, 298 p.

_____ . 2002. *Guide d'utilisation de la Grammaire du 2ᵉ cycle*. Boucherville : Graficor, 156 p.

_____ . 2003a. *Grammaire du 3ᵉ cycle, pour apprendre, s'exercer, consulter*. Boucherville : Graficor, 330 p.

_____ . 2003b. *Guide d'utilisation de la Grammaire du 3ᵉ cycle*. Boucherville : Graficor, 179 p.

Othenin-Girard, C. et G. de Weck. 1988. « Et si le savoir grammatical ne reflétait pas seulement l'enseignement reçu ? ». *Le français aujourd'hui*, n° 83, p. 53-60.

Paret, M.-C. 1996. « Une autre conception de la phrase et de la langue pour faire de la grammaire à l'école ». *In Pour un nouvel enseignement de la grammaire : propositions didactiques*, S.-G. Chartrand (dir.). Montréal : Éditions Logiques, p. 275-310.

_____ . 2000. « Enseigner stratégiquement la grammaire ». *Québec français*, n° 119, p. 54-57.

Paret, M.-C. et S.-G. Chartrand. 1990. « Objectifs de société et modèles d'enseignement de la grammaire ». *In AIPELF : Les modèles en éducation*. Montréal : Éditions Noir sur blanc, p. 84-92.

Patrice, Y. 1978. « L'enquête sur la pédagogie du français au Québec (école primaire, 5-8 ans) II ». *Québec français*, n° 29, p. 50-52.

Picoche, J. et C. Marchello-Nizia. 1991. *Histoire de la langue française*. Paris : Nathan, 397 p.

Primeau, G. 1980. « L'orthographe au primaire, une démarche pratique ». *Québec français*, n° 40, p. 22-28.

Programme-cadre de français. 1969. *Programme d'études des écoles secondaires*, 16 p.

Reuter, Y. 1996. *Enseigner et apprendre à écrire*. Paris : ESF, 181 p.

Rillard, J. et J.-M. Sandon. 1989. « Découvrir le système de la langue en produisant des textes ». *Repères,* n° 78, p. 63-81.

Rochex, J.-Y. et É. Bautier. 1995. « Questions à la politique Z.E.P. et à sa mise en œuvre ». *Éducations,* (avril-juin 1995), p. 44-47.

Roubaud, M.-N. et Y. Touchard. « Vers la notion de verbe : de l'approche intuitive à la construction du savoir, vers 7 ans ». *In Langue et études de la langue : approches linguistiques et didactiques,* C. Vargas (dir.). Aix-en-Provence : Publications de l'Université de Provence, p. 257-267.

Rouchette, M. (dir.). 1969. *Vers un enseignement rénové de la langue française à l'école élémentaire.* Paris : Armand Colin, 359 p.

Roy, G.-R. et G. Boudreau (dir.). 1995. « La maîtrise du français écrit aux ordres supérieurs d'enseignement ». *Revue des sciences de l'éducation,* vol. XXI, n° 1.

Simard, C. 1987. « Réflexions sur les programmes de français : Point de vue d'un formateur d'enseignants ». *Québec français,* n° 65, p. 66-72.

_____ . 1996. « Examen d'une tradition scolaire : la dictée ». *In Pour un nouvel enseignement de la grammaire,* S.-G. Chartrand (dir.). Montréal : Éditions Logiques, p. 359-397.

_____ . 1997. *Éléments de didactique du français langue première.* Montréal : ERPI, 190 p.

Sprenger, M. 1999. *Learning and memory : the brain in action.* Alexandria, Virginie, USA : Association for Supervision and Curriculum Development, 113 p.

Tardif, J. 1992. *Pour un enseignement stratégique : l'apport de la psychologie cognitive.* Montréal : Éditions Logiques, 474 p.

_____ . 1999. *Le transfert des apprentissages.* Montréal : Éditions Logiques, 222 p.

Tardif, J. et A. Presseau. 1998. « Quelques contributions de la recherche pour favoriser le transfert des apprentissages ». *Vie pédagogique,* n° 108, p. 39-44.

Terry, W. S. 2000. *Learning and memory : basic principles, processes, and procedures.* Boston : Allyn and Bacon, 461 p.

Thériault, J. 1995. *J'apprends à lire... Aidez-moi.* Montréal : Éditions Logiques, 148 p.

Thévenin, M.-G., C. Totereau et collab. 1999. « L'apprentissage/ enseignement de la morphologie écrite du nombre en français ». *Revue française de pédagogie,* n° 126, p. 39-52.

Valiquette, J. 1990. *L'enseignement grammatical à l'heure des choix.* Montréal : Centre Éducatif et Culturel, 244 p.

Vaugelas, C. F. de (1647). 1961. *Remarques sur la langue française.* Paris : Éditions Champ Libre, 363 p.

Viau, R. 1999. *La motivation dans l'apprentissage du français.* Saint-Laurent : ERPI, 161 p.

Vygotsky, L.-S. 1985. *Pensée et langage* (trad. de F. Seve). 1re édition en russe : 1934. Paris : Éditions sociales, 419 p.

Waddell, Y. 1999. « L'enseignement de l'écriture au primaire : il faut repenser l'évaluation ». *Vie pédagogique,* n° 113, p. 49-52.

Westby, C. 2004. « 21st Century Literacy for a Diverse World ». *Folia Phoniatrica et Logopaedica,* n° 56, p. 254-271.

Wilmet, M. 1997. *Grammaire critique du français.* Paris : Hachette, 670 p.